CONTROLE DE CONSTITUCIONALIDADE DAS LEIS: EFEITOS DE SUAS DECISÕES

CIP-BRASIL. CATALOGAÇÃO-NA-FONTE
(SINDICATO NACIONAL DOS EDITORES DE LIVROS, RJ)

M132c

Machado, Marcelo Passamani, 1982-
Controle de constitucionalidade das leis : efeitos de suas decisões / Marcelo Passamani Machado. – 1. ed. – São Paulo : Letras Jurídicas, 2014.
272p.: il. 14 x 21 cm.

Inclui bibliografia
ISBN 978-85-8248-028-1

1. Direitos constitucional - Brasil. 2. Constituições. I. Título.

13-07480 CDU: 342(81)

27/11/2013 02/12/2013

MARCELO PASSAMANI MACHADO

CONTROLE DE CONSTITUCIONALIDADE DAS LEIS: EFEITOS DE SUAS DECISÕES

1ª edição – 2015
São Paulo – SP

LETRAS Jurídicas

Diagramação:

Dálet – Diagramação e Edição Ltda.-ME

Design de Capa:

Dálet – Diagramação e Edição Ltda.-ME

Revisão:

Júlia Carolina de Lucca

Editor:

Cláudio P. Freire

1ª EDIÇÃO – 2015 – São Paulo – SP

LETRAS JURÍDICAS
Rua Riachuelo, 217 – 2º And. – Sala 22 – Centro
CEP 01007-000 – São Paulo-SP
Tel./Fax (11) 3107-6501 – Celular (11) 99352-5354
Site: www.letrasjuridicas.com.br
E-mail: vendas@letrasjuridicas.com.br

Impressão no Brasil

À minha doce Camila, por toda ajuda,
paciência, compreensão e amor.
Aos meus pais Elizabeth e Clovis,
ao meu irmão Bruno e ao meu padrasto Bento,
que deixou muitas saudades.

CONSELHO EDITORIAL

PREFÁCIO

Foi com satisfação que recebi a incumbência de prefaciar a obra *Controle de constitucionalidade das leis: efeitos de suas decisões* do brilhante autor Marcelo Passamani Machado.

A obra reúne, em cinco importantes capítulos, estudos dos Efeitos das Decisões no Controle de Constitucionalidade, numa linguagem objetiva e direta, o que certamente será uma contribuição útil na formação acadêmica e também na atuação profissional dos operadores da área jurídica.

A obra principia o estudo, com sistemática impecável, abordando a Constituição e sua supremacia, no contexto da Teoria Geral do Direito Constitucional. Prosseguindo no valioso estudo trazido a lume, a obra aborda o fenômeno da inconstitucionalidade, com análise do seu conceito, tipologia e consequências.

A obra traz os principais aspectos do Controle de constitucionalidade, com enunciação dos principais modelos, seus pressupostos teóricos e doutrinários, além de suas características e histórico da evolução no Brasil, com especial destaque aos intrincados aspectos polêmicos que a temática suscita.

Ponto alto do estudo é o referente à discussão dos efeitos das decisões no controle de constitucionalidade sob a égide da Constituição de 1988, tanto no sistema difuso quanto no sistema concentrado.

Parabéns ao autor!

São Paulo, Dezembro/2013.

PREFÁCIO

Ana Flávia Messa
Mestre em Direito Político e Econômico pela Universidade Presbiteriana Mackenzie. Doutoranda pela Universidade de Coimbra.
Doutoranda pela Universidade de São Paulo.
Membro da Academia Paulista de Letras Jurídicas.
Membro do Conselho Científico da Academia Brasileira de Direito Tributário.
Membro do Conselho Editorial da International Studies on Law and Education.
Professora na Universidade Presbiteriana Mackenzie

SUMÁRIO

INTRODUÇÃO 13

Capítulo 1 – A CONSTITUIÇÃO E SUA SUPREMACIA 19
1.1. O Poder Constituinte: antecedentes 19
1.2. O Poder Constituinte: noções básicas, titularidade e legitimidade 27
1.3. Normas constitucionais em sentido formal e material 33
1.4. A posição da Constituição no ordenamento jurídico 36
1.5. Constituições rígidas, semirrígidas e flexíveis 38

Capítulo 2 – O FENÔMENO DA INCONSTITUCIONALIDADE 41
2.1. Existência, validade e eficácia das normas jurídicas 41
2.2. Conceito de inconstitucionalidade 51
2.3. Tipologia da inconstitucionalidade 54
2.3.1. Inconstitucionalidade material e inconstitucionalidade formal 54
2.3.2. Inconstitucionalidade total e inconstitucionalidade parcial 58
2.3.3. Inconstitucionalidade originária e inconstitucionalidade superveniente 59
2.3.4. Inconstitucionalidade por ação e inconstitucionalidade por omissão 65
2.4. Consequências da inconstitucionalidade 66

Capítulo 3 – O CONTROLE DE CONSTITUCIONALIDADE 73
3.1. Conceito 73
3.2. O modelo norte-americano 75

3.2.1. Precedentes 75
3.2.2. O caso *Marbury v. Madison* 82
3.2.3. As reações ao caso *Marbury v. Madison* e a evolução do *judicial review* nos Estados Unidos 89
3.2.4. O *judicial review* nos dias atuais 99
3.2.4.1. *Justiciability* e a doutrina das "questões políticas" 100
3.2.4.2. O *stare decisis* 102
3.2.4.3. A retroatividade das decisões em sede de *judicial review* 107
3.2.4.4. Resumo das características do *judicial review* norte-americano 110
3.3. O controle de constitucionalidade na Europa continental 111
3.3.1. O modelo austríaco puro e sua progressiva hibridização 111
3.3.2. A difusão parcial do modelo austríaco e as características do chamado "modelo europeu" 118
3.4. O modelo francês 121

Capítulo 4 – HISTÓRICO DA EVOLUÇÃO DO CONTROLE DE CONSTITUCIONALIDADE NO BRASIL 125
4.1. A Constituição Imperial de 1824 125
4.2. A Constituição Republicana de 1891 126
4.3. A Constituição de 1934 128
4.4. A Constituição de 1937 131
4.5. A Constituição de 1946 132
4.6. A Constituição de 1967/1969 135

Capítulo 5 – O CONTROLE DE CONSTITUCIONALIDADE SOB A ÉGIDE DA CONSTITUIÇÃO DE 1988 E OS EFEITOS DAS DECISÕES SOBRE A CONSTITUCIONALIDADE 139
5.1. O sistema incidental-difuso 139
5.1.1. Declaração de nulidade e efeitos temporais 143
5.1.2. O efeito *inter partes* 152

5.1.3. A (in)segurança jurídica e o papel do Senado no controle de constitucionalidade 160
5.2. O sistema principal-concentrado 173
5.2.1. A coisa julgada 177
5.2.2. A ação direta de inconstitucionalidade: eficácia *erga omnes* 179
5.2.3. A ação declaratória de constitucionalidade e o efeito vinculante 187
5.2.3.1. O significado do efeito vinculante 193
5.2.3.2. O efeito vinculante e a ação direta de inconstitucionalidade 198
5.2.3.3. Os destinatários do efeito vinculante 201
5.2.4. As Leis n.os 9.868/99 e 9.882/99 e a modulação dos efeitos das decisões de inconstitucionalidade 203
5.2.5. As medidas cautelares em ação direta de inconstitucionalidade e em ação declaratória de constitucionalidade 217
5.2.6. A declaração parcial de inconstitucionalidade sem redução do texto e a interpretação conforme a Constituição 220
5.2.7. A coisa julgada e a vinculação do Supremo aos seus precedentes 227
5.2.8. Os efeitos da decisão na ação direta de inconstitucionalidade por omissão 232
5.3. A declaração de inconstitucionalidade sem a pronúncia da nulidade na ADIn interventiva 244
5.4. Efeito repristinatório 249

CONSIDERAÇÕES FINAIS 258

BIBLIOGRAFIA 266

QUEM SOMOS LETRAS JURÍDICAS 272

INTRODUÇÃO

A introdução do controle de constitucionalidade no direito brasileiro, como se sabe, foi marcada pela influência da doutrina estadunidense do *judicial review*, entre nós difundida pela notável figura de Rui Barbosa. Além da própria ideia de controle judicial de constitucionalidade, foram importados também alguns aspectos peculiares de tal doutrina, como a tese da nulidade absoluta do ato inconstitucional, a possibilidade de qualquer órgão judicial, no desempenho de suas funções típicas (dizer o direito no caso concreto), exercer o juízo de constitucionalidade, e a limitação, num primeiro momento, dos efeitos da decisão da questão constitucional ao caso concreto.

No processo de incorporação da novidade, olvidou-se, contudo, um aspecto fundamental do sistema norte-americano: o *stare decisis*, instituto herdado da *common law* e que confere estabilidade e segurança jurídica ao controle de constitucionalidade acessível a qualquer juiz, na medida em que os precedentes dos tribunais de nível hierárquico superior devem ser respeitados por eles próprios e, principalmente, pelos juízos hierarquicamente inferiores.

No Brasil, a transposição imperfeita do modelo norte-americano, ao longo do tempo, revelou-se uma fonte de inconvenientes, dada a possibilidade de julgamentos discrepantes entre os inúmeros juízos e graus de jurisdição. A tentativa de solucionar tais inconvenientes deu-se em duas frentes, uma sucedendo a outra no tempo. Primeiramente, em 1934, tentou-se atribuir a um órgão político (o Senado) a competência para suspender, com efeitos *erga omnes*, a execução da norma declarada inconstitucional pelo Supremo Tribunal Federal. Ante o fracasso dessa alternativa, introduziu-se no direito brasileiro, em 1965, a representação de inconstitucionalidade, nitidamente inspirada no modelo europeu de controle principal-concentrado. A despeito disso, o problema da recalcitrância em face das decisões do Supremo Tribunal Federal continuou no seio do próprio Judiciário e dos demais poderes, o que deu origem à introdução do chamado "efeito vinculante", em 1993.

Paralelamente ao problema do alcance subjetivo das decisões de inconstitucionalidade, outra difícil questão começou a se apresentar perante o Supremo Tribunal Federal, já em meados do século 20: a tese da nulidade absoluta dos atos inconstitucionais impunha uma radical desconstituição de todas as situações surgidas sob a égide da lei inconstitucional, o que, muitas vezes, mostrava-se problemático em face dos valores da segurança jurídica e da proteção da boa-fé daqueles que, presumindo a legitimidade do ato normativo, comportaram-se de acordo com ele por anos a fio. Lentamente, na doutrina e na jurisprudência começaram a ser ouvidas vozes dissidentes, defendendo uma mitigação da sanção da nulidade absoluta ou mesmo uma adoção da tese kelseniana da anulabilidade. O ponto culminante desse desafio à ideia de nulidade absoluta veio com a edição da Lei n.º 9.868/99, a qual, inspirando-se na Constituição Portuguesa, atribuiu ao Supremo Tribunal Federal a possibilidade de modulação dos efeitos das decisões de inconstitucionalidade. A polêmica entre os doutrinadores foi imediata e a referida inovação atualmente é objeto de duas ações diretas de inconstitucionalidade perante o Supremo Tribunal Federal.[1]

Desse quadro, extrai-se que, ao longo do tempo, o Brasil passou de um sistema de controle de constitucionalidade com profundas raízes no direito norte-americano para um sistema que privilegia o controle principal-concentrado nos moldes adotados por diversos países europeus. Mas essa alteração não deixou de produzir seus percalços, decorrentes talvez da agregação de novos elementos sem a remodelação (ou mesmo exclusão) dos antigos, resultando num

---

[1] ADIns n.os 2.154-2 e 2.258-0.

sistema de controle de constitucionalidade misto no mínimo curioso, para não dizer confuso (BARROS, 2002, p. 610).

Esse breve relato já torna perfeitamente possível a percepção da importância do tema dos efeitos das decisões de inconstitucionalidade. Na verdade, na medida em que tal assunto desponta como um dos de maior repercussão prática no Direito Constitucional atual (tão dado a teorizações filosófico-sociológicas extremamente abstratas), desnecessárias se tornam outras observações acerca da relevância de um estudo mais detalhado dos efeitos (jurídicos, é bom ressaltar desde logo) das decisões proferidas pelos juízos (e, em especial, pelo Supremo Tribunal Federal) no exercício do controle de constitucionalidade.

Assim, serão feitas algumas considerações sobre a delimitação do tema e sobre o plano de trabalho a ser desenvolvido no presente estudo.

Em primeiro lugar, cumpre observar que o tema deste livro é o do controle judicial de constitucionalidade, deixando-se de lado o controle político exercido pelo Presidente da República por meio do veto (art. 66, §2.°, da Constituição Federal de 1988) ou pelas comissões de "Constituição e Justiça" das casas do Poder Legislativo (art. 58 da Constituição Federal) (RAMOS, 2005, p. 224-231).[2]

Em segundo lugar, é importante frisar que este texto dá ênfase ao controle da inconstitucionalidade por ação, visto que foi sobre ela que se desenvolveram os pressupostos teóricos de Marshall e Kelsen sobre os efeitos das decisões de inconstitucionalidade (e, em especial, os efeitos *ex tunc*, *ex nunc*, *erga omnes* ou *inter partes*). Certamente, não se pode ignorar que o constitucionalismo pátrio moderno, influenciado pela experiência portuguesa, vem conferindo progressivamente maior importância à inconstitucionalidade por omissão. O desenvolvimento mais aprofundado dessa temática,

---

[2] Elival da Silva Ramos, em trabalho recente, refere-se a esse controle político de constitucionalidade como de "importância secundária" no direito brasileiro.

no entanto, não parece imprescindível à compreensão dos efeitos, por assim dizer, "clássicos", das decisões de inconstitucionalidade e, ademais, dada a complexidade do tema e os desdobramentos recentes de algumas decisões do Supremo Tribunal Federal,[3] o estudo do tema da inconstitucionalidade por omissão e dos efeitos das decisões que a reconhecem parecem recomendar um estudo em separado, suficiente para a produção de um trabalho mais aprofundado. Assim, o presente texto, sem omitir os principais (e mais tradicionais) aspectos das decisões do Supremo Tribunal Federal no caso de omissões inconstitucionais, tratará do tema de uma forma mais singela do que parece ser possível em um trabalho exclusivamente dedicado a tal assunto.

Por fim, vale o alerta de que, neste livro, não se pretende uma análise do controle de constitucionalidade como um todo, mas de um aspecto particular, ou seja, os efeitos de suas decisões. Desse modo, as matérias relacionadas aos procedimentos e à legitimidade processual ativa e passiva serão tratadas apenas na medida do necessário para a compreensão do tema principal.

Pois, bem, feitas essas ressalvas, o livro será apresentado da seguinte forma: o primeiro capítulo cuidará do exame da Constituição como obra do Poder Constituinte originário. Inicialmente, será apresentado o conceito de Poder Constituinte, com uma breve discussão acerca da titularidade desse poder e da legitimidade de seu exercício. Em seguida, cuidar-se-á do estudo da Constituição como expressão jurídica do Poder Constituinte, analisando-se a questão das normas constitucionais em sentido material e formal e da posição da Constituição no ordenamento jurídico. Por fim, será apresentada a tradicional classificação das Constituições em rígidas, semirrígidas e flexíveis.

No segundo capítulo será analisado o fenômeno da inconstitucionalidade. Num primeiro momento, discutir-se-á o problema da

---

[3] MI 670 / ES, rel. orig. Min. Maurício Corrêa, rel. para acórdão Min. Gilmar Mendes, j. 25.10.07, MI 708 / DF, rel. Min. Gilmar Mendes, j. 25.10.07, MI 712 / PA, rel. Min. Eros Grau, j. 25.10.07.

existência, validade e eficácia das normas jurídicas. Na sequência, examinar-se-ão as formas pelas quais se manifesta o fenômeno da inconstitucionalidade: a inconstitucionalidade material, a inconstitucionalidade formal, a inconstitucionalidade total, a inconstitucionalidade parcial, a inconstitucionalidade originária, a inconstitucionalidade superveniente, a inconstitucionalidade por ação e a inconstitucionalidade por omissão. No momento seguinte, será apresentado o debate entre as duas principais correntes acerca das consequências da inconstitucionalidade: a nulidade e a anulabilidade.

O capítulo terceiro será dedicado ao estudo do controle de constitucionalidade como mecanismo necessário à garantia da supremacia da Constituição. Serão analisados os três principais modelos de controle de constitucionalidade: o norte-americano, o austríaco/europeu e o francês, com a apresentação de seus pressupostos teóricos e doutrinários e um breve resumo de suas principais características. Maior ênfase foi dada ao sistema norte-americano, que, apesar de pioneiro, não tem recebido tanta atenção na doutrina nacional quanto os sistemas europeus.

No quarto capítulo, proceder-se-á a uma análise sobre o controle de constitucionalidade na história constitucional brasileira. Ver-se-á como o controle judicial de constitucionalidade, entre nós, surge inspirado no sistema norte-americano sob a Constituição Republicana de 1891 (na verdade, antes mesmo, com a Constituição Provisória de 1890), que sofreu alguns ajustes (a exemplo da suspensão, pelo Senado, da execução do ato declarado inconstitucional pelo Supremo Tribunal Federal, inovação introduzida pela Constituição de 1934) e progressivamente evoluiu para um modelo misto e cada vez mais próximo do europeu, com a introdução de instrumentos como a representação interventiva (art. 12, V e §2.° da Constituição de 1934) e a representação de inconstitucionalidade, também chamada por alguns de "ação direta" (art. 101, I, k, da Constituição de 1946, em redação dada pela Emenda Constitucional n.° 16/65).

O quinto capítulo será dedicado ao estudo do tema dos efeitos das decisões no controle de constitucionalidade sob a égide da

Constituição de 1988, tanto no sistema difuso quanto no sistema concentrado. No caso do primeiro, será analisada a declaração de nulidade do ato inconstitucional e seus efeitos *ex tunc* e *inter partes*. Também serão feitas algumas considerações acerca da exigência de segurança jurídica e da reminiscência de uma tentativa pretérita de equacionar o problema das múltiplas decisões conflitantes por meio da suspensão, pelo Senado, da execução do ato declarado inconstitucional pelo Supremo Tribunal Federal (art. 52, X da Constituição de 1988) culminando com a análise da moderna tese acerca da equiparação dos efeitos entre as decisões proferidas em controle difuso e em controle concentrado.

Já no tocante ao sistema concentrado, serão estudados: o instituto da coisa julgada; a eficácia *erga omnes*; o efeito vinculante; a modulação dos efeitos das decisões de inconstitucionalidade; os efeitos da concessão de medidas cautelares; as técnicas de decisão conhecidas como "interpretação conforme a Constituição" e "declaração parcial de inconstitucionalidade sem redução do texto" e suas relações com a eficácia *erga omnes* e com o efeito vinculante; o tema da coisa julgada e da vinculação do Supremo aos seus próprios precedentes; os efeitos da decisão na ação direta de inconstitucionalidade por omissão; os efeitos da decisão na ação direta de inconstitucionalidade interventiva; e o chamado "efeito repristinatório" das decisões de inconstitucionalidade.

Por fim, serão apresentadas as considerações finais deste livro.

Capítulo 1

A CONSTITUIÇÃO E SUA SUPREMACIA

1.1. O PODER CONSTITUINTE: ANTECEDENTES

Em sua acepção mais geral e comum, o termo "constituição" designa o modo pelo qual algo (um objeto, um ser vivo, um grupo de pessoas, etc.) se forma e se organiza.

No âmbito da Ciência do Direito, a palavra possui um significado mais restrito e denota a organização jurídica fundamental do Estado,[1] podendo-se afirmar que, nesse sentido amplo, todo e qualquer Estado possui uma Constituição[2] que determina o modo de ser de uma comunidade.

De fato, não escapou dos antigos gregos a percepção de que o próprio poder político pode ser regido por determinadas normas

---

[1] O termo é aqui utilizado em sentido amplo, designando uma espécie de sociedade política dotada das seguintes características: complexidade de organização e atuação, institucionalização, coercibilidade, autonomização do poder político e sedentariedade. Cf. MIRANDA, Jorge. ***Manual de Direito Constitucional***. 7. ed. Coimbra: Coimbra Editora, 2003. t. I. p. 47-48.

[2] Cf. FERREIRA FILHO, Manoel Gonçalves. ***Curso de Direito Constitucional***. 29. ed. São Paulo: Saraiva, 2002. p. 11. No mesmo sentido, a lição de Jorge Miranda: "Em qualquer Estado, em qualquer época e lugar (repetimos), encontra-se sempre um conjunto de regras fundamentais, respeitantes à sua estrutura, à sua organização e à sua actividade – escritas ou não escritas, em maior ou menor número, mais ou menos simples ou complexas. Encontra-se sempre uma Constituição como expressão jurídica do enlace entre poder e comunidade política ou entre sujeitos e destinatários do poder" (***Manual de Direito Constitucional***. 5. ed. Coimbra: Coimbra Editora, 2003. t. II., p. 12-13).

(*nomoi*). Na verdade, tais normas, ao regularem os critérios para atribuição de cidadania, o processo de deliberação política, a investidura e o exercício das diversas magistraturas, acabam, no fundo, estruturando o próprio Estado (*polis*), cujo poder deve ser exercido conforme os parâmetros nelas estabelecidos. Vê-se assim, que, já naquela época, reconhecia-se a diferença entre as leis comuns editadas pelos órgãos do Estado e as leis que, por sua vez, estabeleciam o próprio funcionamento desses órgãos. E a consequência lógica desse raciocínio era evidente para os gregos: as normas estruturais da *polis* eram consideradas superiores às demais[3]

A título exemplificativo, rememore-se que, no livro II de sua obra *A Política*, Aristóteles analisa e critica a organização social e política proposta por Platão em *A República*, bem como as Constituições de diversas cidades-estados gregas. Mas é no livro III que o tema ganha maior destaque e a diferenciação entre as normas "ordinárias" e as "constitucionais" aparece com clareza:

> Um homem de Estado deve, sem dúvida, além do que já dissemos, saber remediar os vícios do governo. Ora, como pode conseguir isto se ignorar quantas espécies de governo existem? Nossos atuais políticos, por exemplo, só conhecem uma espécie de democracia e de oligarquia; trata-se, como vimos, de um erro, pois existem várias. Portanto, não se deve ignorar suas diferenças, seu número, nem de quantas maneiras elas se combinam; além

---

[3] Cf. Ferreira Filho, Manoel Gonçalves. ***O Poder Constituinte***. 4. ed. São Paulo: Saraiva, 2005. p. 3 *et seq*. A ideia de que essas normas "fundamentais" seriam consideradas superiores às demais pelos gregos é confirmada pelo relato dos historiadores franceses André Aymard e Jeannine Aubouyer: "A cidade exige, em nome dos '*nomoi*', concomitantemente 'leis' e 'costumes', escritos ou orais, pouco importa, princípios superiores às vontades individuais ou aos casos especiais. As decisões concernentes a estes últimos merecem apenas denominação de 'decretos' ('pséphismata'), tomando-se precauções para que não sejam contrárias às leis" (***História Geral das Civilizações***. São Paulo: Difusão Europeia do Livro, 1955. t. I. v. 2. p. 111).

> disso, deve-se saber quais são as boas leis e quais convêm a cada forma de governo. Com efeito, as leis devem ajustar-se à Constituição, e não a Constituição às leis.
> A Constituição é a ordem ou distribuição dos poderes que existem num Estado, isto é, a maneira como eles são divididos, a sede da soberania e o fim a que se propõe a sociedade civil.
> As leis não são a mesma coisa que os artigos fundamentais da Constituição; elas servem apenas de regra para os magistrados no exercício do governo, e também para conter os refratários. Donde se segue que as mesmas leis não podem convir a todas as oligarquias, nem a todas as democracias. Portanto, se esses governos são de várias espécies, é essencial conhecer suas diferenças, para com elas combinar a legislação.[4]

A ideia de um conjunto de normas superiores que estabelecem a organização jurídica fundamental do Estado também esteve presente na doutrina pactista da Europa medieval e na teoria francesa das leis fundamentais do Reino, já no período absolutista. Não obstante, faltava a essas doutrinas a noção de que a estrutura do Estado era produto da atuação da vontade de um poder especial, que é superior e anterior aos órgãos e magistraturas do Estado, o Poder Constituinte.[5]

Na verdade, em períodos anteriores ao século 18 e à ampla difusão dos movimentos constitucionalistas, as concepções acerca da origem da organização do Estado variavam entre o mítico (relembre-se a história de Licurgo, o sábio que teria legado à cidade-estado de Esparta suas leis[6]), a revelação

---

[4] ARISTÓTELES. ***A Política***. São Paulo: Martins Fontes, 2006. p. 148-149.

[5] Cf. FERREIRA FILHO, Manoel Gonçalves. ***O Poder Constituinte***. 4. ed. São Paulo: Saraiva, 2005. p. 4-6.

[6] Embora Atenas tenha sido reconhecidamente o principal polo cultural da Grécia Antiga, a referência a Esparta aqui se justifica na medida em que, de acordo com Georg Jellinek, "[...] *debe tenerse en cuenta que las descripciones* más típicas *del Estado heleno son predominantemente retratos del Estado militar espartano.*

divina[7] e, na melhor das hipóteses, costumes imemoriais sucessivamente reafirmados por pactos entre o monarca e seus súditos.[8]

Embora o constitucionalismo inglês possa ser reputado como o mais antigo na história europeia, não foi no seu bojo que se originou a doutrina de um poder especial proveniente de um ente determinado que estabeleceria uma nova ordem estatal respeitadora das liberdades individuais. É certo que a temática da luta pela liberdade individual, fundamental na origem dos movimentos constitucionalistas, não era estranha aos ingleses. Entretanto, diversas

---

Sin duda se debe esto a que este último, tal como entonces se hablaba ya de su pasado, fue tomado por Jenofonte y Platón como el modelo que era necesario oponer al Estado ateniense que había degenerado en una democracia desenfrenada. El proprio Aristóteles, más tarde, en su Política, no ha permanecido ajeno al influjo de esta visión del Estado espartano, pues muchas instituciones de la Laconia hallaron cabida en el plan de su Estado ideal". Não obstante, cumpre aqui reproduzir a ressalva feita pelo autor: "El Estado lacedemonio, por tanto, es igual a los otros Estados dorios, pero en modo alguno puede considerarse como el Estado normal griego; más bien podría atribuir este carácter, a causa de su influjo en la cultura, incuso en la de hoy, al Estado de Atenas [...]" (**Teoría general del Estado**. México: Fondo de Cultura Económica, 2000. p. 290-291).

7 Aqui fica bastante nítida a proximidade existente entre o problema da justificação da soberania e a questão da origem das normas que estruturam o Estado. De acordo com Dalmo de Abreu Dallari, as teses relativas ao Direito Divino "[...] tiveram predominância no fim da Idade Média, quando já se prenunciava a clara conceituação de soberania, bem como no período absolutista do Estado Moderno. Seu ponto de partida é o princípio cristão, externado por São Paulo, '*omnis potestas a Deo*', ou seja, todo poder vem de Deus. Essas teorias apresentavam-se como de direito divino sobrenatural quando afirmavam que o próprio Deus concedera o poder ao príncipe, e de direito divino providencial, quando sustentavam que a soberania vem de Deus, como todas as coisas terrenas, mas que, diretamente, ela vem do povo, razão pela qual apresenta imperfeições" (**Elementos de Teoria Geral do Estado**. 21. ed. São Paulo: Saraiva, 2000. p. 82).

8 É esse o teor, por exemplo, da invocação contida no item n.º 60 da Magna Carta de 1215, onde se lê: "*Now all these aforesaid customs and liberties, which we have granted, in so far as concerns us, to be observed in our kingdom toward our men, all men of our kingdom, both clergy and laity, shall, in so far as concerns them, observe toward their men*".

peculiaridades históricas e culturais fizeram com que, para os habitantes da "Velha Ilha", o problema da garantia desses direitos fosse equacionado não por meio de radicais rupturas com estruturas tradicionais de poder, mas por meio de uma gradativa adaptação dessas estruturas a um ideal de moderação, e do lento reconhecimento e reafirmação, por parte dos monarcas, de liberdades e privilégios fundados no direito costumeiro.[9]

Foi necessária a eclosão de dois movimentos revolucionários de conteúdo incendiário (o francês muito mais radical que o norte-americano) para que, à luz da necessidade de justificação de suas medidas e legitimação de sua obra, pudesse realmente florescer uma teoria do Poder Constituinte. Em singelas palavras, a doutrina do Poder Constituinte só foi integralmente formulada a partir do surgimento das primeiras constituições escritas.

De acordo com Canotilho, a temática do Poder Constituinte ganhou relevância no Direito Constitucional norte-americano já a partir da Constituição de 1787. Confira-se a sua lição:

> diferentemente do que acontecia com o modelo historicístico inglês, no ordenamento político norte-americano adquire centralidade política a ideia de um poder constituinte. A conhecida fórmula preambular "We the People" indicia com clareza uma dimensão básica do poder constituinte: criar uma constituição.[10]

---

[9] Segundo José Joaquim Gomes Canotilho, "[...] às 'magnas cartas' é estranha a dimensão projectante de uma nova ordem política criada por um actor abstracto ('povo', 'nação'). Inerente à 'ordem natural das coisas' estava, pois, a indisponibilidade da ordem política, a incapacidade de querer, de construir e de projectar uma 'ordem nova', bem como a rejeição de qualquer cote radical com as estruturas políticas tradicionais. Neste sentido se pode afirmar que ao 'constitucionalismo histórico' repugna a ideia de um poder constituinte com força e competência para, por si mesmo, desenhar e planificar o modelo político de um povo" (**Direito Constitucional e Teoria da Constituição**. 7. ed. Coimbra: Almedina, 2003. p. 69).

[10] *Ibidem*, p. 70.

Com efeito, é fácil perceber que a edição de um corpo sistemático de normas escritas que estruturam o Estado e estabelecem (ou, se se preferir, reconhecem) direitos fundamentais que devem ser respeitados pelos órgãos e pelas leis editadas por esse mesmo Estado coloca a importante questão de saber quem é o titular desse "poder de instituir outros poderes".

A resposta a esse questionamento, como visto, foi dada no preâmbulo da Constituição com a invocação da fórmula *"We the People of the United States"*: o povo dos Estados Unidos da América seria então o titular do Poder Constituinte. No entanto, ainda que se deva reconhecer a precedência dos norte-americanos no estabelecimento de uma Constituição escrita, não foram eles os formuladores de uma teorização coesa e sistemática do Poder Constituinte.

Esse mérito coube ao abade Emmanuel Joseph Sieyès, figura chave no processo revolucionário detonado na França de 1789, cuja famosa obra *Que é o terceiro Estado?* (no original, *Qu'est-ce que le tiers État?*), publicada em 1789, lançou as bases da doutrina do Poder Constituinte, a qual, desde então, ligou-se umbilicalmente ao clássico conceito liberal de Constituição escrita e a praticamente todos os outros que o sucederam.

Deve-se ter presente que a construção de Sieyès não é puramente produto do seu gênio inventivo: ela foi influenciada por diversas contribuições anteriores, as quais serão aqui brevemente mencionadas.

Como visto anteriormente, a constatação de que no ordenamento jurídico há normas fundamentais que estruturam o próprio Estado existia desde Aristóteles. A essa ideia, as doutrinas pactistas medievais acrescentaram a noção de que o consentimento dos governados, mesmo tácito, era uma das bases do poder político, cuja estruturação ficaria então marcada por um voluntarismo, ainda que um pouco incipiente.[11]

---

[11] Cf. FERREIRA FILHO, Manoel Gonçalves. ***O Poder Constituinte***. 4. ed. São Paulo: Saraiva, 2005. p. 6.

Da França absolutista veio a doutrina das leis fundamentais do reino, que, além de firmar o conceito de que as normas jurídicas estruturantes do Estado seriam superiores até mesmo à vontade dos reis, trouxe também um aporte de significativa importância, segundo ensinamento de Manoel Gonçalves Ferreira Filho:

> a doutrina das leis fundamentais do Reino tem um outro aspecto interessante, que já nos leva relativamente próximos da doutrina do Poder Constituinte. É que, embora os legistas franceses, na sua maioria, ensinassem que tais leis fundamentais eram imutáveis, houve entre eles quem ensinasse que tais leis eram mutáveis, mas só poderiam ser modificadas por um processo especial; isto é, o monarca não poderia alterar as leis fundamentais do Reino, que seriam sempre superiores a ele, mas a reunião dos Estados Gerais – os três Estados: Clero, Nobreza e Povo – poderia, ela sim, modificá-las.[12]

Por fim, cumpre destacar a influência dos contratualistas, especialmente Rousseau, sobre o pensamento de Sieyès e sobre a própria Revolução de 1789. É certo que Rousseau compartilhava com outros teóricos do contrato social a noção de que os homens se organizam em sociedade como se houvesse entre eles uma espécie de pacto.[13] Não obstante, o genebrino divergia de autores como

---

[12] *Ibidem*, p. 5.

[13] Em sua obra ***O contrato social***, Rousseau insinua o tema do pacto que institui a sociedade já no livro I, capítulo V, onde se lê: "Um povo, diz Grotius, pode entregar-se a um rei. Segundo Grotius, portanto, um povo é um povo antes de entregar-se a um rei. Mesmo esse dom é um ato civil, supõe uma deliberação pública. Portanto, antes de examinar o ato pelo qual um povo elege um rei, seria bom examinar o ato pelo qual um povo é um povo. Porque esse ato, sendo necessariamente anterior ao outro, constitui o verdadeiro fundamento da sociedade". A partir do capítulo VI, o autor é mais explícito: "Imediatamente, em vez da pessoa particular de cada contratante, esse ato de associação produz um corpo moral e coletivo composto de tantos membros quanto são os votos da assembleia, o

Hobbes, por exemplo, em alguns pontos fundamentais. Dentre esses pontos, o que talvez tenha tido mais influência no ideário do movimento revolucionário diz respeito à afirmação de que, dado o conteúdo do pacto social,[14] só seria aceitável o governo democrático, pautado na observância da vontade geral.[15] Transparece aqui a contundente crítica do autor à França do Antigo Regime, crítica essa que reverberou no movimento revolucionário[16] e se manifestou na exigência de uma espécie de renovação do pacto social, que deveria se dar por meio de uma Constituição escrita que reestruturasse

---

qual recebe, por esse mesmo ato, sua unidade, seu eu comum, na sua vida e sua vontade. Essa pessoa pública, assim formada pela união de todas as demais, tomava outrora o nome de Cidade, e hoje o de República ou de corpo político, o qual é chamado por seus membros de Estado quando passivo, soberano quando ativo e Potência quando comparado aos seus semelhantes. Quanto aos associados, eles recebem coletivamente o nome de povo e se chamam, em particular, cidadãos, enquanto participantes da autoridade soberana, e súditos, enquanto submetidos às leis do Estado" (***O contrato social***. São Paulo: Martins Fontes, 2006. p. 19, 22 e 23).

14 "Se, pois, retirarmos do pacto social o que não é de sua essência, veremos que ele se reduz aos seguintes termos: cada um de nós põe em comum sua pessoa e todo o seu poder sob a suprema direção da vontade geral; e recebemos, coletivamente, cada membro como parte indivisível do todo" (*Ibidem*, p. 21-22).

15 "A primeira e mais importante consequência dos princípios acima estabelecidos é que só a vontade geral pode dirigir as forças do Estado em conformidade com o objetivo de sua instituição, que é o bem comum: pois, se a oposição dos interesses particulares tornou necessário o estabelecimento das sociedades, foi o acordo desses mesmos interesses que o tornou possível. O vínculo social é formado pelo que há de comum nesses diferentes interesses, e, se não houvesse um ponto em que todos os interesses concordam, nenhuma sociedade poderia existir. Ora, é unicamente com base nesse interesse comum que a sociedade deve ser governada" (*Ibidem*, p. 33).

16 De acordo com Eric J. Hobsbawm, "[...] os 'filósofos' podem ser, com justiça, considerados responsáveis pela Revolução. Ela teria ocorrido sem eles; mas eles provavelmente constituíram a diferença entre um simples colapso de um velho regime e a sua substituição rápida e efetiva por um novo" (**A era das revoluções**. 15. ed. São Paulo: Paz e Terra, 2001. p. 77).

o poder político e garantisse o respeito do Estado aos direitos individuais. E é da necessidade de justificar essa nova Constituição que nasce a obra de Sieyés.[17]

1.2. O PODER CONSTITUINTE: NOÇÕES BÁSICAS, TITULARIDADE E LEGITIMIDADE

Como dito anteriormente, foi Sieyès quem primeiro formulou por inteiro uma doutrina a respeito de como as normas que estruturam o Estado e garantem direitos fundamentais resultam da atuação direta da vontade de um poder especial que é superior e anterior aos órgãos e magistraturas que ele próprio estabelece.

Desde a publicação de *Que é o terceiro Estado?*, a definição dada pelos juristas ao Poder Constituinte pouco mudou, o que pode ser constatado em uma rápida consulta aos manuais de Direito Constitucional.[18] Isso realmente não é de se espantar, pois o reconhecimento da existência de tal poder é um antecedente lógico (embora não cronológico) da ideia de Constituição.[19] Ora, se um determinado documento organiza e estabelece o funcionamento de determinados poderes, há de se convir, como numa relação de causa e efeito, que esse documento só pode ser produto de um outro poder, que é anterior e superior aos que institui.

---

[17] Cf. FERREIRA FILHO, Manoel Gonçalves. ***O Poder Constituinte***. 4. ed. São Paulo: Saraiva, 2005. p. 9-10.

[18] Nesse sentido, Canotilho afirma que, "no fundo, o poder constituinte se revela sempre como uma questão de 'poder', de 'força' ou de 'autoridade política' que está em condições de, numa determinada situação concreta, criar, garantir ou eliminar uma Constituição entendida como lei fundamental da comunidade política" (***Direito Constitucional e Teoria da Constituição***. 7. ed. Coimbra: Almedina, 2003. p. 65).

[19] Cf. BARROS, Sérgio Resende de. ***Noções sobre Poder Constituinte***. Disponível em <http://www.srbarros.com.br/aulas.php?TextID=59&TextPart=3>. Acesso em: 10 set. 2007.

Se é fácil detectar o consenso da doutrina acerca de uma definição geral de Poder Constituinte, o mesmo não pode ser dito acerca de alguns de seus traços. É de longa data conhecida a polêmica travada entre jusnaturalistas e positivistas acerca da existência de limites materiais ao Poder Constituinte.[20] O que interessa aqui, contudo, são outras duas espinhosas questões, que podem ser assim formuladas: quem é o titular desse poder e em que se funda a legitimidade de sua obra?

Como é sabido, de acordo com Sieyès, o titular do Poder Constituinte seria a "nação".[21] A invocação desse ente abstrato no pensamento do abade tem sido explicada por razões de ordem tanto prática quanto teórica.

A questão teórica está relacionada à problemática do que é o "povo". Sim, porque o termo "povo", como é cediço, pode possuir várias acepções. Uma delas, relativamente comum até hoje, é a que identifica o povo com a totalidade de indivíduos presentes num determinado território em um determinado momento histórico (tal acepção coincide com o significado contemporâneo da palavra "população"). E, certamente, não era a esse conjunto de indivíduos que o autor imputava a titularidade do Poder Constituinte. Para evitar

---

20 Nesse ponto, vale lembrar, rapidamente, que a doutrina tradicionalmente identifica duas modalidades básicas de Poder Constituinte, o originário e o instituído, cada qual com suas características próprias. Enquanto o Poder Constituinte originário é normalmente tido por inicial, ilimitado e incondicionado, ao Poder Constituinte instituído são atribuídos os traços de derivação, subordinação e condicionamento. (Cf. FERREIRA FILHO, *op. cit.*, 2005, p. 111-113). Neste livro, quando se usa simplesmente a expressão "Poder Constituinte", a referência é a Poder Constituinte originário, sendo que qualquer remissão a Poder Constituinte instituído far-se-á com a utilização do respectivo adjetivo.

21 Nas palavras de Sieyès: "*En toda nación libre, y toda nación debe ser libre, no hay sino una manera de terminar con las diferencias que se produzcan con respecto a la Constitución. No es a notables a quien hay que recurrir: es a la nación misma. Si carecemos de Constitución, hay que hacer una; solo la nación tiene derecho a ello*" (SIEYÈS, Emmanuel J. ***Que es el tercer Estado?***. Madrid: Aguilar, 1973. p. 69).

leituras equivocadas e radicais de sua tese, Sieyès optou pelo vocábulo "nação", pretendendo invocar o significado de "uma comunidade em sua permanência, nos seus interesses constantes, interesses que eventualmente não se confundem nem se reduzem aos interesses dos indivíduos que a compõem em determinado instante".[22]

Fica fácil perceber que Sieyès reconhecia que, algumas vezes, os interesses da maioria da população não coincidiam com os melhores interesses de toda a comunidade. Essa é uma ideia, aliás, que já se encontrava na obra de Rousseau, no capítulo III do livro II d' *O contrato social*:

> via de regra, há muita diferença entre a vontade de todos e a vontade geral; esta se refere somente ao interesse comum, enquanto a outra diz respeito ao interesse privado, nada mais sendo que uma soma das vontades particulares.[23]

Mas, a despeito da concordância de ambos acerca do fato de a legitimidade do poder político estar fundada no respeito aos interesses comuns, maiores e permanentes da comunidade, Sieyès divergia de Rousseau na medida em que aceitava que esses interesses maiores da comunidade (ou, no vocabulário rousseauniano, a "vontade geral") fossem apreendidos e explicitados na Constituição por intermédio de representantes extraordinários eleitos especialmente para esse fim,[24] ao passo que Rousseau, em *O contrato*

---

[22] Cf. Ferreira Filho, Manoel Gonçalves. ***O Poder Constituinte***. 4. ed. São Paulo: Saraiva, 2005. p. 23.

[23] Cf. Rousseau, Jean Jacques. ***O contrato social***. São Paulo: Martins Fontes, 2006. p. 37.

[24] Fica clara a influência do pensamento de Montesquieu sobre a obra de Sieyès, especialmente no ponto em que o barão de La Bréde afirma que: "Como, em um Estado livre, todo homem que supostamente tem uma alma livre deve ser governado por si mesmo, seria necessário que o povo em conjunto tivesse o poder legislativo. Mas, como isso é impossível nos grandes Estados e sujeito a muitos inconvenientes nos pequenos, é preciso

social, rechaçava veementemente as noções de sociedades parciais e representação política.[25]

Carré de Malberg faz uma leitura bastante precisa a respeito das semelhanças e diferenças existentes entre os pensamentos de Rousseau e Sieyès:

> *existe sin duda, entre el sistema del Contrato social y el de Sieyès, la gran diferencia de que el primero se atiene exclusivamente a la idea de la soberanía del pueblo, mientras que el sistema de Sieyès se esfuerza por conciliar y combinar la soberania popular con el régimen representativo, que declara indispensable. Y para asegurar esta conciliación es para lo que Sieyès construía su teoria de la 'delegación' de los poderes, que tanta importancia tiene en su doctrina y según la cual el establecimiento de la Constitución consiste jurídicamente en una operación de mandato, en un acto mediante el cual el pueblo delega separadamente los diversos poderes en los 'representantes'. Pero, precisamente, esta idea de delegación sólo fué inspirada a Sieyès por su concepto de la soberanía popular: se relacionaba, en su pensamiento, con la idea previa de que el pueblo, en principio, posee y reune en sí todos los poderes; tenía por objeto especial salvaguardar, hasta en el régimen representativo, la integridad de dicho principio.*[26]

Certamente, a aceitação, por parte de Sieyès, da representação política, atendia, já naquela época, a exigências de ordem prática

---

que o povo faça através de seus representantes tudo o que não pode fazer por si mesmo. [...] A grande vantagem dos representantes é que eles são capazes de discutir os assuntos. O povo não é nem um pouco capaz disto, o que constitui um dos grandes inconvenientes da democracia" (MONTESQUIEU, Charles de Secondat, Baron de. ***O espírito das leis***. São Paulo: Martins Fontes, 2005. p. 170-171).

25 "Importa, pois, para se chegar ao verdadeiro enunciado da vontade geral, que não haja sociedade parcial no Estado e que cada cidadão só venha a opinar de acordo com seu próprio ponto de vista" (ROUSSEAU, Jean Jacques. **O contrato social**. São Paulo: Martins Fontes, 2006. p. 38).

26 CARRÉ DE MALBERG, Raymond. ***Teoría general del Estado***. México: Fondo de Cultura Económica, 2001. p. 1204.

relacionadas à inviabilidade (e também ao perigo, na visão da burguesia) da participação direta das massas no processo constituinte.[27] E foram justamente esses motivos que permitiram que, no período de estabilização do movimento revolucionário iniciado em 1789, as ideias moderadas do abade prevalecessem sobre as construções mais radicais de Rousseau, podendo ser justificado, por exemplo, o sufrágio censitário.[28]

Com o passar do tempo e a lenta difusão dos regimes democráticos e do sufrágio universal, as discussões relativas ao significado dos termos "povo" e "nação" na doutrina do Poder Constituinte passaram a ter um interesse predominantemente histórico, pois a abstração do ente "nação" foi sendo paulatinamente erodida pela crescente influência do "povo" na definição do que seriam os interesses maiores e gerais da comunidade.

Com efeito, o que existe no Direito Constitucional contemporâneo é um verdadeiro consenso no sentido de apontar o povo como sendo o titular do Poder Constituinte e da soberania. E, curiosamente, isso em nada tem impedido a ampla aceitação da associação entre representação política e Poder Constituinte do povo,[29] que parece ter sido um dos mais duradouros legados do abade aos nossos tempos.

---

[27] Segundo Carré de Malberg, haveria uma contradição inerente à associação da manifestação do Poder Constituinte à ideia de representação política: "*La representación política deriva de la Constitución; por lo tanto presupone, y por consiguiente, no pode servir para confeccionar-la*" (*Ibidem*, p. 1166).

[28] Cf. Ferreira Filho, Manoel Gonçalves. ***O Poder Constituinte***. 4. ed. São Paulo: Saraiva, 2005. p. 25.

[29] É verdade que há algum tempo vem se difundindo entre alguns grupos revolucionários a prática de submeter uma Constituição por eles unilateralmente elaborada ao *referendum* popular, com o objetivo de se obter a desejada legitimação. Contudo, é fácil perceber que tal procedimento é altamente questionável, pois, em momentos de crise, é natural que uma população, ao se defrontar com a escolha entre ter ou não uma Constituição, opte por aprovar o texto que lhe foi submetido. De outro lado, cumpre

É fácil, na atualidade, imputar a titularidade do Poder Constituinte ao povo,[30] podendo ser constatado no preâmbulo da Constituição Federal de 1988, onde se lê: "Nós, representantes do povo brasileiro, reunidos em Assembleia Nacional Constituinte para instituir um Estado Democrático [...]". De outro lado, muito mais complexa é a questão de definir como pode ser aferida a legitimidade da obra do Poder Constituinte que se exerce em nome do povo.

De acordo com Ferreira Filho, a obra do Poder Constituinte, que é, na maioria dos casos, exercido por uma elite revolucionária, goza de mais ou menos legitimidade na medida em que se harmoniza ou não com a concepção dominante em uma sociedade acerca do que é o Direito e do que é o justo. O *consensus* é então a medida da legitimidade de uma Constituição.[31]

Note-se que, na concepção do autor, a questão do procedimento pelo qual uma Constituição nova é posta em nada se relaciona com sua legitimidade, mesmo porque, relembrando-se a doutrina

---

aqui fazer menção à posição de José Afonso da Silva, que alerta para os riscos envolvidos na associação entre Poder Constituinte e representação política: "Mesmo nos momentos em que o povo participou do processo do poder, a organização do procedimento constituinte tem escamoteado a sua vontade. Seus mandatários não lhe são fiéis, apropriam-se do comando que exercem por delegação, usurpam-lhe a soberania" (***Poder Constituinte e poder popular***. São Paulo: Malheiros, 2007. p. 87).

30 Como dito anteriormente, é nesse sentido a quase totalidade da doutrina pátria. Podem ser citados, a título meramente exemplificativo: SILVA, José Afonso da. ***Poder Constituinte e poder popular***. São Paulo: Malheiros, 2007. p. 67; DALLARI, Dalmo de Abreu. ***Elementos de Teoria Geral do Estado***. 21. ed. São Paulo: Saraiva, 2000. p. 202; MORAES, Alexandre de. ***Direito Constitucional***. 19. ed. São Paulo: Atlas, 2006. p. 21.

31 Cf. FERREIRA FILHO, Manoel Gonçalves. ***O Poder Constituinte***. 4. ed. São Paulo: Saraiva, 2005. p. 47. Canotilho, por sua vez, trata a conformidade de uma Constituição com a ideia de Direito de um povo como pressuposto da legitimidade da obra do Poder Constituinte. Cf. CANOTILHO, José Joaquim Gomes. ***Direito Constitucional e Teoria da Constituição***. 7. ed. Coimbra: Almedina, 2003. p. 1439.

clássica, um dos caracteres do Poder Constituinte originário é justamente o seu não condicionamento, o que foi reconhecido pelo próprio Sieyès.[32] Em tese, pode-se muito bem ter uma Constituição legítima outorgada por um monarca, sem qualquer tipo de plebiscito, *referendum* ou eleições para a escolha de representantes extraordinários. A História confirma esse raciocínio, fornecendo exemplos como o da Constituição outorgada por D. Pedro I em 1824, que, por sinal, foi a Carta mais longeva do Brasil.

1.3. NORMAS CONSTITUCIONAIS EM SENTIDO FORMAL E MATERIAL

A doutrina define como materialmente constitucionais as normas que estruturam o Estado e estabelecem os direitos fundamentais. Mais especificamente, segundo Ferreira Filho, seriam as que, "[...] por seu conteúdo, se referem diretamente à forma do Estado (p. ex., as que o definem como Estado federal), forma de governo (p. ex., democracia), ao modo de aquisição (p. ex., sistema eleitoral) e exercício do poder (p. ex. atribuições de seus órgãos), estruturação dos órgãos de poder (p. ex. do Legislativo ou do Executivo), aos limites de sua ação (p. ex. os traçados pelos direitos fundamentais do homem)".[33]

---

[32] Segundo o abade: "*Aun cuando pudiera, una nación no debería encerrarse en las trabas de una forma positiva. Sería exponerse a perder su libertad, sin vuelta, pues no haría falta sino un momento de éxito a la tiranía para entregar los pueblos, so pretexto de constitución, a una forma tal, que no les sería posible ya expresar su voluntad y, por consiguiente, sacudir las cadenas del despotismo. [...] De cualquier manera que una nación quiera, basta que quiera; todas las formas son buenas, y su voluntad es siempre la ley suprema*" (**Que es el tercer Estado?**. Madrid: Aguilar, 1973. p. 80).

[33] FERREIRA FILHO, Manoel Gonçalves. ***Curso de Direito Constitucional***. 29. ed. São Paulo: Saraiva, 2002. p. 11-12. Kelsen adota uma definição mais geral: para o autor, as normas materialmente constitucionais seriam "[...] as normas positivas através das quais é regulada a produção das

Pode-se aqui perceber que as normas que hoje chamamos materialmente constitucionais guardam íntima relação com o conceito clássico de Constituição dado pelo liberalismo do século 18, conceito esse que, confessadamente, se prestava a garantir as liberdades dos indivíduos em face do Estado. E isso se constata pela simples leitura do art. 16 da Declaração dos Direitos do Homem e do Cidadão (1789), no qual "a sociedade em que não esteja assegurada a garantia dos direitos nem estabelecida a separação dos poderes não tem Constituição".

Com o passar do tempo, devido ao seu sucesso com relação aos fins a que se propunham, as Constituições escritas foram se universalizando e deixaram de ser uma peculiaridade das experiências políticas norte-americana e francesa. Além disso, no início do século 20, já podia ser sentido o declínio da concepção liberal de Estado, com a ascensão ao poder de grupos com orientações ideológicas das mais diversas: social-democratas, socialistas, fascistas, etc. O somatório desses fatores (universalização + diversificação) acabou resultando em uma espécie de neutralização ideológica do conceito de Constituição, que passou então a servir de simples molde a ser preenchido por conteúdos políticos de diferentes matizes.[34] Ao menos duas consequências desse processo podem ser facilmente detectadas.

De um lado, ficou evidente que as Constituições escritas não estavam presas a uma estruturação do Estado em moldes necessariamente liberais, nem à garantia de direitos fundamentais de primeira geração. Um exemplo marcante dessa diversificação foi a Carta Soviética de 1936, que privilegiou os direitos sociais e econômicos em detrimento dos individuais (Capítulo X) e relativizou ao extremo a separação dos Poderes (Capítulo III).

---

normas jurídicas gerais" (***Teoria pura do Direito***. São Paulo: Martins Fontes, 2006. p. 247).

[34] Cf. MIRANDA, Jorge. ***Manual de Direito Constitucional***. 5. ed. Coimbra: Coimbra Editora, 2003. t. II. p. 20.

De outra banda, começaram a se multiplicar nas Constituições escritas normas que, a rigor, não estruturavam diretamente o Estado nem definiam qualquer tipo de direito fundamental. São justamente essas normas, bastante comuns ainda na atualidade, que a doutrina qualifica como apenas formalmente constitucionais. Confira-se a lição de Kelsen:

> Da Constituição em sentido material deve distinguir-se a Constituição em sentido formal, isto é, um documento designado como "Constituição" que – como Constituição escrita – não só contém normas que regulam a produção de normas gerais, isto é, a legislação, mas também normas que se referem a outros assuntos politicamente importantes e, além disso, preceitos por força dos quais as normas contidas neste documento, a lei constitucional, não podem ser revogadas ou alteradas pela mesma forma que as leis simples, mas somente através de processo especial submetido a requisitos mais severos.[35]

Em resumo, tem-se que todas as normas constantes da Constituição escrita são, no mínimo, formalmente constitucionais, pelo simples fato de estarem inscritas nela. Dentre essas normas, aquelas que estruturam o Estado e definem os direitos fundamentais são, além de formalmente constitucionais, também materialmente constitucionais.[36]

---

[35] KELSEN, Hans. ***Teoria pura do Direito***. São Paulo: Martins Fontes, 2006. p. 247-248.

[36] É forçoso observar, com Jorge Miranda, que "as normas materialmente constitucionais não cabem todas na Constituição formal. Não cabem hoje, como não cabiam já nas Constituições liberais" (***Manual de Direito Constitucional***. 5. ed. Coimbra: Coimbra Editora, 2003. t. II. p. 52). No Brasil, esse é o caso, por exemplo, da Lei de Inelegibilidades (L. C. n.º 64/90). A consequência disso é que tal norma, por não ser também formalmente constitucional, não serve como parâmetro para o controle de constitucionalidade. No sentido da formação de uma espécie de bloco de constitucionalidade no Brasil, conferir o trabalho de FRANCISCO, José

Sublinhe-se, entretanto, que, segundo a doutrina[37] e a jurisprudência[38] majoritárias, a distinção feita anteriormente não implica, no sistema jurídico brasileiro, qualquer relação de hierarquia entre as normas da Constituição. Em outras palavras, todas as normas inscritas no texto da Constituição (ou seja, normas formalmente constitucionais) encontrar-se-iam no mesmo nível, sejam elas também materialmente constitucionais ou não.

1.4. A POSIÇÃO DA CONSTITUIÇÃO NO ORDENAMENTO JURÍDICO

Do ponto de vista lógico, não é difícil perceber que as normas que instituem os Poderes do Estado situam-se em um patamar superior ao das normas e comandos editados por esses mesmos Poderes. Tratar-se-ia aqui do que alguns autores denominam "supremacia material ou lógica" da Constituição.[39] A história demonstra, contudo, que, até o século 18, a maioria esmagadora dos governantes deixou de observar quase qualquer tipo de pré-ordenação do seu poder político.

Na verdade, foi necessário o surgimento das Constituições escritas e da doutrina do Poder Constituinte para que pudessem ser

Carlos. Bloco de constitucionalidade e recepção dos tratados internacionais. In: TAVARES, André Ramos; LENZA, Pedro; ALARCÓN, Pietro de Jesús Lora (coord.). ***Reforma do Judiciário: analisada e comentada***. São Paulo: Método, 2005. p. 99-105.

[37] Nesse sentido, ver PALU, Oswaldo Luiz. ***Controle de constitucionalidade***. 2. ed. São Paulo: Revista dos Tribunais, 2001. p. 41. Em sentido contrário, cf. SILVA, Virgílio Afonso da. Interpretação constitucional e sincretismo metodológico. In: SILVA, Virgílio Afonso da (org.). ***Interpretação constitucional***. São Paulo: Malheiros, 2007. p. 122-123.

[38] ADI n.º 815 / DF, rel. Min. Moreira Alves, Tribunal Pleno, j. 28/3/1996.

[39] Nesse sentido, cf. MIRANDA, **op. cit.**, p. 169; e NEVES, Marcelo. ***Teoria da inconstitucionalidade das leis***. São Paulo: Saraiva, 1988. p. 65.

totalmente desdobradas e postas em prática as consequências da ideia da supremacia constitucional.

De um lado, as Constituições escritas permitiram que os diversos povos registrassem de modo inequívoco em um documento as normas que entendiam fundamentais para sua organização. De outro, propagou-se a noção de que tais normas fundamentais eram produto direto do Poder Constituinte, ou seja, da vontade superior da comunidade como um todo ("nação", para Sieyès, "povo" para Rousseau e outros), vontade essa que haveria de ser respeitada pelos Poderes constituídos e só poderia ser alterada mediante nova manifestação do Poder Constituinte (aqui designado como Poder Constituinte instituído de revisão), observado um procedimento próprio.[40]

A junção de todas esses conceitos possibilitou o pleno desenvolvimento da concepção de supremacia constitucional formal[41] tal qual se conhece atualmente: as normas constantes da Constituição escrita (ou, se se preferir, da Constituição formal) gozam de uma posição de superioridade em relação às demais, que com elas devem guardar uma relação de conformidade, sendo que a eventual alteração das normas constitucionais fica condicionada à observância de

---

[40] Nada exclui, obviamente, a possibilidade de uma alteração em desacordo com os parâmetros estabelecidos na Constituição. Ocorre que, nesse caso, se estaria diante não de uma revisão, mas de uma nova Constituição, com o Poder Constituinte originário ocultando-se sob o manto de Poder Constituinte instituído. Nesse sentido, cf. FERREIRA FILHO, Manoel Gonçalves. ***O Poder Constituinte***. 4. ed. São Paulo: Saraiva, 2005. p. 172.

[41] A supremacia formal das Constituições é tida como sua característica fundamental por autores como Georg Jellinek, que afirma: "*La nota jurídica esencial de las leyes constitucionales radica exclusivamente en la superioridad de su fuerza como leyes, desde el punto de vista formal. En aquellos Estados en que las constituciones ni por su fijación ni por su modificación se distinguen de una manera especial, carecen éstas de toda significación práctica en la vida del derecho*" (**Teoría general del Estado**. México: Fondo de Cultura Económica, 2000. p. 480).

um procedimento especial, mais dificultoso que aquele exigido para a edição da legislação ordinária.[42]

Nessa esteira, talvez seja de Kelsen a formulação mais elegante acerca da posição da Constituição no ordenamento jurídico:

> a ordem jurídica não é um sistema de normas jurídicas ordenadas no mesmo plano, situadas umas ao lado das outras, mas é uma construção escalonada de diferentes camadas ou níveis de normas jurídicas. A sua unidade é produto da conexão de dependência que resulta do fato de a validade de uma norma, que foi produzida de acordo com outra norma, se apoiar sobre essa outra norma, cuja produção, por sua vez, é determinada por outra; e assim por diante, até abicar finalmente na norma fundamental – pressuposta. A norma fundamental – hipotética, nestes termos – é, portanto, o fundamento de validade último que constitui a unidade desta interconexão criadora.
> Se começarmos levando em conta apenas a ordem jurídica estadual, a Constituição representa o escalão de Direito positivo mais elevado.[43]

1.5. CONSTITUIÇÕES RÍGIDAS, SEMIRRÍGIDAS E FLEXÍVEIS

Como se extrai do que foi dito anteriormente, a supremacia formal da Constituição guarda estreita relação com o problema do modo pelo qual se procede à sua modificação. De fato, não há sentido em se falar na superioridade formal de uma Constituição que pode ser modificada por um procedimento idêntico ao de edição de leis ordinárias. Com efeito, nessa hipótese, não haveria uma separação visível entre Poder Constituinte e Poder Constituído.[44]

---

42 Cf. FERRARI, Regina Maria Macedo Nery. ***Efeitos da declaração de inconstitucionalidade***. 5. ed. São Paulo: Revista dos Tribunais, 2004. p. 58.

43 KELSEN, Hans. ***Teoria pura do Direito***. São Paulo: Martins Fontes, 2006. p. 247.

44 Segundo Canotilho: "A ideia de superlegalidade formal (a constituição como norma primária de produção jurídica) justifica a tendencial rigidez

E foi com o objetivo de aclarar a questão da possibilidade de modificação das diferentes Constituições que a doutrina constitucional mais tradicional passou a classificá-las em três categorias: rígidas, semirrígidas e flexíveis.[45]

Assim, rígidas são as Constituições que só podem ser alteradas mediante processos legislativos especiais, previstos nelas mesmas e mais dificultosos que aqueles estabelecidos para a edição de leis ordinárias. Pertinente aqui a ressalva de Ferreira Filho no sentido de que, para ser considerada rígida, uma Constituição deve ser necessariamente escrita, embora nem toda Constituição escrita possa ser considerada rígida.[46]

As Constituições flexíveis, por sua vez, são aquelas passíveis de modificação por meio de processo legislativo ordinário, de modo que nessa categoria se enquadram as constituições não escritas ou costumeiras, como a inglesa, e algumas escritas, sendo o Estatuto Albertino (1848) o exemplo mais citado.

Por fim, enquadram-se na categoria de Constituições semirrígidas as que podem ser modificadas em parte por meio de processo legislativo ordinário e em parte não, necessitando de um processo especial para sua alteração.

---

das leis fundamentais, traduzida na consagração, para as leis de revisão, de exigências processuais, formais e materiais, agravadas ou reforçadas relativamente às leis ordinárias" (***Direito Constitucional e Teoria da Constituição.*** 7. ed. Coimbra: Almedina, 2003. p. 890).

[45] A essas três categorias, Alexandre de Moraes acrescenta mais duas: a das Constituições imutáveis e a das Constituições super-rígidas. Segundo o autor, imutáveis seriam as Constituições nas quais é vedada qualquer alteração, ao passo que super-rígidas seriam as que, como a Constituição Federal de 1988, em alguns pontos podem ser modificadas por procedimento legislativo diferenciado e, em outros, não podem sofrer qualquer tipo de mudança (***Direito Constitucional***. 19. ed. São Paulo: Atlas, 2006. p. 5).

[46] FERREIRA FILHO, Manoel Gonçalves. ***Curso de Direito Constitucional.*** 29. ed. São Paulo: Saraiva, 2002. p. 14.

Capítulo 2

O FENÔMENO DA INCONSTITUCIONALIDADE

2.1. EXISTÊNCIA, VALIDADE E EFICÁCIA DAS NORMAS JURÍDICAS

Como visto no capítulo anterior, alguns Estados, dentre eles o Brasil, adotam o cânone da supremacia formal da Constituição, uma decorrência do reconhecimento de que tal documento é o produto da manifestação de vontade de um poder superior que constitui todos os Poderes do Estado, o Poder Constituinte. E da supremacia formal da Constituição decorrem fundamentalmente duas consequências.

A primeira delas, já apresentada no capítulo anterior, é a exigência de que o texto constitucional só possa ser alterado mediante a observância de um processo legislativo diferenciado e mais dificultoso que aquele previsto para a produção de leis ordinárias.

A segunda consequência diz respeito à exigência de que toda legislação infraconstitucional guarde uma relação de conformidade com as normas hierarquicamente superiores contidas na Constituição. Cuida-se aqui do que a doutrina denomina "exigência de constitucionalidade" ou "princípio da constitucionalidade".[1] O presente

[1] "O princípio da constitucionalidade exige a conformidade de todas as normas e atos inferiores, leis, decretos, regulamentos, atos administrativos e atos judiciais, às disposições substanciais ou formais da Constituição [...]" (RÁO, Vicente. ***O Direito e a vida dos direitos***. 6. ed. São Paulo: Revista dos Tribunais, 2005. p. 331).

capítulo cuidará justamente da desconformidade de um ato normativo em face da Constituição, ou seja, do fenômeno da inconstitucionalidade.

Mas, para que tal análise se faça possível, é necessário firmar antes os conceitos de existência, validade e eficácia das normas jurídicas, conceitos que ainda hoje causam muita celeuma no campo da Teoria Geral do Direito.

Comecemos com a doutrina de Kelsen, de longe a mais citada e também uma das mais complexas. Para o autor, os termos existência, validade e vigência[2] possuem o mesmo significado,[3] denotando todos eles a força obrigatória de uma norma, que fica condicionada à existência de uma relação de pertinência da norma a um determinado sistema jurídico construído a partir de uma norma fundamental (*Grundnorm*) pressuposta, a qual poderia ser enunciada brevemente como "devemos conduzir-nos como a Constituição prescreve".[4] Segundo o autor, portanto, "[...] a vigência da norma pertence à ordem do dever-ser",[5] sendo que o fundamento de validade de uma norma só pode ser outra norma, essa também válida nos termos de uma que lhe é superior e assim sucessivamente, em

---

[2] Anote-se que o autor admite o uso dos termos "validade" e "vigência" acompanhados dos adjetivos "temporal", "espacial", "pessoal" e "material", isso significando que uma determinada norma pode ter sua aplicabilidade limitada a, respectivamente, um determinado prazo, um determinado território, um determinado grupo de pessoas ou um determinado aspecto da conduta humana (política, economia, etc.). Cf. KELSEN, Hans. ***Teoria pura do Direito***. São Paulo: Martins Fontes, 2006. p. 13-16.

[3] "Por 'validade' queremos designar a existência específica de normas. Dizer que a norma é válida é dizer que pressupomos sua existência ou – o que redunda no mesmo – pressupomos que ela possui 'força de obrigatoriedade' para aqueles cuja conduta regula" (KELSEN, Hans. ***Teoria geral do Direito e do Estado***. São Paulo: Martins Fontes, 2005. p. 43). Ou ainda: "Com a palavra 'vigência' designamos a existência específica de uma norma" (KELSEN, ***op. cit.***, 2006, p. 11).

[4] Cf. KELSEN, ***op. cit.***, 2006, p. 11-12 e 215-224.

[5] Ibidem, p. 11.

uma cadeia que poderia ser representada pela figura geométrica da pirâmide.

Já a questão da eficácia, para Kelsen, situa-se na ordem do ser e designa o fato de certa norma ser ou não efetivamente observada e aplicada por seus destinatários.[6]

É interessante notar que o autor austríaco, nascido em Praga, chega a admitir a existência de um ponto de contato entre as esferas da validade e da eficácia. Ao fazê-lo, Kelsen repele as duas correntes mais extremadas acerca do tema e defende uma posição intermediária. Para ele, não é possível concordar com os idealistas quando esses afirmam que a validade e a eficácia são completamente independentes, pois não pode ser tida como válida uma norma totalmente ineficaz, ou seja, uma norma que nunca é aplicada coercitivamente ou obedecida espontaneamente. De outro lado, tampouco seria correto afirmar, como o fazem os realistas, que a validade de uma norma se confunde com sua eficácia. Segundo o autor, o mínimo de eficácia seria uma condição de validade, mas não o fundamento dessa própria validade. Confiram-se as palavras do mestre austríaco:

> [...] a eficácia da ordem jurídica como um todo e a eficácia de uma norma jurídica singular são – tal como o ato que estabelece a norma – condição da validade. Tal eficácia é condição no sentido de que uma ordem jurídica como um todo e uma ordem jurídica singular já não são consideradas como válidas quando cessam de ser eficazes. Mas também a eficácia de uma ordem jurídica não é, tampouco como o fato que a estabelece, fundamento da validade.[7]

---

[6] KELSEN, Hans. ***Teoria pura do Direito***. São Paulo: Martins Fontes, 2006. p. 11.

[7] *Ibidem*, p. 236. O autor não chega a esclarecer, do ponto de vista de sua teoria pura do Direito, como poderia ser aferido esse mínimo de eficácia enquanto condição de validade. A esse respeito, cf. PALU, Oswaldo Luiz. ***Controle de constitucionalidade***. 2. ed. São Paulo: Revista dos Tribunais, 2001. p. 41.

Outra visão bastante difundida acerca dos conceitos de existência, validade, vigência e eficácia é a de Norberto Bobbio. Esse, assim como Kelsen, afirma que os problemas da existência e da validade de uma norma se confundem. Segundo o autor, a "validade jurídica de uma norma equivale à existência daquela norma enquanto regra jurídica".[8] Para ele, a indagação sobre a validade ou a existência de uma norma envolve um juízo de fato, não de valor. Em outras palavras, saber se uma norma é válida ou existente não implica saber se a mesma é justa ou injusta (juízo de valor), mas saber se ela pertence ou não a determinado sistema normativo (juízo de fato). E, para saber se há ou não essa relação de pertencimento, deve o intérprete realizar três operações:

> 1) verificar se a autoridade que a emanou tinha o poder legítimo de emanar normas jurídicas, ou seja, normas obrigatórias naquele determinado ordenamento jurídico [...]; 2) verificar se não foi ab-rogada, tendo em vista que uma norma pode ter sido válida, no sentido de que foi emanada por um poder autorizado para tanto, mas não significa que ainda seja válida, o que ocorre quando uma outra norma sucessiva no tempo a ab-rogou expressamente ou regulou a mesma matéria; 3) verificar se não é incompatível com outras normas do sistema (o que também é chamado ab-rogação implícita), sobretudo com uma norma hierarquicamente superior (uma lei constitucional é superior a uma lei ordinária numa constituição rígida) ou com uma norma sucessiva, a partir do momento em que em todo ordenamento jurídico vigora o princípio de que duas normas incompatíveis não podem ser ambas válidas (assim como num sistema científico duas proposições contraditórias não podem ser ambas verdadeiras).[9]

---

[8] Bobbio, Norberto. ***Teoria geral do Direito***. São Paulo: Martins Fontes, 2007. p. 26.

[9] Bobbio, Norberto. ***Teoria geral do Direito***. São Paulo: Martins Fontes, 2007. p. 26-27.

A questão da eficácia, por sua vez, para o autor italiano, consiste em saber em que grau determinada norma é obedecida espontaneamente pelos seus destinatários e, em caso de violação, em que grau as autoridades que a editaram conseguem obter sua observância de modo coercitivo ou sancionar os infratores. Vê-se então que, para Bobbio, o problema da eficácia de uma norma é um problema sociológico.

A tese de Bobbio, em boa medida semelhante à de Kelsen, deve ser interpretada com cuidado, de modo a serem evitadas afirmações incompletas ou equivocadas, como a de que, para o autor italiano, "a juridicidade de uma norma independe de seu conteúdo". Na verdade, o autor de tal assertiva utiliza a mesma para equiparar as noções de validade em Kelsen e em Bobbio e criticá-las, afirmando que "[...] Kelsen despreza o conteúdo da norma para aferir sua validade, que ele chama de pertinencialidade ao sistema. Adotar esse entendimento é negar a existência de invalidade de uma norma por estar em desconformidade com o conteúdo da norma que representa seu fundamento de validade. Em consequência, nesse modelo não cabe a categoria inconstitucionalidade material, o que representa séria omissão".[10]

Com a devida vênia, esse não parece ser o melhor entendimento.

Em primeiro lugar, porque não é possível afirmar que, em Bobbio, a validade da norma independe do seu conteúdo. Na verdade, o autor afirma justamente o contrário:

> de resto, se o sistema jurídico, confrontado com um sistema dedutivo, é algo menor, confrontado com o sistema dinâmico, de que falamos na seção anterior, é algo maior: de fato, se admitirmos o princípio de compatibilidade, para considerar a pertinência de uma norma ao sistema, não bastará mais mostrar sua derivação de

[10] Cf. LEITE, Carlos Henrique Bezerra; PIMENTA, Paulo Roberto Lyrio; PELÁ, Carlos. **A validade e a eficácia das normas jurídicas**. São Paulo: Manole, 2005. p. 69 e 84.

uma das fontes autorizadas, mas será necessário também mostrar que ela não é incompatível com outras normas. Nesse sentido, nem todas as normas produzidas pelas fontes autorizadas seriam normas válidas, mas apenas aquelas que fossem compatíveis com as outras.[11]

Em segundo lugar, não são corretas as afirmativas de que o modelo de Kelsen não comporta a categoria da inconstitucionalidade material e nega a possibilidade de invalidação de uma norma em função de um vício em seu conteúdo. Fosse assim, não teria sido o austríaco um dos principais teóricos da Jurisdição Constitucional... O que se extrai de sua doutrina, na verdade, não é que a norma materialmente incompatível com a Constituição não pode ser invalidada, mas que uma norma não pode ser tida por inválida, *a priori*, em virtude de uma suposta discrepância de seu conteúdo com o estabelecido na Constituição, só podendo ser retirada do mundo jurídico por força de uma decisão proferida nesse sentido pelo órgão incumbido da guarda da Constituição. Como será explicitado mais adiante, o que Kelsen nega é a ideia de nulidade de uma norma em função de seu conteúdo, não a possibilidade de sua anulação em virtude desse conteúdo. Confiram-se os seguintes trechos:

> A constituição material determina não apenas os órgãos e o processo de legislação, mas também, em certo grau, o conteúdo de leis futuras. A constituição pode determinar negativamente que as leis não devem ter certo conteúdo, por exemplo, que o parlamento não pode aprovar qualquer estatuto que restrinja a liberdade religiosa. [...] A constituição, porém, também tem a atribuição de prescrever positivamente certo conteúdo dos futuros estatutos [...].[12]
> A expressão "estatuto inconstitucional" aplicada a um estatuto considerado válido é uma contradição de termos. Porque se o

---

[11] Bobbio, op. cit., p. 227-228.

[12] Kelsen, Hans. ***Teoria geral do Direito e do Estado.*** São Paulo: Martins Fontes, 2005. p. 183.

> estatuto é válido, ele só pode ser válido por corresponder à constituição; ele não pode ser válido se contrariar a constituição. O único fundamento de validade de um estatuto é ter sido criado de modo previsto pela constituição. Porém, o que se quer dizer com a expressão é que um estatuto, segundo a constituição, pode, por algum motivo especial, ser anulado de outro modo que não o comum. [...]
> Na medida em que um estatuto não foi anulado, ele é "constitucional", e não "inconstitucional", no sentido de contrário à constituição. É, então, a vontade da constituição que esse estatuto deva também ser válido. Mas a constituição pretende que o estatuto seja válido apenas se não houver sido anulado pelo órgão competente.[...].[13]

Feitas essas ressalvas, cumpre mencionar também o pensamento de Reale acerca dos problemas discutidos no presente item. O autor utiliza o termo validade em três acepções distintas: validade formal ou técnico-jurídica (sinônimo de vigência); validade social (sinônimo de eficácia ou efetividade) e validade ética (equivalente à fundamentação ético-valorativa da norma, à sua correspondência com o justo). Essas três acepções devem estar presentes no caso concreto para que uma norma possa ser considerada verdadeiramente válida.[14] Importa então explicitar em que consistiria mais precisamente cada uma dessas três vertentes da validade.

Segundo Reale, vigência ou validade técnico-jurídica significa a executoriedade compulsória de uma norma, desde que preenchidos os três requisitos essenciais para sua formação: legitimidade legalmente atribuída ao órgão emissor; competência material do órgão emissor quanto ao objeto da norma e observância dos procedimentos legalmente fixados para a produção da norma.[15]

---

[13] Ibidem, p. 224, 225 e 227.

[14] Cf. REALE, Miguel. ***Lições preliminares de Direito***. 25. ed. São Paulo: Saraiva, 2000. p. 115.

[15] Ibidem, p. 110.

Já a eficácia ou efetividade da norma corresponde à sua real observância pela sociedade ou execução compulsória pelas autoridades competentes. Em suma, a eficácia diz respeito à atualização da norma em conduta humana, reconhecendo o autor, como o fez Kelsen, que um mínimo de efetividade é também condição de validade.[16]

Finalmente, a validade ética depende da correspondência entre os valores ou finalidades plasmados na norma jurídica e o justo, ideia construída historicamente em torno da invariante axiológica "valor da pessoa humana" (ou, para utilizar a expressão tão em moda atualmente, "dignidade da pessoa humana").[17]

Também, não se pode deixar de mencionar a lição de Ferraz Jr. acerca dos problemas da validade, vigência e eficácia das normas do ponto de vista da dogmática jurídica.[18]

Segundo o autor, a validade é uma qualidade que se atribui a uma norma quando se quer indicar que ela pertence a determinado ordenamento jurídico. E essa relação de pertinência fica condicionada à observância de determinados requisitos formais (competência do órgão emissor da norma, procedimento para a produção da norma e momento em que é possível tal produção) e materiais (competência do órgão emissor quanto à matéria a ser tratada na norma).[19]

Vigência, por sua vez, "[...] é uma qualidade da norma que diz respeito ao tempo de validade, ao período que vai do momento em que ela entra em vigor (passa a ter força vinculante) até o momento em que é revogada ou em que se esgota o prazo prescrito para sua duração".[20]

Já o termo eficácia, para Ferraz Jr., significa a possibilidade de uma norma produzir efeitos, desde que presentes determinadas

---

[16] Ibidem, p. 112-115.

[17] Ibidem, p. 115 e 379.

[18] A análise zetética proposta pelo autor, certamente muito sofisticada e complexa, foge ao escopo deste livro.

[19] Cf. FERRAZ JR., Tércio Sampaio. ***Introdução ao estudo do Direito***. 2. ed. São Paulo: Atlas, 1994. p. 196-197.

[20] Ibidem, p. 202.

condições, que podem ser de ordem fática ou de ordem técnico-normativa. Diz-se que uma norma possui eficácia social quando ela surge num contexto em que há condições fáticas para que produza efeitos no seio da sociedade, que podem consistir em obediência voluntária, imposição coercitiva ou, até mesmo, em um "efeito ideológico simbólico". De outro lado, diz-se que uma norma possui eficácia técnica quando ela própria e o ordenamento em que se insere possuem condições técnicas que permitem a produção de efeitos no mundo jurídico.[21]

Por fim, o autor utiliza o termo "vigor" para designar a força obrigatória (ou vinculante) de uma norma.[22]

Outra importante contribuição para a discussão dos temas da existência, validade e eficácia das normas é a de Elival da Silva Ramos, que de certo modo adapta ao Direito Público as noções de existência, validade e eficácia dos atos jurídicos do Direito Privado e afirma a existência de uma relação de sucessão lógica entre elas, de modo que o sucesso ou insucesso em um plano permite ou obsta a projeção do ato nos demais.[23]

O autor, até certo ponto, rompe com o positivismo kelseniano e, adotando uma posição pragmática, admite a diferenciação entre as esferas da existência e da validade, reconhecendo a possibilidade de se falar em "lei inexistente".

Para ele, a existência de uma norma consistiria na presença de certos elementos estruturais (agente, manifestação de vontade, objeto e forma) que permitiriam reconhecer a presença dessa norma como tal. De outro lado, a presença de certas deficiências em qualquer desses elementos caracterizaria então a figura da norma inexistente, que também pode ser designada como "norma aparente". Quanto ao agente, o autor assevera que a norma inexistente: "[...]

---

[21] Ibidem, p.197-201.

[22] Ibidem, p. 202.

[23] RAMOS, Elival da Silva. ***A inconstitucionalidade das leis: vício e sanção***. São Paulo: Saraiva, 1994. p. 11-12.

está relacionada com aquelas situações em que um dos centros de irradiação normativa aceitos pelo sistema atua (pessoa jurídica de direito público com capacidade legislativa, agindo por seus órgãos de legislação), porém de modo incompleto, no que toca à modalidade específica de ato legislativo".[24] No que se refere à manifestação de vontade, inexistente seria a norma produzida por um determinado órgão sob coação absoluta. Já no tocante ao objeto, poder-se-ia falar em inexistência de uma norma caso o objeto da manifestação de vontade do órgão competente não se revestisse de um caráter diretivo vinculante, consistindo, por exemplo, em uma simples recomendação ou opinião. Relativamente à inexistência em virtude de defeito de forma, o autor reconhece a dificuldade de se conceber tal hipótese, pois dificilmente um vício de forma permitiria que um ato adquirisse a mínima aparência de norma.[25]

Validade, por sua vez, para Ramos, consiste na conformidade dos elementos integrantes de uma norma em relação aos parâmetros estabelecidos pela norma que lhe é superior, parâmetros esses que dizem respeito principalmente à competência do agente emissor, ao procedimento de edição da norma, ao seu conteúdo e à finalidade que deve ser perseguida por meio dela.[26]

Quanto à eficácia, o autor adota entendimento bastante semelhante ao de Ferraz Jr., distinguindo entre eficácia social (produção de efeitos no mundo fático) e eficácia jurídica (produção de efeitos no mundo jurídico). Por fim, ele identifica alguns fatores de eficácia, que podem ser suspensivos (por exemplo, as exigências de promulgação e publicação) ou resolutivos (por exemplo, a revogação por outra lei).[27]

Aqui, serão adotados os conceitos mais pragmáticos delineados por Ramos, que parecem mais adequados à compreensão da

---

[24] Ramos, Elival da Silva. ***A inconstitucionalidade das leis: vício e sanção***. São Paulo: Saraiva, 1994. p. 26.

[25] Ibidem, p. 9, 13, 22-27.

[26] Ibidem, p. 33-35.

[27] Ibidem, p. 35-36 e 39-41.

questão das sanções cominadas ao vício de inconstitucionalidade no direito brasileiro.

2.2. CONCEITO DE INCONSTITUCIONALIDADE

A inconstitucionalidade pode ser conceituada como uma relação de desconformidade entre um comportamento e a Constituição, que ocupa o ápice do ordenamento jurídico positivo e fundamenta a validade de todas as normas que lhe são inferiores. Tal conceito é bastante amplo e merece algumas precisões.

Em primeiro lugar, é fácil perceber que a inconstitucionalidade é um conceito relacional, isto é, um conceito que depende da comparação entre um objeto (um comportamento) e um paradigma (a Constituição). O que se deve salientar, no entanto, é que essa comparação não é de natureza simplesmente lógica ou intelectiva: ela envolve também, e principalmente, um juízo normativo e valorativo, afinal, ao menos um dos objetos a serem comparados, a Constituição, não é puro fato, mas norma na qual se encontram plasmados certos valores, de modo que o juízo aqui envolvido não é meramente de adequação de um fato a outro, mas de atendimento de uma norma e realização de um valor.[28]

Em segundo lugar, cumpre ressaltar que, para efeitos de inconstitucionalidade, a desconformidade relevante é aquela que se dá diretamente entre o comportamento e a Constituição, sem a intermediação de outra norma infraconstitucional. Essa é, por sinal, a posição já firme do Supremo Tribunal Federal, que não admite recurso extraordinário fundado em violação indireta à Constituição.[29] Na verdade, a violação indireta da Constituição é uma questão

[28] Cf. MIRANDA, Jorge. ***Manual de Direito Constitucional***. 2. ed. Coimbra: Coimbra Editora, 2005. t. VI. p. 8.

[29] Cf. Súmula STF n.º 636: "Não cabe recurso extraordinário por contrariedade ao princípio constitucional da legalidade, quando a sua verificação

de ilegalidade, não de inconstitucionalidade. Tanto a inconstitucionalidade quanto a ilegalidade implicam a desconformidade de um comportamento em face de uma norma que o disciplina: se essa norma é a própria Constituição, trata-se de inconstitucionalidade; de outro lado, se a norma parâmetro é infraconstitucional, está-se diante de ilegalidade. A distinção não é meramente acadêmica, pois, na prática, os ordenamentos jurídicos normalmente estabelecem diferentes sistemas para a fiscalização da inconstitucionalidade e da ilegalidade.[30]

Em terceiro lugar, no que tange ao polo de que emana o comportamento a ser comparado com a Constituição, vale lembrar, com Miranda, que, no âmbito do Direito Constitucional, "[...] apenas é relevante o não cumprimento de normas constitucionais pelo Estado, tal como só pode ser operativo um conceito conexo com um regime próprio de Direito constitucional [...]", afinal, "[...] a relevância

---

pressuponha rever interpretação dada a normas infraconstitucionais pela decisão recorrida". No mesmo sentido, o acórdão proferido no AI -ED 584114 / RJ, rel. Min. Sepúlveda Pertence, 1.ª Turma, j. 13/6/2006, assim ementado: "1. Embargos de declaração recebidos como agravo regimental. 2. Ampla defesa: não ofende o art. 5.º, LV, da Constituição, acórdão que mantém o indeferimento de diligencia probatória tida por desnecessária: precedente. 3. Recurso extraordinário: descabimento: controvérsia decidida à luz de legislação infraconstitucional: a alegada ofensa a dispositivos constitucionais que, se ocorresse, seria reflexa ou indireta, de exame inviável no RE, incidência do princípio da Súmula 636. Ademais, ausente negativa de prestação jurisdicional ou violação dos princípios constitucionais apontados no recurso extraordinário. 4. Agravo regimental manifestamente infundado: aplicação de multa, nos termos do artigo 557, § 2.º, do C. Pr. Civil".

30 Cf. PALU, Oswaldo Luiz. ***Controle de constitucionalidade: conceitos, sistemas e efeitos***. 2. ed. São Paulo: Revista dos Tribunais, 2001. p. 72; MIRANDA Jorge. ***Manual de Direito Constitucional***. 2. ed. Coimbra: Coimbra Editora, 2005. t. VI. p. 22-23; RAMOS, Elival da Silva. ***A inconstitucionalidade das leis: vício e sanção***. São Paulo: Saraiva, 1994. p. 64-65; e NEVES, Marcelo. ***Teoria da inconstitucionalidade das leis***. São Paulo: Saraiva, 1988. p. 124-126.

constitucional de muitos comportamentos dos particulares, enquanto tais ou enquanto cidadãos, não permite assimilar – sob pena de imediata necessidade de distinções e subdistinções – a sua eventual desconformidade com normas constitucionais à desconformidade por parte de órgãos do poder".[31]

Em quarto e último lugar, deve-se pôr em relevo que, em tese, pode ser qualificado como inconstitucional qualquer tipo de comportamento do Estado no exercício de suas funções, possua esse comportamento conteúdo normativo ou não, seja ele individual ou geral, concreto ou abstrato, omissivo ou comissivo. Contudo, considerando como foco principal os efeitos do controle de constitucionalidade e não seu objeto, e que o controle de constitucionalidade desde suas origens históricas até os dias atuais sempre esteve vinculado principalmente à preocupação da conformidade dos atos normativos gerais e abstratos em relação à Constituição, optar-se-á daqui em diante pela expressão "ato normativo" (de longe a mais difundida na doutrina pátria) para designar genericamente o objeto da fiscalização da constitucionalidade.[32]

---

[31] Cf. Miranda, op. cit., p. 8 e 10. Não se ignora, no entanto, que tal realidade encontra-se em processo de mutação, com a recente adoção, pelo Supremo Tribunal Federal, da tese da "eficácia horizontal dos direitos fundamentais" (RE 201819/RJ, rel. para acórdão: Min. Gilmar Mendes, 2.ª Turma, j. 11/10/2005), o que poderá ter impactos no âmbito do controle difuso de constitucionalidade. O tema é polêmico e foge ao escopo deste livro, para o qual é suficiente a doutrina clássica já mencionada anteriormente, também adotada por outros autores nacionais que recentemente trataram do tema do controle de constitucionalidade, como Palu, op. cit., p. 71-72; e Ferrari, Regina Maria Macedo Nery. ***Efeitos da declaração de inconstitucionalidade***. 5. ed. São Paulo: Revista dos Tribunais, 2004. p. 73. Em sentido contrário, Cf. MENDES, Gilmar Ferreira; COELHO, Inocêncio Mártires; BRANCO, Paulo Gustavo Gonet. ***Curso de Direito Constitucional***. São Paulo: Saraiva, 2007. p. 954.

[32] Não se ignora, no entanto, que, no Brasil, os modelos difuso e concentrado, discutidos nos capítulos seguintes, apresentam especificidades quanto ao seu objeto, especificidades essas que fogem ao escopo do presente estudo.

2.3. TIPOLOGIA DA INCONSTITUCIONALIDADE

Conceituado o fenômeno, passemos às suas classificações mais comuns.

2.3.1. Inconstitucionalidade material e inconstitucionalidade formal

A classificação da inconstitucionalidade em formal e material é, de longe, a mais mencionada na doutrina.

Diz-se que a inconstitucionalidade material é aquela que decorre da incompatibilidade do conteúdo do ato normativo com a Constituição, ao passo que a inconstitucionalidade formal diz respeito

---

Ademais, deve ser feita a ressalva de que, no caso de comportamentos omissivos inconstitucionais, não se pode falar em controle de ato normativo inconstitucional, mas em controle da inércia na produção de um ato, o que será estudado com mais detalhamento nos itens e capítulos subsequentes deste livro. Por fim, vale aqui a ressalva feita por Luís Roberto Barroso: "[...] cabe observar que a expressão 'controle de constitucionalidade' é com frequência empregada em relação a atos materialmente normativos, isto é, àqueles que disciplinam condutas e têm caráter geral e abstrato. As leis, emanadas do Poder Legislativo, são o exemplo mais típico de atos dessa natureza, mas também se incluem nessa categoria atos editados pelo Executivo (como as medidas provisórias e certos tipos de atos normativos administrativos) e pelo Judiciário (como os regimentos internos dos tribunais). Mas não apenas estes. De fato, os atos materialmente administrativos, em geral oriundos do Executivo (mas, eventualmente, também do Legislativo e do Judiciário), sujeitam-se, da mesma forma, ao teste de constitucionalidade e são invalidáveis por juízes e tribunais. O mesmo se passa com as decisões judiciais, que comportam recursos, tendo por fundamento sua contrariedade à constituição. De modo que, em sentido amplo, o controle de constitucionalidade é exercido sobre atos de quaisquer dos Poderes. Todavia, estas duas últimas hipóteses – impugnação de atos administrativos ou de decisões judiciais – são muito mais corriqueiras, não tendo a complexidade e as implicações da declaração de inconstitucionalidade de uma norma. Por esta razão não exigem estudo à parte" (***Controle de constitucionalidade no Direito brasileiro***. 2. ed. São Paulo: Saraiva, 2006. p. 2-3).

ao desatendimento das normas constitucionais que estabelecem as regras para a edição do ato normativo.

No fundo, como bem anota Neves, pode-se perceber que a verificação da inconstitucionalidade material envolve uma questão puramente de direito (a incompatibilidade de dois conteúdos normativos), ao passo que o juízo acerca da inconstitucionalidade formal abarca também uma questão de fato (a observância, na prática, das regras previstas na Constituição para a edição da norma).[33]

Segundo Kelsen, a distinção entre inconstitucionalidade formal e material deve ser vista com reservas, visto que um ato normativo materialmente inconstitucional poderia deixar de sê-lo caso fosse aprovado segundo as normas estabelecidas para a produção das emendas constitucionais. Logo, de outra perspectiva, o ato materialmente inconstitucional seria, no fundo, formalmente inconstitucional, pois deveria revestir-se da forma de emenda a fim de veicular conteúdo contrário à Constituição vigente, modificando-a.[34] Tal raciocínio, segundo Ramos, citando Crisafulli, deveria ser refutado por três motivos principais: a visão de Kelsen pressupõe um legislador todo-poderoso, sendo que, muitas vezes, os órgãos encarregados da elaboração de leis ordinárias são distintos daqueles que podem editar emendas constitucionais; as Constituições podem prever limites materiais à sua revisão, de modo que emendas que os extrapolem geram uma inconstitucionalidade material irredutível à inconstitucionalidade formal; e "peca a construção *kelseniana* por um erro de perspectiva, pois se refere à função legislativa genérica, quando se deveria concentrar nos atos legislativos específicos em que se manifesta essa função".[35] Com a devida vênia, tais críticas não parecem refutar inteiramente o raciocínio de Kelsen.

---

[33] Cf. NEVES, Marcelo. ***Teoria da inconstitucionalidade das leis***. São Paulo: Saraiva, 1988. p. 119.

[34] Cf. KELSEN, Hans. ***Jurisdição constitucional***. São Paulo: Martins Fontes, 2003. p. 132.

[35] Cf. RAMOS, Elival da Silva. ***A inconstitucionalidade das leis***. São Paulo: Saraiva, 1994. p. 149-150.

Em primeiro lugar, a possível diferença entre os órgãos de revisão constitucional e de legiferação ordinária não passa, inegavelmente, de uma questão de ordem formal.

Em segundo lugar, o problema dos limites materiais à revisão constitucional comporta uma dupla interpretação. Ao se admitir a tese da dupla revisão,[36] as limitações impostas pelas chamadas "cláusulas pétreas" reduzir-se-iam a uma questão também somente formal: seria necessário primeiro alterar a cláusula que proíbe a revisão para depois então modificar o conteúdo por ela protegido. De outra ponta, ainda que não se admita a dupla revisão, ter-se-ia que reconhecer que a inconstitucionalidade material ficaria restrita apenas aos casos de emendas constitucionais contrárias às cláusulas pétreas, e não é isso que se observa na doutrina pátria...

Em terceiro lugar, o suposto "erro de perspectiva" de Kelsen parece envolver considerações acerca da intenção do legislador, as quais seriam irrelevantes dentro do formalismo positivista.

Entretanto, ainda que a crítica kelseniana à diferenciação entre normas materialmente constitucionais e formalmente constitucionais aparentemente não possa ser afastada de um ponto de vista rigorosamente lógico, numa perspectiva pragmática justifica-se a utilização de tal distinção, podendo-se dizer que ela já faz parte das convenções doutrinárias e jurisprudenciais sobre o tema. Assim, nesta obra, assume-se que a inconstitucionalidade material diz respeito à desconformidade do conteúdo de um ato normativo em face da Constituição e que a inconstitucionalidade formal está relacionada à não observância das normas constitucionais que estabelecem as regras para a edição do ato normativo.

Feita a ressalva, cumpre detalhar a inconstitucionalidade formal a fim de explicar uma terceira categoria de inconstitucionalidade comumente apontada pela doutrina: a orgânica. Quando se diz que

[36] Entre nós defendida por FERREIRA FILHO, Manoel Gonçalves. ***O Poder Constituinte***. 4. ed. São Paulo: Saraiva, 2005. p. 168-177.

as regras para a edição de um ato normativo não foram atendidas, podem-se divisar três situações distintas, identificadas por Sampaio: as formalidades do procedimento não foram cumpridas, o ato foi editado em um período vedado, ou o ato foi editado por órgão incompetente.[37] É essa última hipótese que a doutrina designa por inconstitucionalidade orgânica,[38] havendo aqueles que a definem como modalidade autônoma[39] e outros que a entendem como subespécie da inconstitucionalidade formal.[40]

De qualquer modo, deve-se ter em mente que nem todas as hipóteses de incompetência dão origem ao vício da inconstitucionalidade formal ou orgânica: só se fala nessas quando a Constituição atribui a outro órgão a competência para a edição daquele ato. Isso porque, caso a Constituição não confira a nenhum órgão a competência para a produção de um ato, estar-se-á diante de verdadeira inconstitucionalidade material, visto que o próprio conteúdo veiculado é incompatível com a Constituição.[41]

---

[37] SAMPAIO, Nelson de Sousa. ***O processo legislativo***. São Paulo: Saraiva, 1968. p. 127.

[38] Cf. MIRANDA, Jorge. ***Manual de Direito Constitucional***. 2. ed. Coimbra: Coimbra Editora, 2005. t. VI. p. 36.

[39] Nesse sentido, confira-se a explicação de Ramos: "Com efeito, se o vício formal se reporta diretamente ao ato e o vício material ao seu conteúdo normativo, o vício de incompetência diz respeito ao ato, mas em função de seu conteúdo normativo. Afinal, a falta de competência para a prática do ato legislativo é apurada conforme critérios *ratione materiae* de distribuição, de que se vale o Legislador Constituinte" (***A inconstitucionalidade das Leis: vício e sanção***. São Paulo: Saraiva, 1994. p. 151).

[40] Nessa esteira, cf. PALU, Oswaldo Luiz. ***Controle de constitucionalidade: conceitos, sistemas e efeitos***. 2. ed. São Paulo: Revista dos Tribunais, 2001. p. 83.

[41] Cf. NEVES, Marcelo. ***Teoria da inconstitucionalidade das leis***. São Paulo: Saraiva, 1988. p. 119. Na verdade, para esse autor, "toda inconstitucionalidade substancial resulta, *direta* ou *indiretamente*, da incompetência constitucional do órgão legislativo" (Ibidem, p. 113).

2.3.2. Inconstitucionalidade total e inconstitucionalidade parcial

A desconformidade do ato normativo com a Constituição pode dizer respeito à totalidade do ato ou apenas a uma de suas partes. No primeiro caso, fala-se em inconstitucionalidade total, que implica a invalidade de todo o diploma normativo. No segundo, está-se diante de inconstitucionalidade parcial, caso em que pode ser preservada a parcela não viciada do ato.

No entanto, para que seja possível essa preservação, é necessário que a parte sã possa subsistir por si só tanto do ponto de vista lógico quanto do ponto de vista teleológico, ou seja, o ato, mesmo alijado de sua parcela inconstitucional, deve continuar sendo inteligível e não pode entrar em choque com sua finalidade original.[42] As relações entre inconstitucionalidade total e parcial e inconstitucionalidade material e formal podem causar alguma controvérsia.

De fato, é fácil aceitar que a inconstitucionalidade material pode ser total ou parcial, afinal, um ato normativo pode conter diversas disposições, algumas delas conforme a Constituição, outras contrárias. Contudo, quando se fala em inconstitucionalidade formal, a tendência natural é relacioná-la apenas à inconstitucionalidade total, pois o vício atinge a própria produção do diploma. Isso impressionou alguns autores a ponto de levá-los a afirmar, sem qualquer reserva, que a inconstitucionalidade formal afeta o ato normativo em sua inteireza.[43]

Data venia, não parece ser esse o posicionamento mais correto, afinal, é perfeitamente possível que apenas uma parcela de um ato

---

[42] Cf. COOLEY, Thomas. ***Princípios gerais de Direito Constitucional dos Estados Unidos da América do Norte***. 2. ed. São Paulo: Revista dos Tribunais, 1982. p. 178-179; RAMOS, op. cit., p. 163-164; NEVES, op. cit., p.121; BITTENCOURT, C. A. Lúcio. ***O contrôle jurisdicional da constitucionalidade das leis***. 2. ed. Rio de Janeiro: Forense, 1968. p. 124-126.

[43] Regina Maria Macedo Nery Ferrari afirma: "Assim, pode-se considerar que, quando existe um vício formal, o ato, como uma unidade, fica afetado em sua integridade" (***Efeitos da declaração de inconstitucionalidade***. 5. ed. São Paulo: Revista dos Tribunais, 2004. p. 75).

normativo seja formalmente inconstitucional. São exemplos simples dessa possibilidade: o caso de lei editada com emenda que não foi submetida à apreciação da casa de origem, quando essa era indispensável, e o caso de lei votada e editada como ordinária, que em parte invade a competência material reservada constitucionalmente à lei complementar.[44]

2.3.3. Inconstitucionalidade originária e inconstitucionalidade superveniente

É conhecida a discussão em torno da classificação da inconstitucionalidade em originária e superveniente, a qual toma como critério o momento a partir do qual surge a desconformidade entre o ato normativo e a Constituição.

A distinção, em tese, é formulada nos seguintes termos: se o ato é editado posteriormente à Constituição e em desconformidade com ela, fala-se em inconstitucionalidade originária, pois o diploma é viciado desde sua gênese; por outro lado, se o ato normativo infraconstitucional é sucedido no tempo por uma nova Constituição (ou por uma emenda constitucional) que estabelece parâmetros que ele não atende, diz-se que a inconstitucionalidade é superveniente. Ocorre que a existência da categoria da inconstitucionalidade superveniente divide a doutrina há algum tempo.

Aqueles que a aceitam, como Jorge Miranda, argumentam que a inconstitucionalidade, como fenômeno relacional fundado na hierarquia, prescinde do critério temporal para sua configuração, embora tal critério possa autorizar a diferenciação das consequências a serem atribuídas à inconstitucionalidade originária e à superveniente. Confira-se:

---

[44] Nesse sentido, cf. PALU, Oswaldo Luiz. ***Controle de constitucionalidade: conceitos, sistemas e efeitos***. 2. ed. São Paulo: Revista dos Tribunais, 2001. p. 83; RAMOS, Elival da Silva. ***A inconstitucionalidade das leis: vício e sanção***. São Paulo: Saraiva, 1994. p. 165; NEVES, Marcelo. ***Teoria da inconstitucionalidade das leis***. São Paulo: Saraiva, 1988. p. 124.

> O fenômeno da inconstitucionalidade surge por causa da contradição entre normas legais e regras e princípios constitucionais e, em face de cada situação ou acto, é função do juízo de valor que se faça com base nos comandos constitucionais vigentes. Para cada Constituição um juízo de inconstitucionalidade; e, para várias e sucessivas épocas, vários e sucessivos juízos. Não cabe, pois, apelar para um critério de ordem cronológica (*lex posterior...*) com autonomia em relação a um critério dito hierárquico (*lex superior...*). É a própria função genética ou constitutiva do ordenamento jurídico que possui a constituição que o exclui, já que a sua relação com a lei ordinária não pode ser assimilada à relação entre duas leis ordinárias.
>
> A abstracta estrutura jurídico-formal da inconstitucionalidade não depende do tempo de produção dos preceitos. Só pode e deve falar-se em inconstitucionalidade originária e em inconstitucionalidade superveniente, na medida em que ligadas a uma norma legal que, essa, pode ser desconforme com a Constituição originária ou supervenientemente – o que implica ou permite um tratamento diferenciado.[45]

Kelsen, por sua vez, sustentava posição contrária:

> A cassação de uma norma inconstitucional pela Corte Constitucional – aqui são contempladas apenas as normas gerais – é apenas necessária, em sentido estrito, se a norma inconstitucional é posterior à Constituição. É que não é a lei nova – lei nova de conteúdo geral – que contraria a Constituição anterior, mas a Constituição lei já em vigor e, por isso, a derroga com a aplicação do princípio da *lex posterior*. Uma cassação da lei parece, por isso, dispensável; até mesmo logicamente impossível.[46]

---

[45] MIRANDA, Jorge. ***Manual de Direito Constitucional***. 5. ed. Coimbra: Coimbra Editora, 2003. t. II. p. 319.

[46] KELSEN, Hans. Wesen und Entwicklung der Staatsgerichtsbarkeit. VVDStRL 5 (1929). p. 64 apud MENDES, Gilmar Ferreira. ***Jurisdição constitucional***. 3. ed. São Paulo: Saraiva, 1999. p. 164.

No Brasil, a maior parte da doutrina inclina-se no sentido de rejeitar a existência de algo como a inconstitucionalidade superveniente, enquadrando no fenômeno da revogação o problema da norma anterior à Constituição e a ela contrária. Os argumentos dessa corrente, apresentados aqui em forma resumida, são basicamente os seguintes: uma lei anterior não teria como contrariar uma Constituição que lhe é posterior, pois a inconstitucionalidade é um vício que atinge a norma no seu nascimento; se um ato normativo posterior tem o poder de revogar um outro situado no mesmo nível hierárquico, também a Constituição, como norma superior, revoga os atos anteriores que lhe são contrários; mesmo os autores que admitem a existência da inconstitucionalidade superveniente acabam equiparando seus efeitos aos da revogação (*ex nunc*) e não admitem a inconstitucionalidade formal superveniente, adotando o brocardo *tempus regit actum*; os textos das Constituições costumam conter cláusulas expressas de recepção[47] da legislação infraconstitucional anterior com elas compatíveis, o que, a *contrario sensu*, autoriza a conclusão de que a legislação anterior incompatível não é recepcionada, ou seja, é revogada, havendo também, por vezes, cláusulas expressas nesse sentido; a norma inconstitucional posterior à Constituição é válida até que seja revogada ou invalidada pelo órgão a que é atribuída a guarda da Constituição, ao passo que a norma anterior à Constituição e com ela incompatível sequer chegou a ingressar no ordenamento, ou seja, no primeiro caso tem-se uma antinomia dentro de um mesmo ordenamento jurídico e no segundo uma falsa antinomia, pois as normas comparadas pertencem a ordenamentos distintos.[48]

---

[47] Sobre o fenômeno da recepção, cf. KELSEN, Hans. ***Teoria geral do Direito e do Estado***. São Paulo: Martins Fontes, 2005. p. 171-172.

[48] Nesse sentido, cf. RAMOS, Elival da Silva. **A inconstitucionalidade das leis**: vício e sanção. São Paulo: Saraiva, 1994. p. 68-73; NEVES, Marcelo. **Teoria da inconstitucionalidade das leis**. São Paulo: Saraiva, 1988. p.96-101; MORAES, Alexandre de. *Direito Constitucional*. 19ª ed. São Paulo:

Em 1992, no julgamento da famosa ADI n.º 2, o Supremo Tribunal Federal manteve, por maioria, sua posição já bastante antiga no sentido do não cabimento de controle abstrato de normas pré-constitucionais, visto tratar-se a questão de revogação e não de inconstitucionalidade. Confira-se a ementa do acórdão:

> Constituição. Lei anterior que a contrarie. Revogação. Inconstitucionalidade superveniente. Impossibilidade.
> A lei ou é constitucional ou não é lei. Lei inconstitucional é uma contradição em si. A lei é constitucional quando fiel à Constituição; inconstitucional, na medida em que a desrespeita, dispondo sobre o que lhe era vedado. O vício da inconstitucionalidade é congênito à lei e há de ser apurado em face da Constituição vigente ao tempo de sua elaboração. Lei anterior não pode ser inconstitucional em relação à Constituição superveniente; nem o legislador poderia infringir Constituição futura. A Constituição sobrevinda não torna inconstitucionais leis anteriores com ela conflitantes: revoga-as. Pelo fato de ser superior, a Constituição não deixa de produzir efeitos revogatórios. Seria ilógico que a lei fundamental, por ser suprema, não revogasse, ao ser promulgada, leis ordinárias. A lei maior valeria menos que a lei ordinária.
> Reafirmação da antiga jurisprudência do STF, mais que cinquentenária.
> Ação direta de que se não conhece por impossibilidade jurídica do pedido.[49]

Atlas, 2006. p. 671-672; Barroso, Luís Roberto. *O controle de constitucionalidade no direito brasileiro.* 2ª ed. São Paulo: Saraiva, 2006. p. 29-30.

49 Vale ressaltar que, no mesmo julgamento, o Min. Sepúlveda Pertence, em seu voto vencido, sustentou posição no sentido de que a revogação não excluiria a inconstitucionalidade (aliás, seria uma consequência dela) e argumentou, pragmaticamente, que a melhor solução seria aquela que sujeitasse as normas pré-constitucionais ao controle abstrato, de modo a preservar-se a segurança jurídica. Confira-se: "Reduzir o problema às dimensões da simples revogação da norma infraconstitucional pela norma constitucional posterior- se é alvitre que tem por si a sedução da aparente

Como se vê, a discussão não é meramente acadêmica, pois a adoção de uma ou outra tese traz consequências práticas relevantes. Exemplo disso são os Estados em que o controle de constitucionalidade é confiado exclusivamente a uma Corte Constitucional: aceitando-se a inconstitucionalidade superveniente, fica vedado aos juízes comuns conhecer causas que versem sobre a conformidade do direito pré-constitucional com a Constituição. No caso do Brasil, especificamente, além do não cabimento da ação direta para fiscalização de direito pré-constitucional, a adoção da tese da revogação (ou não recepção) traz também como efeitos a não aplicabilidade da regra do *full bench*[50] para a declaração de não recepção e a impossibilidade de extensão dos efeitos de tal declaração pelo Senado, nos termos do art. 52, X, da Constituição Federal.

A nosso ver, como também assinala Mendes, os argumentos de ambas as teses são plausíveis: a opção por uma delas é, no fundo, uma decisão de cunho político-institucional, sendo possível a identificação das mais variadas soluções no direito comparado.[51]

---

simplicidade –, redunda em fechar-lhe a via da ação direta. E deixar, em consequência, que o deslinde das controvérsias suscitadas flutue, durante anos, ao sabor dos dissídios entre juízes e tribunais de todo o País, até chegar, se chegar, à decisão da Alta Corte, ao fim de longa caminhada pelas vias frequentemente tortuosas do sistema de recursos. De resto, nem a decisão do Supremo Tribunal, despida de força vinculante *erga omnes*, encerrará as contradições. Perderão com tudo isso, inevitavelmente, não só a rapidez, mas a uniformização dos resultados da tarefa jurisdicional de conformação do direito velho às novas diretrizes da Lei Fundamental, com patente perda da efetividade desta e da segurança jurídica dos jurisdicionados" (ADI n.º 2 / DF, rel. Min. Paulo Brossard, Tribunal Pleno, j. 6/02/1992).

[50] O art. 97 da Constituição Federal de 1988 dispõe: "Somente pelo voto da maioria absoluta de seus membros ou dos membros do respectivo órgão especial poderão os tribunais declarar a inconstitucionalidade de lei ou ato normativo do Poder Público".

[51] Cf. MENDES, Gilmar Ferreira. **Jurisdição constitucional**. 3. ed. São Paulo: Saraiva, 1999. p. 163-171. O autor adota um posicionamento híbrido acerca do tema e se manifesta no sentido da admissibilidade do controle

Independentemente da posição adotada, é inegável que a sujeição das normas pré-constitucionais ao controle concentrado é a solução que mais se harmoniza com a garantia da segurança jurídica. Nesse mesmo sentido, a opinião de Mendes, nos idos de 1999:

> diante de todos esses argumentos e considerando a razoabilidade e o significado para a segurança jurídica da tese que recomenda a extensão do controle abstrato de normas também ao direito pré-constitucional, não se afigura despropositado recomendar a revisão da jurisprudência do Supremo Tribunal sobre a matéria.[52]

Embora ainda hoje a jurisprudência do Supremo Tribunal não tenha sido modificada,[53] o legislador infraconstitucional, em ato pragmático cuja constitucionalidade é contestada por autores como Alexandre de Moraes,[54] encarregou-se de submeter o direito pré-constitucional à fiscalização abstrata, sem com isso se comprometer com qualquer uma das teses. Confira-se o teor do art. 1.º, parágrafo único, da Lei n.º 9.882/99:

> Art. 1.º (...)
> Parágrafo único. Caberá também arguição de descumprimento de preceito fundamental:

---

concentrado do direito anterior à Constituição: "É fácil ver que o constituinte não concebeu a contrariedade a esta Constituição, em qualquer de suas formas, inclusive no que concerne à aplicação de leis pré-constitucionais, como simples questão de direito intertemporal, pois, do contrário, despiciendo seria o recurso extraordinário. Da mesma forma, afirmar a validade de lei ou ato de governo local contestado em face da Constituição não parece traduzir juízo de mera compatibilidade entre o direito ordinário e a Constituição, tendo em vista também o postulado da *lex posterior*" (Ibidem, p. 171).

52 Ibidem, p. 171.

53 Basta conferir o teor do RE-AgR n.º 353508 / RJ, rel. Min. Celso de Mello, 2.ª Turma, j. 15/5/2007. No mesmo sentido, ADI n.º 3189 / AL, rel. Min. Celso de Mello, Tribunal Pleno, j. 13/12/2006.

54 Cf. MORAES, Alexandre de. ***Direito Constitucional***. 19. ed. São Paulo: Atlas, 2006. p. 712-713.

I – quando for relevante o fundamento da controvérsia constitucional sobre lei ou ato normativo federal, estadual ou municipal, incluídos os anteriores à Constituição.

2.3.4. Inconstitucionalidade por ação e inconstitucionalidade por omissão

A ordem constitucional pode ser violada tanto por um comportamento comissivo quanto por uma omissão. No primeiro caso, os poderes constituídos agem em desacordo com o que estipula a Constituição, praticando ato por ela vedado. No segundo, os órgãos do Estado permanecem inertes e deixam de tomar as providências cuja realização a Carta Magna expressamente lhes impôs, ou seja, deixam de praticar ato obrigatório.

O conceito de inconstitucionalidade por ação não apresenta maiores dificuldades nesta obra, que o toma em sua manifestação mais clássica: o ato normativo. Já a ideia de inconstitucionalidade por omissão, por ser mais complexa, será objeto de maiores considerações no capítulo 5, quando da análise dos efeitos das decisões proferidas em sede de controle de constitucionalidade. Por ora, para delimitar o tema, basta reconhecer que, embora as omissões inconstitucionais possam provir de quaisquer dos Poderes constituídos, estejam eles no exercício de suas funções típicas ou não,[55] na

---

[55] Jorge Miranda assinala: "Relativamente a quaisquer funções do Estado objecto de disciplina pela Constituição, não custa surpreender manifestações possíveis – e não apenas teóricas – de comportamentos omissivos, sejam omissões de actos normativos, sejam de actos de conteúdo não normativo ou individual e concreto. Sucede isto com a função legislativa e com a função política ou de governo e, em alguns casos, com a revisão constitucional; sucede isto com a função administrativa e pode suceder até com a função jurisdicional. Tais comportamentos vêm, assim, a ser inconstitucionais ou ilegais, consoante os casos, e podem ainda revelar-se ilícitos" (***Manual de Direito Constitucional***. 2. ed. Coimbra: Coimbra Editora, 2005. t. VI. p. 292). No mesmo sentido, cf. FERRARI, Regina Maria

perspectiva do controle de constitucionalidade brasileiro, a omissão mais relevante e complexa é a que diz respeito à não edição de ato normativo necessário para garantir a aplicabilidade de norma constitucional. É essa a omissão que será objeto de maior atenção neste livro.

2.4. CONSEQUÊNCIAS DA INCONSTITUCIONALIDADE

Como visto anteriormente, a inconstitucionalidade consiste em uma relação de desconformidade entre um comportamento e a Constituição. Considerando-se que a Constituição ocupa o ápice do ordenamento jurídico positivo e fundamenta a validade de todas as demais normas, vê-se que a inconstitucionalidade, nos Estados que acolhem a rigidez constitucional, é um vício que diz respeito à esfera da validade do ato normativo, ou seja, ao atendimento ou não dos requisitos constitucionalmente estabelecidos para a sua produção. E, para que se preserve efetivamente a supremacia formal da Constituição, torna-se necessária a previsão, pelo ordenamento jurídico, de consequências (sanções) para o vício da inconstitucionalidade.

Tais sanções podem ser basicamente de duas ordens: pessoal ou objetiva. As de ordem pessoal são aquelas direcionadas ao agente estatal responsável pela produção ou aplicação do ato inconstitucional (ou mesmo pela omissão inconstitucional), podendo consistir em responsabilização penal, administrativa ou civil. Já as sanções de ordem objetiva são aquelas que atingem o próprio ato inconstitucional.[56] Considerando que o tema desta obra é justamente os efeitos das decisões sobre a inconstitucionalidade de um ato, serão

---

Macedo Nery. ***Efeitos da declaração de inconstitucionalidade***. 5. ed. São Paulo: Revista dos Tribunais, 2004. p. 358-360.

[56] KELSEN, Hans. ***Jurisdição constitucional***. São Paulo: Martins Fontes, 2003. p. 139-140.

aqui estudadas com maior detalhamento somente as sanções de ordem objetiva, relacionadas estritamente com os diferentes modelos de controle de constitucionalidade, que serão objeto de estudo nos capítulos seguintes.

A doutrina normalmente identifica dois tipos fundamentais de sanções para o vício da inconstitucionalidade: a nulidade e a anulabilidade, as quais fulminam a eficácia jurídica do ato inconstitucional.[57] Confira-se a lição de Ramos:

> As características básicas da sanção de nulidade consistem na ineficácia *ab initio* da lei inconstitucional e na desnecessidade de um ato subsequente de invalidação, com o que se pretende dizer que a sanção opera de pleno direito. [...]
> Por seu turno, as características essenciais da sanção de anulabilidade consistem na invalidação *a posteriori* da lei inconstitucional, que é tolerada como provisoriamente válida, e na necessidade de um ato sancionatório. A validade condicional da lei viciada permitir-lhe-á, destarte, a produção de efeitos, até que sobrevenha o ato de anulação (usualmente uma decisão judicial).[58]

A partir dessas definições, seria possível desenvolver todo um raciocínio sobre a questão da natureza da sentença que reconhece a inconstitucionalidade (constitutiva ou declaratória) e sobre o alcance temporal (*ex tunc*, *ex nunc* ou *pro futuro*) e subjetivo (*inter partes* ou *erga omnes*) da decisão, conforme se esteja diante de um sistema de nulidade ou de anulabilidade. Na verdade, Ramos procede a esse louvá-

---

[57] Entre outros, cf. CAPPELLETTI, Mauro. ***O controle judicial de constitucionalidade das leis no direito comparado***. 2. ed. Porto Alegre: Fabris, 1999. p. 115-116; RAMOS, Elival da Silva. ***A inconstitucionalidade das leis: vício e sanção***. São Paulo: Saraiva, 1994. p. 87; FERREIRA FILHO, Manoel Gonçalves. ***Aspectos de Direito Constitucional contemporâneo***. São Paulo: Saraiva, 2003. p. 223-224; e BARROSO, Luís Roberto. ***O controle de constitucionalidade no direito brasileiro***. 2. ed. São Paulo: Saraiva, 2006. p. 15-20 .

[58] RAMOS, op. cit., p. 87 e 90.

vel esforço de abstração. Partindo da premissa de que a sanção do vício de inconstitucionalidade encontra-se umbilicalmente ligada ao sistema de controle de constitucionalidade[59] adotado em determinada ordem jurídica, o autor afirma que: a sanção de nulidade implica sentenças de natureza declaratória, cujos efeitos podem atingir apenas as partes no processo (*inter partes*) ou todas as demais (*erga omnes*) e não são propriamente retroativos (*ex tunc*), mas de mera declaração da "aplicação de uma sanção que o próprio ordenamento já impôs, no momento mesmo em que ocorreu o nascimento do ato legislativo contrário à Constituição", exigindo-se a possibilidade de controle de constitucionalidade pela via incidental (acompanhado ou não da via principal)[60] e normalmente, mas não necessariamente, difuso; e a sanção de anulabilidade traz consigo sentenças de natureza constitutiva, cujos efeitos atingem a todos (*erga omnes*) e podem ou não ser retroativos, exigindo-se a concentração do controle de constitucionalidade em um único órgão,[61]

---

59 O tema do controle de constitucionalidade será objeto de estudo mais detalhado no capítulo seguinte. Para o presente item, basta recordar sumariamente o significado de algumas expressões a serem aqui utilizadas: "controle concentrado" significa controle de constitucionalidade monopolizado por um único órgão; "controle difuso", por sua vez, designa o sistema no qual existe a possibilidade de qualquer juiz exercitar o controle de constitucionalidade; "controle por via incidental" (ou "concreto") significa que a questão de constitucionalidade é decidida no bojo de um caso concreto, como uma "questão prejudicial" no sentido técnico-processual; "controle por via principal", (ou "*in abstracto*") de outro lado, implica a análise da questão de constitucionalidade como objeto principal de um processo especial ("processo objetivo" ou "ação direta") desvinculado de um caso concreto.

60 A justificativa fornecida por Elival da Silva Ramos é a de que, caso não houvesse a possibilidade de controle pela via incidental, "[...] estariam os juízes obrigados a aplicar a lei na solução dos casos concretos, o que é incompatível com a ideia de invalidade de pleno direito [...]" (***A inconstitucionalidade das leis: vício e sanção***. São Paulo: Saraiva, 1994. p. 99).

61 Segundo Ramos, "[...] não se conceberia uma lei que fosse anulada em alguns feitos e mantida, em sua validade provisória, em outros, mediante

podendo ser adotadas tanto a via incidental quanto a principal.[62]

É evidente o valor intelectual e didático desse exercício de abstração e síntese. Contudo, a realidade dos diversos sistemas de controle de constitucionalidade é hoje tão complexa que gera problemas para uma tentativa de enquadramento teórico apriorístico. Apenas a título de exemplo, vale lembrar que, no sistema norte-americano, citado pelo autor como caso típico de adoção da sanção da nulidade, prevaleceu durante algum tempo a premissa de que "a Constituição não exige nem proíbe efeitos retroativos, devendo a corte, em cada caso, determinar quais são os efeitos mais apropriados".[63] De outro lado, é do próprio Kelsen, grande expoente da tese da anulabilidade, a observação de que a anulação admite vários graus quanto ao seu alcance, podendo ficar confinada a um caso concreto ou generalizar-se, atingindo a todos (efeitos *erga omnes*). Segundo ele, a generalização dos efeitos da anulação seria a melhor escolha à luz da necessidade de segurança jurídica, mas ainda assim seria apenas uma escolha, não uma imposição teórica.[64]

A despeito disso, nesta obra, acompanhamos o posicionamento de Ramos, segundo o qual as teses da nulidade e da anulabilidade da lei inconstitucional estão intimamente vinculadas ao sistema

---

decisões com efeitos restritos ou inter partes. O ato legislativo, por sua própria natureza, apresenta amplo contingente de destinatários, diretos ou indiretos, o que impõe, paralelamente, que sua invalidação se faça mediante decisão única e de eficácia *erga omnes*, a qual, pela gravidade das consequências que apresenta, deve ser proferida por órgão superior da jurisdição ordinária ou por Corte Constitucional, consubstanciando controle concentrado de constitucionalidade" (op.cit., p. 100).

[62] Ibidem, p. 87-101.

[63] Tradução livre. Caso *Linkletter v. Walker* (1965), texto integral da decisão disponível em <http://laws.findlaw.com/us/381/618.html>. Acesso em: 10 jan. 2008.

[64] Kelsen, Hans. ***Jurisdição constitucional***. São Paulo: Martins Fontes, 2003. p. 144-145.

de controle de constitucionalidade adotado em determinado ordenamento jurídico. Como será visto no capítulo seguinte, a tese da nulidade foi abraçada nos Estados Unidos da América quando do surgimento do modelo do *judicial review*, ao passo que a tese da anulabilidade forneceu as bases para o sistema austríaco inaugurado pela Constituição de 1920. E assim pode-se perceber que determinadas características de cada sistema de controle de constitucionalidade (órgão controlador, modo de controle e efeitos das decisões) realmente guardam mais ou menos afinidade em relação a cada um dos tipos de sanção do vício da inconstitucionalidade. Contudo, como as experiências austríaca e norte-americana demonstram (especialmente a primeira), tal afinidade não impede que determinado sistema incorpore traços característicos de outro, quando defrontado com certas necessidades de ordem prática.

No fundo, deve-se reconhecer que os efeitos atribuídos às decisões de inconstitucionalidade são muito mais uma questão de escolha política vinculada a certas circunstâncias históricas do que decorrências necessárias da fiel adesão a um determinado modelo teórico.[65]

É ampla a doutrina no sentido de que os efeitos das decisões de inconstitucionalidade e a sanção atribuída ao tal vício constituem opção jurídico-político-institucional, não havendo única decorrência lógica e necessária do vício de inconstitucionalidade.

De acordo com Canotilho:

> os ensinamentos da doutrina civilística e da doutrina administrativista podem ser transferidos para o direito constitucional e

[65] Em sentido, contrário, evidentemente, Kelsen, que nega a possibilidade da existência de algo como a nulidade no ordenamento jurídico (***Teoria pura do Direito***. São Paulo: Martins Fontes, 2006. p. 306-307). Entre os constitucionalistas pátrios, tal posição é esposada por Regina Maria Macedo Nery Ferrari (**Efeitos da declaração de inconstitucionalidade**. 5. ed. São Paulo: Revista dos Tribunais, 2004. p. 162-163 e 176). De qualquer modo, note-se que, embora tais autores neguem a existência da nulidade, ambos admitem que os efeitos da anulabilidade, especialmente os temporais (*ex nunc* ou *ex tunc*) podem variar.

"testar-se" a teoria da pluralidade de consequências ou resultados jurídicos derivados da inconstitucionalidade de actos normativos. Os tópicos orientadores resumem-se da seguinte forma: (1) inconstitucionalidade e nulidade não são conceitos idênticos; (2) a nulidade é um resultado da inconstitucionalidade, isto é, corresponde a uma reacção de ordem jurídica contra a violação das normas constitucionais; (3) a nulidade não é uma consequência lógica e necessária da inconstitucionalidade, pois, tal como na doutrina civilística a ilicitude de um acto pode conduzir à nulidade ou anulabilidade, e na doutrina administrativa a ilegalidade é susceptível de ter como reacção desfavorável a nulidade ou anulabilidade, também a inconstitucionalidade é susceptível de várias sanções, diversamente configuradas pelo ordenamento jurídico.[66]

Segundo Oswaldo Luiz Palu:

> relevante anotar que não é consequência necessária considerar nulo o ato inconstitucional, teoricamente. [...]
> Malgrado a eiva da inconstitucionalidade ser única, dependendo do sistema adotado em cada ordenamento jurídico, os efeitos da inconstitucionalidade podem variar, se irretroativos ou retroativos (efeitos *ex nunc* ou *ex tunc*), válidos contra todos ou somente para as partes do processo original (efeitos *erga omnes* ou *inter partes*).[67]

Por fim, conforme ensina Jorge Miranda: "o Direito positivo de cada país e de cada momento possui, por conseguinte, o seu quadro de valores jurídicos negativos e é no interior da respectiva Constituição que se tem de procurar o que significam".[68]

Feitas essas observações, passar-se-á então ao estudo do controle de constitucionalidade propriamente dito.

---

[66] CANOTILHO, José Joaquim Gomes. ***Direito Constitucional e Teoria da Constituição***. 7. ed. Coimbra: Almedina, 2003. p. 952-953.

[67] PALU, Oswaldo Luiz. ***Controle de constitucionalidade: conceitos, sistemas e efeitos***. 2. ed. São Paulo: Revista dos Tribunais, 2001. p. 86-87.

[68] MIRANDA, Jorge. ***Manual de Direito Constitucional***. 2. ed. Coimbra: Coimbra Editora, 2005. t. VI. p. 94.

Capítulo 3

O CONTROLE DE CONSTITUCIONALIDADE

3.1. CONCEITO

Da adoção das Constituições escritas e do cânone da supremacia formal da Constituição decorrem duas consequências fundamentais: a necessidade de conformidade da legislação infraconstitucional com as normas inscritas na Constituição e a exigência de um processo legislativo mais dificultoso para a alteração do texto constitucional.

Tanto a experiência quanto o senso comum parecem demonstrar que as simples afirmações de que uma Constituição não se altera por vias ordinárias, ou que as normas infraconstitucionais devem obedecer aos limites por ela traçados não são capazes, por si só, de assegurar a supremacia constitucional. Para tanto, torna-se indispensável a existência de instrumentos que garantam a defesa da lei maior.

Uma das respostas a tal necessidade foi justamente o desenvolvimento histórico do controle de constitucionalidade, que pode ser conceituado como um mecanismo de garantia da Constituição por meio do qual um "sujeito controlador" verifica a conformidade, tanto formal quanto material, de um ato normativo com a Constituição, cuidando de assegurar a prevalência dessa última, seja desconsiderando a norma inconstitucional no caso concreto, seja removendo-a permanentemente da ordem jurídica ou mesmo impedindo seu ingresso na mesma.[1]

---

[1] Vale aqui reproduzir a lição de Luis Roberto Barroso: "O ordenamento jurídico é um sistema. Um sistema pressupõe ordem e unidade, devendo suas

Nesse ponto, importa notar que a doutrina indica um antecedente bastante remoto do controle de constitucionalidade, antecedente esse estritamente relacionado aos conceitos gregos de *nomoi* e *pséphismata*, já referidos anteriormente. Segundo Cappelletti, na antiga civilização ateniense, a incompatibilidade entre as leis superiores vigentes (*nomoi*) e os decretos (*pséphismata)* editados pela Assembleia Popular (*Ecclesía*), gerava dois efeitos distintos. Em primeiro lugar, havia a possibilidade de responsabilização penal do proponente do decreto, por meio de uma espécie de "ação pública de ilegalidade", denominada *grafè páranómon*. Em segundo lugar, havia a possibilidade de os juízes ignorarem o *pséphismata* viciado, julgando apenas conforme o *nomoi*.[2]

De qualquer modo, a despeito da existência de tal antecedente milenar, cuja importância dificilmente pode ser corretamente aquilatada nos dias de hoje, os grandes estudiosos são unânimes em reconhecer que o primeiro e mais influente sistema de controle de constitucionalidade da Idade Contemporânea foi o norte-americano.[3] É a esse sistema que se dedica o item a seguir.

---

partes conviver de maneira harmoniosa. A quebra dessa harmonia deverá deflagrar mecanismos de correção destinados a restabelecê-la. O controle de constitucionalidade é um desses mecanismos, provavelmente o mais importante, consistindo na verificação da compatibilidade entre uma lei ou qualquer ato normativo infraconstitucional e a constituição. Caracterizado o contraste, o sistema provê um conjunto de medidas que visam a sua superação, restaurando a unidade ameaçada" (**O controle de constitucionalidade no direito brasileiro**. 2. ed. São Paulo: Saraiva, 2006. p. 1).

[2] CAPPELLETTI, Mauro. **O controle judicial de constitucionalidade das leis no direito comparado**. 2. ed. Porto Alegre: Fabris, 1999. p. 49-51. No mesmo sentido, cf. FERREIRA FILHO, Manoel Gonçalves. **O Poder Constituinte**. 4. ed. São Paulo: Saraiva, 2005. p. 3-4.

[3] Apenas a título exemplificativo, entre tantos outros, cf. FERREIRA FILHO, Manoel Gonçalves. **Curso de Direito Constitucional**. 29. ed. São Paulo: Saraiva, 2002. p. 34; BARROSO, Luís Roberto. **O controle de constitucionalidade no direito brasileiro**. 2. ed. São Paulo: Saraiva, 2006. p. 5; CAPPELLETTI, Mauro. **O controle judicial de constitucionalidade das leis no direito comparado**. 2. ed. Porto Alegre: Fabris, 1999. p. 57-63.

3.2. O MODELO NORTE-AMERICANO

É lugar comum nos atuais estudos nacionais sobre o tema do controle de constitucionalidade a referência ao direito norte-americano e, em especial, ao caso *Marbury v. Madison* (1803). É evidente que tal referência é necessária, embora nem sempre ela seja feita de modo contextualizado ou minimamente aprofundado. Tendo isso em vista, o objetivo do presente item é expor, com algum nível de detalhamento, o contexto doutrinário, jurisprudencial e histórico do famoso *leading case*, bem como apresentar os principais desenvolvimentos do *judicial review* norte-americano até seu estágio atual.

3.2.1. Precedentes

Como visto anteriormente, a ideia de que há leis superiores às demais não era desconhecida na antiguidade grega, muito menos na Europa medieval. Contudo, os estudos acerca das origens do *judicial review* norte-americano normalmente partem de um ponto historicamente bem mais recente, mais precisamente da decisão do hoje célebre *Dr. Bonham's case*, em 1610, por sir Edward Coke.[4]

O caso originou-se a partir de um apelo de Thomas Bonham, o qual, sob a alegação de exercício não autorizado da profissão, havia sido condenado, multado e preso pela Royal College of Physicians, instituição que havia recebido do Parlamento inglês os poderes de regular e comandar a prática da medicina em Londres. No julgamento, sir Edward Coke, chefe de justiça da England's Court of

[4] Tal corte histórico parece correto e será adotado nesta obra, pois, como será exposto a seguir, o *Dr. Bonham's case* de Coke, além de ser conhecido por figuras da elite revolucionária norte-americana, como James Otis Jr., também influenciou inegavelmente um dos maiores mestres do direito inglês, sir William Blackstone, cuja obra ***Commentaries on the Laws of England***, publicada em 1769, fez parte da prática jurídica e da formação do pensamento dos juristas das colônias inglesas na América do Norte.

Common Pleas, afastou a condenação anterior, observando que seria absurdo e contrário à *common law* a Royal College of Physicians apresentar-se simultaneamente como parte ofendida e juíza de sua própria causa. O óbice representado pela existência de um ato do Parlamento em sentido contrário foi superado pelo magistrado em uma passagem que se tornaria célebre:

> *And it appears in our books, that in many cases, the common law will controul acts of parliament, and sometimes adjudge them to be utterly void: for when an act of parliament is against common right and reason, or repugnant, or impossible to be performed, the common law will controul it, and adjudge such act to be void.*[5]

Estudiosos reportam que, à época, a leitura que os ingleses fizeram do *Dr. Bonham's case* dificilmente teria abonado qualquer tese que pretendesse afirmar uma autoridade geral dos juízes para controlarem atos do Parlamento. Na verdade, a interpretação que se deu à decisão de Coke teria sido muito mais restrita, aproximando-se de uma espécie de limitação da aplicação do ato do Parlamento à luz dos princípios da *common law*, removendo-se efeitos colaterais absurdos ou contraditórios.[6]

De qualquer modo, ao menos na Inglaterra, as eventuais interpretações mais radicais e amplas acerca da decisão de Coke foram esvaziadas pela escalada de poder do Parlamento, vitorioso na sucessão de guerras civis iniciadas em 1642 e definitivamente triunfante na

5 *Dr. Bonham's case.* Texto integral disponível em: <http://press-pubs.uchicago.edu/founders/documents/amendV_due_processs1.html>. Acesso em: 7 dez. 2007.

6 Nesse sentido, cf. NELSON, William E. **Marbury v. Madison**: the origins and legacy of judicial review. Lawrence: University Press of Kansas, 2000. p. 35-36; CLINTON, Robert Lowry. **Marbury v. Madison and judicial review**. Lawrence: University Press of Kansas, 1989. p. 39; e KRAMER, Larry D. **The people themselves**: popular constitutionalism and judicial review. New York: Oxford University Press, 2004. p. 19-20. Contra: CAPPELLETTI, Mauro. ***O controle judicial de constitucionalidade das leis no direito comparado.*** 2. ed. Porto Alegre: Fabris, 1999. p. 58-60.

chamada "Revolução Gloriosa", de 1688, que culminou com a consagração do princípio da "supremacia do Parlamento", o qual ainda hoje é uma das bases da Constituição inglesa.

E foi nesse contexto de soberania do Parlamento que, ainda na Inglaterra, emergiram os ensinamentos de sir William Blackstone. A passagem de sua obra, que até hoje desperta a atenção dos estudiosos do *judicial review* nos Estados Unidos, encontra-se no primeiro capítulo do livro I de *Commentaries on the Laws of England*, publicado entre 1765 e 1769, no qual Blackstone enuncia dez regras já tradicionalmente aceitas para a interpretação dos *statutes* (leis escritas):

> *10. LASTLY, acts of parliament that are impossible to be performed are of no validity; and if there arise out of them collaterally any absurd consequences, manifestly contradictory to common reason, they are, with regard to those collateral consequences, void. I lay down the rule with these restrictions; though I know it is generally laid down more largely, that acts of parliament contrary to reason are void. But if the parliament will positively enact a thing to be done which is unreasonable, I know of no power that can control it: and the examples usually alleged in support of this sense of the rule do none of them prove, that where the main object of a statute is unreasonable the judges are at liberty to reject it; for that were to set the judicial power above that of the legislature, which would be subversive of all government. But where some collateral matter arises out of the general words, and happens to be unreasonable; there the judges are in decency to conclude that this consequence was not foreseen by the parliament, and therefore they are at liberty to expound the statute by equity, and only* quoad hoc *disregard it. Thus if an act of parliament gives a man power to try all causes, that arise within his manor of Dale; yet, if a cause should arise in which he himself is party, the act is construed not to extend to that; because it is unreasonable that any man should determine his own quarrel. But, if we could conceive it possible for the parliament to enact, that he should try as well his own causes as those of other persons, there is no court that has power to defeat the intent of the legislature, when couched in such evident and express words, as leave no doubt whether it was the intent of the legislature or no.*[7]

[7] BLACKSTONE, William. **Commentaries on the Laws of England**. Texto integral disponível em: <http://www.yale.edu/lawweb/avalon/blacksto-

Vê-se que a lição de Blackstone não diverge radicalmente das leituras mais moderadas da decisão de Coke no *Dr. Bonham's case*: para o primeiro, os juízes devem deixar de aplicar atos do parlamento apenas nas hipóteses de impossibilidade de execução (o que é quase um truísmo) e necessidade de se afastarem efeitos colaterais contraditórios, absurdos ou contrários à razão; para o segundo, três são os casos de invalidade dos *statutes*: impossibilidade de execução, contrariedade à razão e *repugnancy*, termo que remete a uma contradição interna em um ato, o que praticamente coincide com a segunda hipótese levantada por Blackstone.[8]

Sendo assim, desde o século 17, é possível vislumbrar certa continuidade no entendimento majoritário acerca do papel dos juízes na aplicação do direito inglês. Contudo, os ensinamentos de Coke e Blackstone e a prática inglesa a eles subjacentes, quando transportadas de seu hábitat natural de supremacia do Parlamento para um contexto de Constituição escrita e poderes limitados, permitiriam o surgimento da doutrina do *judicial review*.

Na verdade, antes mesmo da aprovação da Constituição norte-americana, em 1787, já era possível identificar nos debates entre os panfletistas revolucionários um anseio por uma proteção judicial aos direitos a serem reconhecidos na futura Carta ou num eventual *Bill of Rights*.

O advogado natural de Massachusetts, James Otis Jr., em seu panfleto *Rights of the British Colonies Asserted and Proved*, de 1764, retomou a lição de Coke, afirmando a possibilidade de os juízes declararem nulo um ato do Legislativo:

> [...] Sob este grande princípio, os Parlamentos repelem tais atos assim que descobrem que estavam enganados... Quando tal engano

ne/introa.htm#3>. Acesso em: 9 dez. 2007. Na redação original, as letras "s" em várias palavras são trocadas por "f". Aqui, optou-se por converter o texto para o inglês contemporâneo, para facilitar a leitura.

8 CLINTON, Robert Lowry. **Marbury v. Madison and judicial review**. Lawrence: University Press of Kansas, 1989. p. 38.

> é evidente e palpável... os juízes dos tribunais executivos declararam o ato "de todo um Parlamento inútil". Vê-se aqui a magnificência da constituição britânica! Vê-se a sabedoria de nossos ancestrais!... Se o legislativo supremo erra, é disso informado pelo executivo supremo no tribunal de justiça do Rei... Isto é governo! Isto é uma constituição! cuja [*sic*] preservação... custou oceanos de sangue e tesouro em cada época; e o sangue e o tesouro foram, de modo geral, bem gastos.[9]

A partir da leitura da passagem citada, fica claro que Otis Jr. não assumiu totalmente as possíveis consequências da aplicação do raciocínio de Coke às circunstâncias de sua época, não reconhecendo o Poder Legislativo como um poder subordinado e limitado pela Constituição. Conforme relata Bernard Bailyn:

> [...] Otis continuava a assumir, com Coke, que o Parlamento era efetivamente um organismo judicial supremo como também legislativo supremo e, portanto, por definição envolvido em processos judiciais. [...] E ele esperava que o direito fundamental, ou mais alto, "controlasse" atos positivos do governo não no sentido de fornecer aos juízes fundamentos para declará-los não existentes porque conflitavam com a "constituição", mas apenas no sentido de proporcionar aos juízes princípios de interpretação que lhes permitissem modificar injustiças gritantes e interpretar as contradições e as irracionalidades de forma a permitir que as qualidades tradicionais de justiça prevalecessem. [...]
> Otis fora fiel, desse modo, às fontes do pensamento constitucional do século 17 que ele, como tantos norte-americanos, venerava. Outros – eruditos inferiores, talvez, mas juízes melhores das circunstâncias que os envolviam – foram menos fiéis e, no final, mais criativos.[10]

---

9 OTIS JR., James. Rights of the British Colonies Asserted and Proved apud BAILYN, Bernard. ***As origens ideológicas da Revolução Americana***. Bauru: Edusc, 2003. p. 172.

10 BAILYN, Bernard. ***As origens ideológicas da Revolução Americana***. Bauru: Edusc, 2003. p. 173.

De fato, o desenvolvimento intelectual (e também um tanto quanto ideológico) que faltou ao pensamento de Otis Jr. foi definitivamente abraçado por Alexander Hamilton após a aprovação da Constituição, no *Federalista* n.º 78, publicado em 1788, que é certamente o panfleto mais citado pelos estudiosos do *judicial review*. Nele, Hamilton afirma que, pela Constituição, são delegados certos poderes ao legislador, o qual está inevitavelmente confinado aos limites da delegação. Um ato que desrespeite tais limites é, por conseguinte, inválido. E tal invalidade deve ser declarada pelo Poder Judiciário, cuja tarefa principal é a interpretação e a aplicação da lei. Assim, diante de um caso em que são aplicáveis dois dispositivos contraditórios, um pertencente à Constituição e outro pertencente a uma lei infraconstitucional, o juiz deve, necessariamente, aplicar a Constituição e declarar nula a lei. À crítica consistente na afirmação de que tal raciocínio colocaria o Judiciário acima do Legislativo, Hamilton engenhosamente responde que nenhum é superior ao outro, mas que o povo é superior a ambos, sendo o Judiciário um corpo intermediário entre o povo e o Legislativo, encarregando-se de manter o Legislativo dentro dos limites traçados pela vontade superior materializada na Constituição. Confira-se:

> *There is no position which depends on clearer principles, than that every act of a delegated authority, contrary to the tenor of the commission under which it is exercised, is void. No legislative act, therefore, contrary to the Constitution, can be valid. [...]*
> *If it be said that the legislative body are themselves the constitutional judges of their own powers, and that the construction they put upon them is conclusive upon the other departments, it may be answered, that this cannot be the natural presumption, where it is not to be collected from any particular provisions in the Constitution. It is not otherwise to be supposed, that the Constitution could intend to enable the representatives of the people to substitute their WILL to that of their constituents. It is far more rational to suppose, that the courts were designed to be an intermediate body between the people and the legislature, in order, among other things, to keep the latter within the limits assigned to their authority. The interpretation of the laws is*

> *the proper and peculiar province of the courts. A constitution is, in fact, and must be regarded by the judges, as a fundamental law. It therefore belongs to them to ascertain its meaning, as well as the meaning of any particular act proceeding from the legislative body. If there should happen to be an irreconcilable variance between the two, that which has the superior obligation and validity ought, of course, to be preferred; or, in other words, the Constitution ought to be preferred to the statute, the intention of the people to the intention of their agents.*
>
> *Nor does this conclusion by any means suppose a superiority of the judicial to the legislative power. It only supposes that the power of the people is superior to both; and that where the will of the legislature, declared in its statutes, stands in opposition to that of the people, declared in the Constitution, the judges ought to be governed by the latter rather than the former.*[11]

Por fim, como aponta Cappelletti, um curioso paradoxo permitiu que a doutrina da supremacia do Parlamento de certo modo habituasse os juristas norte-americanos, do ponto de vista prático, à ideia subjacente ao *judicial review*. Veja-se: se é certo que a Inglaterra pós-século 17 conheceu pouquíssimos casos de desconsideração de um *statute* pelo Judiciário, justamente por força da doutrina da supremacia do Parlamento, também é certo que a aplicação de tal doutrina à realidade das 13 colônias teve justamente o efeito oposto. Isso porque, embora as colônias pudessem aprovar suas próprias leis, estas só podiam ser aplicadas pelos juízes locais caso não contrastassem com as leis editadas pelo Parlamento inglês. Por conseguinte, diversas leis das colônias foram julgadas nulas pelos juízes norte-americanos, procedimento esse que finalmente acabou atingindo as leis estaduais em face das novas Constituições dos Estados e, em última instância, em face da própria Constituição federal aprovada em 1787.[12]

---

[11] HAMILTON, Alexander. *Federalist n.º 78*. Texto integral disponível em: <http://www.constitution.org/fed/federa78.htm>. Acesso em: 13 dez. 2007.

[12] CAPPELLETTI, Mauro. ***O controle judicial de constitucionalidade das leis no direito comparado***. 2. ed. Porto Alegre: Fabris, 1999. p. 60-63.

Como resultado da confluência e da interação entre todos os elementos expostos, os anos finais do século 17 chegaram a conhecer alguns casos em que as Cortes estaduais declararam nulas leis incompatíveis com as Constituições dos Estados. O primeiro deles talvez tenha sido *Holmes v. Walton*, decidido pela Suprema Corte de New Jersey em 1780. Naquela oportunidade, a corte, comandada pelo chefe de justiça David Brearley, teria reconhecido a inconstitucionalidade de uma norma que permitia que determinados casos fossem julgados por seis jurados. A dúvida quanto à primazia fica por conta do fato de que até hoje não foram encontrados registros escritos do caso. Não obstante, o problema da ausência de registros escritos deixaria de existir apenas a partir de 1787, ano em que a Suprema Corte da Carolina do Norte julgou *Bayard v. Singleton,* considerado o primeiro caso oficialmente registrado em que uma corte estadual declarou nulo um ato legislativo contrário à Constituição estadual.[13]

3.2.2. O caso *Marbury v. Madison*[14]

Contudo, foi no famoso caso *Marbury v. Madison*, de 1803, que a Suprema Corte Federal, pela primeira vez em sua história, reconheceu a nulidade de uma lei aprovada pelo Congresso norte-americano. O caso consistiu em um *writ of mandamus* ajuizado por William Marbury, Dennis Ramsay, Robert Townsend Hooe e William Harper perante a Suprema Corte contra James Madison, Secretário de Estado de Thomas Jefferson, com o objetivo de serem empossados como juízes de paz.

---

13 Clinton, Robert Lowry. **Marbury v. Madison and judicial review**. Lawrence: University Press of Kansas, 1989. p. 34 e 49.

14 Texto integral do caso, com relatório das alegações dos requerentes, disponível em: <http://www.vlib.us/amdocs/texts/marbury.htm>. Acesso em: 14 dez. 2007. Texto somente da decisão, disponível em: <http://www.law.cornell.edu/supct/html/historics/USSC_CR_0005_0137_ZO.html>. Acesso em: 14 dez. 2007.

O pano de fundo da controvérsia remonta à renhida eleição presidencial de 1800,[15] na qual o republicano Thomas Jefferson derrotou o federalista John Adams, que disputava a reeleição. À época, os federalistas, que ainda controlavam o Legislativo e o Executivo, buscando minorar os efeitos da derrota e preservar um nicho de poder na estrutura do Estado norte-americano, lograram aprovar o *Judiciary Act* de 1801, aumentando o espectro do Poder Judiciário federal e criando novos cargos a serem preenchidos por indicação do Presidente. Dado o pouco tempo disponível para efetuar as indicações e completar todas as nomeações, John Adams e seu então Secretário de Estado, John Marshall (que em breve assumiria o cargo de chefe de justiça da Suprema Corte, por indicação de Adams), não conseguiram entregar os termos de nomeação a alguns juízes, embora os documentos de ao menos um deles, William Marbury, já estivessem devidamente assinados e selados.

Passado o cargo de Adams para Jefferson, numa transição em que o próprio John Marshall exerceu importante papel, o novo Presidente ordenou a James Madison, seu Secretário de Estado, que os termos de nomeação de Marbury e dos outros não fossem entregues. Diante de tal recusa, William Marbury, Dennis Ramsay, Robert Townsend Hooe e William Harper ingressaram com o *writ of mandamus* perante a Suprema Corte contra James Madison.[16]

Em suas razões, os requerentes inicialmente fizeram algumas considerações acerca da função de Secretário de Estado, enfatizando que o papel deste é duplo: atua ele tanto como agente político,

---

[15] Vale lembrar que, como é sabido, nos votos do colégio eleitoral o republicano Thomas Jefferson empatou com seu colega de partido, Aaron Burr, e a decisão final, nos termos da Constituição norte-americana, ficou a cargo da *House of Representatives*, significativamente povoada pelos federalistas, que tentavam então barrar a ascensão de Jefferson. Após uma semana de impasse, coube ao federalista Alexander Hamilton, inimigo de Burr, decidir a votação em favor de Jefferson, já no início de 1801.

[16] NELSON, William E. **Marbury v. Madison**: the origins and legacy of judicial review. Lawrence: University Press of Kansas, 2000. p. 51-57.

representando o Presidente e sendo responsável tão somente perante ele, quanto como funcionário público dos Estados Unidos da América, sendo ele próprio responsável por seus atos e podendo ser compelido pela Corte, por meio de um *mandamus*, a cumprir seus deveres.

Na sequência, os postulantes formularam três indagações, as quais entendiam suficientes para a solução do caso: se a Suprema Corte poderia conceder um *mandamus* em qualquer caso; se isso poderia ser feito em face do Secretário do Estado; e se a Corte poderia efetivamente conceder o *mandamus* em face de James Madison.

Evidentemente, a resposta dada pelos autores às três questões foi positiva, tendo sido apresentados os seguintes argumentos: uma vez aperfeiçoada formalmente a nomeação, com a assinatura do Presidente, ela se torna irrevogável, não havendo mais o que se falar em discricionariedade da Administração, pois o cargo passa a ser direito do indicado e o Secretário de Estado tem o dever de tomar as providências ulteriores necessárias para a posse; o *writ of mandamus* é a ordem adequada no caso concreto, já que consiste em um comando com o objetivo de garantir o cumprimento de um dever, nas hipóteses em que não há outro meio específico apto; o *Judiciary Act* de 1789 estabeleceu que a Suprema Corte pode emitir um comando em um *mandamus* "*in cases warranted by the principles and usages of law, to any courts appointed, or persons holding office, under the authority of the United States*"; e a Constituição americana, embora não preveja expressamente a jurisdição originária contida no *Judiciary Act*, também não proibiu expressamente a extensão dessa jurisdição por um ato do Congresso.

Expostas as razões dos autores, a Suprema Corte passou a opinar, alterando ligeiramente os questionamentos a serem respondidos para se chegar à decisão. Foram assim formuladas as questões: os requerentes teriam direito a tomar posse nos cargos?; se sim, e se esse direito foi violado, haveria um remédio para tanto?; e a Suprema Corte poderia emitir uma ordem ao Secretário de Estado em um *mandamus,* nesse caso?

A resposta à primeira pergunta seguiu a mesma linha de argumentação dos autores, ou seja: uma vez assinada a nomeação pelo Presidente, restaria ao Secretário de Estado apenas a obrigação legal do tomar as providências ulteriores para a posse, sendo que a recusa de James Madison, no caso, constituiu uma violação do direito dos nomeados.

A segunda questão também foi respondida afirmativamente pela corte, com a invocação da autoridade de Blackstone e, posteriormente, com o reconhecimento do *writ of mandamus* como instrumento apropriado:

> *In the 3rd vol. of his Commentaries, p. 23, Blackstone states two cases in which a remedy is afforded by mere operation of law.*
> *"In all other cases," he says, "it is a general and indisputable rule, that where there is a legal right, there is also a legal remedy by suit, or action at law, whenever that right is invaded."*
> *And afterwards, p. 109, of the same vol. he says, "I am next to consider such injuries as are cognizable by the courts of the common law. And herein I shall for the present only remark, that all possible injuries whatsoever, that did not fall within the exclusive cognizance of either the ecclesiastical, military, or maritime tribunals, are, for that very reason, within the cognizance of the common law courts of justice; for it is a settled and invariable principle in the laws of England, that every right, when withheld, must have a remedy, and every injury its proper redress".[...]*
> *This, then, is a plain case for a mandamus, either to deliver the commission, or a copy of it from the record.*

Entretanto, foi na análise do questionamento de se a corte poderia conceder no caso concreto o *writ of mandamus* que o chefe de justiça Marshall forjou a doutrina do *judicial review* norte-americano em sua primeira configuração.

Concorreram para essa construção fatores de ordem jurídica e política. Do ponto de vista político, é impossível deixar de mencionar certa hostilidade dos republicanos, especialmente Jefferson, com relação ao Judiciário federal, consideravelmente povoado por federalistas que alguns anos antes haviam aplicado entusiasticamente os *Alien and Sedition Acts* de 1798 contra os republicanos. Especula-se que, à época do julgamento de *Marbury v. Madison*, Jefferson já dava mostras de que poderia simplesmente deixar de cumprir uma decisão da Suprema Corte que lhe fosse desfavorável.[17] Como se não bastasse, juridicamente, conforme visto anteriormente, estavam por trás de Marshall as lições de Coke e Blackstone e a experiência judiciária das 13 colônias: restava apenas sintetizá-las e aplicá-las a um ambiente de Constituição escrita. E foi exatamente isso que o magistrado natural da Virgínia fez.

Para tanto, Marshall começou observando que o *Judiciary Act* de 1789 estabelecia, como dito anteriormente, que a Suprema Corte "*[...] shall have power to issue writs of prohibition to the district courts, when proceeding as courts of admiralty and maritime jurisdiction, <u>and writs of mandamus, in cases warranted by the principles and usages of law, to any courts appointed, or persons holding office, under the authority of the United States</u>*" (grifo nosso).

Na sequência, o chefe de justiça apontou que o artigo III, seção 2, cláusula 2 da Constituição americana dispunha que "*[...] in all cases affecting ambassadors, other public ministers and consuls, and those in which a state shall be party, the Supreme Court shall have original jurisdiction. <u>In all the other cases before mentioned, the Supreme Court shall have appellate jurisdiction</u>, both as to law and fact, with such exceptions, and under such regulations as the Congress shall make.*" (grifo nosso).

Marshall, notando a contradição existente entre o *Judiciary Act* de 1789 e a Constituição de 1787, relatou o argumento dos autores, no sentido de que, não havendo vedação expressa na Constituição à extensão da jurisdição originária da Suprema Corte, tal extensão seria possível por meio de um ato do Congresso.

---

[17] Cf. KRAMER, Larry D. **The people themselves**: popular constitutionalism and judicial review. New York: Oxford University Press, 2004. p. 121-123; e BARROSO, Luís Roberto. ***O controle de constitucionalidade no Direito brasileiro***. 2. ed. São Paulo: Saraiva, 2006. p. 5.

A isso, o magistrado respondeu que a afirmação de que a Constituição determina que certos casos sejam de jurisdição originária e os demais sejam de jurisdição recursal traz consigo também a negação da possibilidade de extensão, pelo Poder Legislativo, dos casos de jurisdição originária. De outro modo: se o Congresso pudesse a qualquer momento operar essa extensão, inútil seria qualquer disposição constitucional a respeito da competência da Suprema Corte, interpretação essa que não poderia ser aceita, visto que a Constituição não contém palavras ou dispositivos inúteis.

Marshall então se viu diante do seguinte dilema: ou a lei seria cumprida e a Constituição ficaria esvaziada ou a Constituição prevaleceria e afastaria a aplicação da lei que com ela colidia.

Diante de tal dúvida, o chefe de justiça optou pela segunda alternativa, asseverando que a vontade popular original expressa na Constituição estabelece normas que vinculam os Governos surgidos sob sua égide, com o objetivo de estabelecer princípios que, acredita-se, guiarão determinada sociedade à felicidade. Segundo ele, esse exercício de soberania popular (e aqui somos lembrados da ideia de Poder Constituinte) ocorreria apenas em ocasiões raras, demandando enorme esforço (a elaboração da Constituição) e possuindo uma vocação para a permanência e para a estabilidade.

Desse modo, uma vez que os norte-americanos adotaram uma Constituição escrita a fim de organizar o Estado e estabelecer limites para a sua atuação, tais limites não poderiam ser desconsiderados pelos poderes constituídos sob seu manto.

Após essas considerações, Marshall sintetizou seu raciocínio em um trecho que, ao longo do tempo, tornou-se talvez o mais citado entre os estudiosos do controle de constitucionalidade:

> *The constitution is either a superior paramount law, unchangeable by ordinary means, or it is on a level with ordinary legislative acts, and, like other acts, is alterable when the legislature shall please to alter it.*
> *If the former part of the alternative be true, then a legislative contrary to the constitution is not law; if the latter part be true, then written constitutions*

are absurd attempts, on the part of the people, to limit a power in its own nature illimitable.
Certainly all those who have framed written constitutions contemplate them as forming the fundamental and paramount law of the nation, and, consequently, the theory of every such government must be, that an act of the legislature, repugnant to the constitution, is void.

Contudo, ressalta-se com uma frequência muito menor do que a das citações, que essa passagem não apresenta, pondo à parte sua formulação simples e elegante, praticamente qualquer novidade. Como já visto, as ideias de hierarquia entre leis e nulidade de leis inferiores contrastantes com as superiores não eram desconhecidas nem nos Estados Unidos do século 19 nem na Europa dos séculos anteriores.

Foi no ponto seguinte de seu voto que Marshall adentrou um terreno que, embora tampouco fosse novidadeiro (relembre-se Hamilton e seu *Federalista* n.º 78), era substancialmente mais polêmico: a questão da atuação do Poder Judiciário na aplicação da Constituição e das leis. Sim, pois, após expor os motivos pelos quais a extensão da competência originária da Suprema Corte pelo *Judiciary Act* deveria ser tida como nula, o chefe de justiça passou a explicar porque o Poder Judiciário, sem qualquer autorização constitucional expressa para tanto, poderia declarar nulo um ato do Congresso.[18] Para tanto, lançou a seguinte questão: estariam os juízes obrigados a aplicar uma lei contrária à Constituição? Ao que respondeu, seguindo

[18] As decisões da Suprema Corte, reconhecendo a inconstitucionalidade de leis estaduais em face da Constituição federal, podem ser consideradas bem menos emblemáticas, pois nelas a atuação da Corte decorreu de uma autorização expressa contida na Constituição, a chamada *Supremacy Clause* (artigo VI, cláusula 2), com a seguinte redação: "*This Constitution, and the Laws of the United States which shall be made in Pursuance thereof; and all Treaties made, or which shall be made, under the authority of the United States, shall be the supreme Law of the land; and the Judges in every State shall be bound thereby, any Thing in the Constitution or Laws of any State to the Contrary notwithstanding*".

uma linha de raciocínio já explorada por Hamilton: a tarefa rotineira dos juízes é interpretar e aplicar a lei, sendo que, se num caso concreto incidem duas leis distintas e conflitantes, é dever do magistrado decidir qual delas deve prevalecer. Ora, se a Constituição dos Estados Unidos é uma lei superior a todas as demais; se os juízes estão obrigados, até por seus juramentos, a respeitar a Constituição; e se a Constituição diz que a jurisdição do Poder Judiciário estende-se a todos os casos "*arising under this Constitution*" (artigo III, seção 2, cláusula 1), então a conclusão só poderia ser uma: ao decidir um caso concreto em que conflitam claramente lei e Constituição, o juiz deve aplicar a Constituição, pois o Judiciário, assim como todos os demais poderes, está vinculado a ela.

3.2.3. As reações ao caso *Marbury v. Madison* e a evolução do *judicial review* nos Estados Unidos

William E. Nelson afirma que a reação ao julgamento de *Marbury v. Madison* foi morna: embora relatos do caso tenham sido publicados nos principais jornais federalistas e republicanos, não houve significativa polêmica nos primeiros anos que se seguiram à decisão de Marshall.[19]

Para que tal fenômeno possa ser devidamente compreendido, é necessário, em primeiro lugar, separar o que Robert Lowry Clinton chama de "o mito *Marbury v. Madison*" do verdadeiro caso *Marbury v. Madison*. Em outras palavras, deve-se atentar para o que foi efetivamente decidido na ocasião e, ao menos num primeiro momento, abstrair as extrapolações posteriores feitas pelos estudiosos do caso.[20]

A leitura atenta da decisão revela que Marshall em nenhum momento afirmou que o Poder Judiciário seria o único e final intérprete

---

[19] NELSON, William E. **Marbury v. Madison**: the origins and legacy of judicial review. Lawrence: University Press of Kansas, 2000. p. 72.

[20] CLINTON, Robert Lowry. **Marbury v. Madison and judicial review**. Lawrence: University Press of Kansas, 1989. p. 39

da Constituição. Tampouco disse ele que a tarefa do Poder Judiciário é "construir a Constituição" ou que "a Constituição é aquilo que a Suprema Corte diz que ela é" ou que o Poder Judiciário possui um poder geral de rever os atos do Poder Legislativo ou de decidir questões eminentemente políticas. É claro que essas extrapolações são de certo modo plausíveis à luz do que foi decidido pela Suprema Corte. Contudo, não podem ser encaradas como decorrência natural da argumentação de Marshall e, de fato, não foram sustentadas no período imediatamente posterior ao julgamento.

Nos estreitos limites da argumentação de Marshall, decidiu-se em *Marbury v. Madison* que o Poder Judiciário, estando diante de um caso concreto em que incidem duas normas claramente contraditórias entre si, uma constitucional e outra infraconstitucional, deve aplicar a Constituição, num procedimento essencialmente técnico que pode ser encarado como uma simples transposição das lições de Coke, Blackstone e da experiência judiciária das 13 colônias para um ambiente de Constituição escrita. Em resumo, em sua época, *Marbury v. Madison* foi encarado como um precedente para uma forma limitada de *judicial review* que não era estranha aos norte-americanos.

Outros dois fatores seguramente também podem ser levados em conta a fim de explicar a ausência inicial de controvérsias sobre o *judicial review*. Em primeiro lugar, os republicanos, aqueles que num primeiro momento pareciam ser os maiores interessados em afastar semelhante poder dos juízes, saíram-se vencedores no caso concreto. Em segundo lugar, na decisão de *Marbury v. Madison,* a Suprema Corte, em vez de afirmar a superioridade de seu poder sobre o Legislativo, retirou-se do campo de batalha político que havia se instaurado entre federalistas e republicanos e adotou uma política de não confrontação com o Presidente Thomas Jefferson.

Ao lado de tais explicações mais tradicionais, alguns dos modernos comentadores do caso acrescentam suas próprias opiniões sobre os motivos pelos quais a decisão foi inicialmente pouco contestada.

De acordo com William E. Nelson, o julgado foi amplamente aceito porque repousava em uma ideia que fazia parte do *consensus* norte-americano: a soberania popular. Segundo o autor, enquanto os ingleses, à época, ainda permaneciam totalmente fiéis ao princípio da soberania do parlamento, os norte-americanos já entendiam que o Legislativo atuava em função de uma delegação de poderes por parte do povo, o qual, na Constituição, havia estabelecido os limites para o exercício desses poderes. Assim, os juízes, também vinculados à Constituição, não poderiam deixar de, nos casos concretos, fazer prevalecer a mesma. Além disso, o autor aponta que o *judicial review*, no início do século 19, foi exercido em raras ocasiões, e sempre com o fito de proteger direitos individuais, nunca adentrando a esfera dos conflitos políticos entre grupos de interesse adversários, fato esse que também teria contribuído para sua ampla aceitação.[21]

Kramer apresenta um argumento parecido, mas um pouco mais ousado: segundo ele, mesmo antes de *Marbury v. Madison*, o exercício do *judicial review* pelas cortes era doutrinariamente aceito como um substituto da mobilização popular que caracterizara os anos da fundação, preservando-se assim a soberania popular e evitando-se os inconvenientes de um estado permanente de agitação. Assim, ao rejeitar a aplicação de uma lei inconstitucional, a Suprema Corte teria agido como uma espécie de intermediária entre o povo e o Legislativo.[22]

Robert Lowry Clinton, por sua vez, credita a aceitação de *Marbury v. Madison* ao alcance, a seu ver, restritíssimo da decisão, o que teria dificultado possíveis ataques e acusações de "usurpação" ou "ativismo judicial". Para o autor, a posição abraçada por Marshall no caso não seria propriamente de *judicial review*, mas de *functional* ou *coordinate review*. Com isso, o autor pretende dizer que Marshall aceitava a tese de que o poder da Suprema Corte de deixar de aplicar um ato do Congresso sob o fundamento de inconstitucionalidade

---

[21] NELSON, William E. **Marbury v. Madison**: the origins and legacy of judicial review. Lawrence: University Press of Kansas, 2000. p. 75-77 e 82-83.

[22] KRAMER, Larry D. **The people themselves**: popular constitutionalism and judicial review. New York: Oxford University Press, 2004. p. 98-99.

só poderia ser exercido naqueles casos em que o ato atingisse o exercício da função judicial, como uma espécie de mecanismo de autodefesa. Interpretado dessa maneira, o julgamento da Suprema Corte em *Marbury v. Madison* não apresentaria maiores problemas à luz da doutrina da separação dos poderes, o que explicaria a inicial ausência de críticas.[23] Não se pode deixar de observar, contudo, que Marshall, em seu voto, não cuidou em momento algum de fazer tal restrição, motivo pelo qual a interpretação de Robert Lowry Clinton merece ser vista com reservas.[24] Sejam quais forem os motivos que conduziram a essa recepção morna do caso *Marbury v. Madison,* a calmaria não durou muito tempo.

Na verdade, antes mesmo de 1803, podem ser encontradas nos escritos de James Madison algumas observações sobre o poder de dar a palavra final acerca das normas constitucionais, em uma defesa do que então se conhecia por *coordinate review*:[25]

> *I acknowledge, in the ordinary course of government, that the exposition of the laws and constitution devolves upon the judicial. But, I beg to know, upon what principle it can be contended, that any one department draws from the constitution grater powers than another, in marking out the limits of the powers of the several departments. The constitution is the charter of the people to the government; it specifies certain great powers as absolutely granted, and marks out the departments to exercise them. If the constitutional boundary of either be brought into question, I do not see that any one of these independent departments has more right than another to declare their sentiments on that point.... There is not one government on the face of the earth, so far as I*

[23] CLINTON, Robert Lowry. **Marbury v. Madison and judicial review**. Lawrence: University Press of Kansas, 1989. p. 24-26.

[24] Também contra Robert Lowry Clinton, embora por outros argumentos, cf. KRAMER, op. cit., p. 69-71.

[25] Tese segundo a qual a decisão final acerca da constitucionalidade de uma medida dependeria da natureza do caso concreto, a qual, por sua vez, seria determinada através da análise das relações funcionais entre os Poderes envolvidos. Nesse sentido, cf. CLINTON, op. cit., p. 26.

> *recollect, there is not one in the United States, in which provision is made for a particular authority to determine the limits of the constitutional division of power between the branches of the government. In all systems there are points which must be adjusted by the departments themselves, to which no one of them is competent. If it cannot be determined in this way, there is no resource left but the will of the community, to be collected in some mode to be provided by the constitution, or one dictated by necessity of the case.*[26]

Tomando de empréstimo o raciocínio de Madison, Thomas Jefferson, cerca de 20 meses após o julgamento de *Marbury v. Madison*, escreveu em uma carta a Abigail Adams a respeito da aplicação dos *Alien Sedition Acts* pelo Judiciário:

> *[...] nothing in the Constitution has given [the judges] a right to decide for the Executive, more than to the Executive to decide for them. Both magistracies are equally independent in the sphere of action assigned to them. The judges, believing the [Sedition] law constitutional, had a right to pass a sentence of fine and imprisonment; because the power was placed in their hands by the Constitution. But the Executive, believing the law to be unconstitutional, were [sic] bound to remit the execution of it; because that power has been confided to them [sic] by the Constitution.*[27]

Nos tribunais, a crítica ao *judicial review* pelos próprios magistrados viria apenas em 1825, no caso *Eakin v. Raub*, em que o juiz John Gibson, da Suprema Corte de Pennsylvania, em voto vencido, pronunciou-se contrariamente ao poder dos juízes de deixar de aplicar uma lei supostamente inconstitucional. Para tanto, sustentou

[26] MADISON, James. Comments on the removal power of the President. In: HOBSON, Charles F.; RUTLAND, Robert A. (eds.). **The papers of James Madison**. Charlottesville: University Press of Virginia, 1979. v. 12. p. 234 apud CLINTON, Robert Lowry. **Marbury v. Madison and judicial review**. Lawrence: University Press of Kansas, 1989. p. 27.

[27] Carta a Abigail Adams, setembro de 1804, citada em MENDELSON, Wallace. Supreme Court Statecraft: the rule of law and men. Ames: Iowa State University Press, 1985. p. 221 apud CLINTON, op. cit., p. 25.

ele que a Constituição norte-americana não confere ao Judiciário o poder de invalidar leis regularmente aprovadas pelo Legislativo, onde atuam os representantes do povo, sob pena de violação à separação de Poderes. Na concepção do juiz, a decisão sobre a compatibilidade material das leis com a Constituição caberia apenas aos membros eleitos do Legislativo, que responderiam perante o povo por qualquer medida tida por inconstitucional.[28]

A despeito de tais críticas, por volta da metade do século 19 o *judicial review* já era aceito como parte do sistema constitucional norte-americano e sua utilização pelas cortes estaduais e pela Suprema Corte começou a aumentar progressivamente.[29] Além desse aumento quantitativo, houve um robustecimento dos argumentos favoráveis ao *judicial review*. Às razões mais técnicas e diretas já apresentadas por Marshall somaram-se duas outras justificativas: a necessidade de proteção das minorias sem assento no Legislativo contra a opressão das maiorias,[30] e a maior estabilidade proporcionada por um sistema em que um único órgão, a Suprema Corte, dá a palavra final sobre a interpretação das questões constitucionais.[31] Como se pode perceber, a invocação de tais argumentos é sintomática: entrava em curso, a partir da segunda metade do século 19, uma progressiva transição do *judicial review* limitado de *Marbury v. Madison* para uma versão mais

---

[28] Para outros argumentos utilizados pelo juiz Gibson, cf. NELSON, William E. **Marbury v. Madison**: the origins and legacy of judicial review. Lawrence: University Press of Kansas, 2000. p. 85. Trechos da decisão de *Eakin v. Raub* disponíveis em: <http://web.utk.edu/~scheb/eakin.html>. Acesso em: 26 dez. 2007.

[29] Cf. NELSON, op. cit., p. 86-87. Em sentido contrário, cf. KRAMER, Larry D. **The people themselves**: popular constitutionalism and judicial review. New York: Oxford University Press, 2004. p. 213.

[30] Cf. NELSON, op. cit., p. 91. Segundo Larry D. Kramer, a ideia de *judicial review* como instrumento de defesa das minorias havia sido defendida já em 1794, pelo federalista James Kent (op. cit., p. 131).

[31] Cf. KRAMER, Larry D. **The people themselves**: popular constitutionalism and judicial review. New York: Oxford University Press, 2004. p. 184.

ampla, que envolvia a *judicial supremacy*, ou seja, o reconhecimento do Poder Judiciário como árbitro final de todas as causas constitucionais, independentemente de sua natureza.[32]

Não obstante, esse movimento conheceu alguns reveses. De fato, já na segunda oportunidade em que a Suprema Corte federal declarou inconstitucional um ato do Congresso, as consequências foram amargas. Isso ocorreu no famoso caso *Scott v. Sandford*, de 1856, em que o escravo Dred Scott buscou no Poder Judiciário o reconhecimento de sua liberdade, baseado no fato de que teria residido em território livre da escravidão por força do "Compromisso do Missouri", um ato do Congresso que baniu a escravidão em alguns Estados norte-americanos. Em sua decisão, em 1857, a Suprema Corte afirmou que negros não poderiam ser cidadãos norte-americanos e, assim, não poderiam ser partes em processos como o de Dred Scott. Como se não bastasse, a Corte avançou ainda mais sobre o caso e negou a liberdade a Dred Scott, reconhecendo a inconstitucionalidade do ato que, a seu ver, violava o direito de propriedade dos senhores de escravos.[33] A reação dos antiescravagistas foi imediata: jornais e personalidades políticas lançaram uma avalanche de ataques à Corte. À época, o então candidato a senador Abraham Lincoln criticou a decisão e, alguns anos depois, já como presidente, declarou:

> *[T]he candid citizen must confess that if the policy of the government upon vital questions, affecting the whole people, is to be irrevocably fixed by decisions of the Supreme Court, the instant they are made, in ordinary litigation between parties, in personal actions, the people will have ceased to be their own rulers, having to that extent practically resigned their government into the hands of that eminent tribunal.*[34]

---

[32] Na verdade, segundo Kramer, alguns federalistas mais radicais já defendiam a *judicial supremacy* na época do julgamento de *Marbury v. Madison*. Ibidem, p. 125.

[33] Cf. NELSON, William E. **Marbury v. Madison**: the origins and legacy of judicial review. Lawrence: University Press of Kansas, 2000. p. 87-88.

[34] LINCOLN, Abraham. First inaugural address. Março de 1861. In: BASLER, Roy P. (ed.). Abraham Lincoln: His Speeches and Writings, 1946. p. 585-586 apud KRAMER, op. cit., p. 212.

Mais tarde, o discurso foi posto em prática e, em seu governo, Lincoln ignorou a decisão da Suprema Corte e continuou a conceder cidadania e liberdade a inúmeros escravos,[35] aumentando o desgaste da Suprema Corte.

Nas décadas seguintes, contudo, a Suprema Corte e os defensores da *judicial supremacy* recuperaram o terreno anteriormente perdido e, nas décadas de 1860, 1870, 1880 e 1890, a Suprema Corte invalidou, respectivamente, quatro, sete, quatro e cinco leis federais.[36] E isso em um contexto em que o direito de propriedade era cada vez mais invocado como base para a declaração de inconstitucionalidade de reformas econômicas e sociais engendradas por grupos políticos majoritários. Assim, vê-se que o *judicial review*, a partir da segunda metade do século 19, havia deixado de repousar no *consensus* a respeito da necessidade de proteção da vontade de todo o povo, materializada na Constituição, contra os excessos dos legisladores e passara a se fundar na noção mais controversa de proteção das minorias. De protetor do povo contra o legislador, o Judiciário foi progressivamente se transformando em protetor do povo contra si mesmo. E, nesse processo, o *judicial review*, que inicialmente era encarado como um procedimento eminentemente técnico e politicamente neutro, passou a ser visto como mais uma instância de decisão política de conflitos entre grupos de interesses divergentes.[37]

A deterioração da configuração inicial do *judicial review* avançou ainda mais na década de 1930, com o embate direto entre a Suprema Corte e a Administração de Franklin Delano Roosevelt acerca do *New Deal*. Ali, ficou claro que a distinção entre questões técnico-jurídicas e questões políticas realmente não era tão clara quanto se queria acreditar e a Corte, sob pena de se ver atropelada por Roosevelt, forjou novas bases para o exercício do *judicial review*. Essa nova

---

35 Cf. Kramer, op. cit., p. 212.

36 Ibidem, p. 213.

37 Cf. Nelson, William E. **Marbury v. Madison**: the origins and legacy of judicial review. Lawrence: University Press of Kansas, 2000. p. 89 e 93.

doutrina baseava-se na distinção entre questões referentes à definição dos poderes delegados através da Constituição ao Executivo e ao Legislativo e as questões constitucionais envolvendo direitos individuais que limitam o exercício desses poderes. Com relação ao primeiro grupo de questões, a Corte, adotando uma postura de autolimitação (*self-restraint*), privou-se quase totalmente da fiscalização de constitucionalidade, deixando, na prática, os Poderes Legislativo e Executivo livres para fazerem as escolhas referentes ao exercício de seus poderes. Já no que tange às questões envolvendo direitos individuais, a Corte manteve quase intacto seu poder de fiscalização, direcionando-o especialmente à proteção das minorias.[38]

Esse arranjo posterior ao *New Deal*, ao contrário do que possa inicialmente parecer, não freou a expansão do espectro do *judicial review*. Na verdade, ao longo do tempo, as questões constitucionais envolvendo direitos individuais forneceram excelentes bases para que composições mais ativistas da Suprema Corte, como as comandadas pelos chefes de justiça Warren (1953 a 1969) e Burger (1969 a 1986), debruçassem-se sobre casos altamente controvertidos (o aborto em *Roe v. Wade*, ações afirmativas em *Regents of the University of California v. Bakke*, etc.), os quais envolviam uma boa dose de criatividade por parte do Judiciário e nem de longe se aproximavam da regra de pronúncia da inconstitucionalidade apenas em casos de clara colisão entre lei e Constituição, regra essa que fazia parte da primeira configuração do *judicial review* tal como definido em *Marbury v. Madison*.[39]

A expansão do *judicial review*, na segunda metade do século 20, não obstante, não foi tão contestada como aquela da segunda metade do século anterior. Para isso, concorreram alguns fatores. Em primeiro lugar, deve-se mencionar a maior aceitação do *judicial review* como instrumento de defesa das minorias, fruto talvez da descrença

---

[38] Cf. KRAMER, Larry D. **The people themselves**: popular constitutionalism and judicial review. New York: Oxford University Press, 2004. p. 221-223.

[39] Ibidem, p. 220.

na democracia eleitoral como mecanismo apto a evitar horrores como aqueles trazidos pela ascensão do nazifascismo e da percepção da política partidária como um conflito regulado entre grupos de interesses divergentes. E, em segundo lugar, o ativismo das cortes Warren e Burger serviu muitas vezes a causas que contavam com o apoio dos setores mais liberais da sociedade norte-americana, justamente aqueles que no século anterior haviam formulado as maiores críticas contra o *judicial review* (relembre-se que boa parte dos conservadores, cujas raízes remontam aos antigos federalistas, já apoiava uma versão mais ampla do *judicial review*).[40]

Esse cenário possibilitou então a consolidação de um novo *judicial review*, mais amplo e acompanhado da *judicial supremacy*, que vinha tentando se afirmar desde a segunda metade do século 19. Nesse sentido, o caso mais emblemático foi *Cooper v. Aaron*, de 1958, em que a Suprema Corte afirmou:

> *In 1803, Chief Justice Marshall, speaking for a unanimous Court, referring to the Constitution as "the fundamental and paramount law of the nation", declared in the notable case of Marbury v. Madison, 1 Cranch 137, 177, that "It is emphatically the province and duty of the judicial department to say what the law is." This decision declared the basic principle that the federal judiciary is supreme in the exposition of the law of the Constitution, and that principle has ever since been respected by this Court and the Country as a permanent and indispensable feature of our constitutional system.*[41]

Os comentadores do caso apontam, com razão, que o trecho citado contém uma evidente falácia: *Marbury v. Madison* certamente não possuiu o alcance que lhe foi atribuído pela leitura anacrônica feita pela Corte Warren. Contudo, pondo de lado essa utilização do

---

40 KRAMER, Larry D. **The people themselves**: popular constitutionalism and judicial review. New York: Oxford University Press, 2004. p. 221-224.

41 Texto integral da decisão disponível em: <http://caselaw.lp.findlaw.com/scripts/getcase.pl?navby=CASE&court=US&vol=358&page=1>. Acesso em: 2 jan. 2008.

"mito *Marbury v. Madison*", a Suprema Corte, em *Cooper v. Aaron*, redefiniu expressamente os novos termos do *judicial review*, associando-o à tese da *judicial supremacy* e se declarando a intérprete suprema de toda a Constituição norte-americana, com poder de vincular tanto o Executivo quanto o Legislativo às suas opiniões sobre a Constituição, independentemente da natureza das causas a ela submetidas.[42]

Na verdade, *Cooper v. Aaron* representou um rompimento no arranjo teórico pós-*New Deal* e revelou a fragilidade da doutrina que pretendia traçar uma linha divisória precisa entre "questões jurídicas" e "questões políticas", consolidando um modelo de *judicial review* que perdura até os dias de hoje e será objeto de exposição mais detalhada no item a seguir.

À luz de todas essas considerações, torna-se possível a conclusão de que, no Brasil, talvez seja a hora de as citações a *Marbury v. Madison* passarem a ser acompanhadas de referências a *Cooper v. Aaron*.

3.2.4. O *judicial review* nos dias atuais

Como dito anteriormente, o atual *judicial review* norte-americano é marcado pela noção de *judicial supremacy*, em que a Suprema Corte atua como intérprete última de toda a Constituição, com poder de vincular tanto o Executivo quanto o Legislativo às suas opiniões sobre a Constituição, independentemente da natureza das causas a ela submetidas.

Não obstante tal caracterização, três outros temas do Direito Constitucional norte-americano devem ser estudados a fim de completar o panorama sobre o *judicial review*: o requisito da *justiciability* (em especial a doutrina das "questões políticas"), a regra do *stare decisis* e a questão da retroatividade das decisões.

---

[42] Cf. NELSON, William E. **Marbury v. Madison**: the origins and legacy of judicial review. Lawrence: University Press of Kansas, 2000. p. 59; KRAMER, op. cit., p. 221-224.

3.2.4.1. *Justiciability* e a doutrina das "questões políticas"

O exercício da jurisdição (e, por consequência, do *judicial review*) pelas cortes federais encontra limites no artigo 3.°, seção 2 da Constituição norte-americana, que dispõe:

> *The judicial Power shall extend to all Cases, in Law and Equity, arising under this Constitution, the Laws of the United States, and Treaties made, or which shall be made, under their Authority; – to all Cases affecting Ambassadors, other public Ministers and Consuls; – to all Cases of admiralty and maritime Jurisdiction; – to Controversies to which the United States shall be a Party; – to Controversies between two or more States; –* between a State and Citizens of another State*; –between Citizens of different States; – between Citizens of the same State claiming Lands under Grants of different States, and between a State, or the Citizens thereof, and foreign States, Citizens or Subjects.*

A leitura desse dispositivo mostra que a função jurisdicional do Poder Judiciário norte-americano alcança apenas os chamados *cases or controversie*s. Bernard Schwartz, citando o caso *Muskrat v. United States*, comenta a restrição do Judiciário aos *cases or controversies*, valendo lembrar que, na versão de sua obra para o nosso idioma, a expressão foi traduzida como "ações ou litígios":

> Por "ações" ou "litígios" se entendem as pretensões dos litigantes apresentadas perante os tribunais para serem resolvidas pelos processos regulares estabelecidos pela lei ou costume para a proteção ou reconhecimento dos direitos, ou a prevenção, reparação ou punição de erros. É somente quando uma questão constitucional lhe é apresentada na forma de uma ação legal entre duas partes adversas que um tribunal federal pode procurar resolvê-la. Não importa quão importante seja a questão, ou quão urgente seja a solução para a nação, a sua decisão pelos tribunais, e finalmente pela Corte Suprema, deve esperar a sua apresentação em forma de um processo judicial a ser decidido.[43]

---

[43] SCHWARTZ, Bernard. ***Direito constitucional americano***. Rio de Janeiro: Forense, 1966. p. 188.

Segundo Lawrence H. Tribe, a limitação dos *cases or controversies* possui duas vertentes: o pronunciamento do Judiciário apenas em casos concretos, em que dois ou mais litigantes disputam um direito controvertido, e busca do equilíbrio em uma estrutura de tripartição de poderes, evitando-se que os juízes se imiscuam na esfera reservada pela Constituição aos outros dois poderes. E, para se referir a esse conjunto de limitações, a doutrina utiliza o termo *justiciability*.[44] Assim, pode-se dizer que o Judiciário norte-americano decide as questões a ele submetidas apenas nos casos em que é detectada a presença da *justiciability*. Deve-se salientar, entretanto, que, em última instância, é o próprio Poder Judiciário que decide se um determinado caso atende ou não ao requisito da *justiciability*, ficando claro, nesse ponto, que o desenvolvimento de tal doutrina é, em grande parte, reflexo de um exercício de autolimitação (*self-restraint*) pelas cortes.

E foi justamente nesse contexto de *self-restraint* que a Suprema Corte, ao longo do tempo, construiu a doutrina das chamadas "questões políticas", estritamente relacionada à natureza das controvérsias (*controversies*), que são analisadas a fim de se aferir se há ou não *justiciability*. O objetivo principal de tal doutrina é evitar que o Poder Judiciário decida questões cuja resolução final a Constituição supostamente teria atribuído aos Poderes Legislativo e Executivo.[45] Em termos práticos, a invocação das chamadas "questões políticas" permite que as cortes em certa medida se preservem, evitando a incursão em campos controvertidos onde pareça não haver um consenso mínimo sobre os parâmetros que devam guiar sua decisão.

Muito embora não haja, nem na doutrina nem na jurisprudência, um rol bem definido de assuntos que sejam inquestionavelmente tratados como "questões políticas", Tribe relata que a Suprema

---

44 TRIBE, Laurence H. **American Constitutional Law**. 3. ed. New York: Foundation Press, 2000. v. I. p. 311.

45 TRIBE, Laurence H. **American Constitutional Law**. 3. ed. New York: Foundation Press, 2000. v. I. p. 313-314.

Corte, em *Baker v. Carr* (1962), por meio do voto condutor do juiz Brennan, desenvolveu alguns critérios para a identificação das "questões políticas". Esses critérios podem ser resumidos nos seguintes questionamentos: Existe uma disposição constitucional que atribua expressa e literalmente uma decisão a um determinado poder? Há parâmetros jurídicos para a solução da questão? É possível decidir o caso sem antes fazer uma escolha política claramente fora dos parâmetros jurídicos? É possível decidir a questão sem demonstrar clara falta de respeito com relação aos demais poderes? Qual é a potencialidade dos inconvenientes gerados por pronunciamentos diversos de vários órgãos sobre o mesmo assunto?[46]

Vê-se que tais critérios são bastante flexíveis, proporcionando ao Judiciário ampla margem de manobra. Aliás, também vale aqui o comentário anteriormente feito sobre a *justiciability* propriamente dita: a última palavra acerca da presença ou não de uma "questão política" cabe sempre ao Poder Judiciário, incumbido da dura e perigosa tarefa de definir os limites dos próprios poderes.

3.2.4.2. O *stare decisis*

Como visto anteriormente, a fiscalização da constitucionalidade das leis pelo Poder Judiciário no Direito norte-americano só ocorre em casos concretos onde os magistrados reconhecem a existência da *justiciability*, sendo a discussão da constitucionalidade do ato uma espécie de preliminar para a solução da controvérsia entre as partes. Assim, o requisito da *justiciability* acaba impedindo, nos Estados Unidos, uma fiscalização abstrata da constitucionalidade de um ato normativo, ou seja, fora dos casos concretos não podem os juízes decidir acerca da compatibilidade de um ato normativo com a Constituição.

Em princípio, então, é correta a afirmação de que, no sistema norte-americano, os efeitos da decisão de inconstitucionalidade ficam

---

46 Ibidem, p. 366.

restritos ao caso concreto em que a questão da constitucionalidade foi suscitada.

Mas isso apenas em princípio, pois, como é sabido, os Estados Unidos herdaram da Inglaterra o sistema jurídico da *common Law*.[47] E uma das bases dos sistemas de *common Law* é justamente o *stare decisis*,[48] preceito segundo o qual as regras definidas nos casos julgados pelos tribunais superiores são de observância obrigatória nas causas posteriores semelhantes. Assim, por exemplo, se em determinado caso um tribunal decide que certa modalidade de busca domiciliar é inconstitucional, todos os demais casos envolvendo essa questão deverão ser julgados pelos tribunais inferiores de forma semelhante (dimensão vertical do *stare decisis*), estando a própria corte de origem, até certo ponto, vinculada ao seu precedente (dimensão horizontal do *stare decisis*).[49]

Logo, vê-se que o *stare decisis* acaba ampliando os efeitos das decisões sobre a constitucionalidade de uma lei, conferindo impessoalidade e estabilidade ao sistema de *judicial review*, estabilidade essa tão cara a um modelo em que todo e qualquer juiz pode exercer o controle de constitucionalidade.

---

[47] Ressalte-se, contudo, que o sistema jurídico dos Estados Unidos da América, salvo o Estado da Louisiana, não é normalmente considerado como de *common Law* puro, mas um sistema de *common Law* com alguns traços de *civil Law*. Nesse sentido, cf. SOARES, Guido Fernando Silva. **Common Law**: introdução ao Direito dos EUA. 2. ed. São Paulo: Revista dos Tribunais, 2000. p. 58-64.

[48] Abreviação da expressão *stare decisis et non quieta movere*, que pode ser traduzida como "estar com as coisas decididas e não mover as coisas quietas". Cf. BARROS, Sérgio Resende de. Simplificação do controle de constitucionalidade. In: MARTINS, Ives Gandra da Silva (coord.). ***As vertentes do Direito Constitucional Contemporâneo***. Rio de Janeiro: América Jurídica, 2002. p. 600.

[49] Nesse sentido, cf. SOARES, op. cit., p. 40-41. É pertinente a ressalva do autor de que "a organização federal e a independência dos Estados federados [...] vêm trazer algumas complicações no que se refere à jurisdição". Contudo, um maior detalhamento dessa problemática peculiar ao federalismo norte-americano foge ao escopo do presente trabalho.

Isso explica, em boa medida, a pacificação do debate nos Estados Unidos em torno da questão do alcance subjetivo da decisão de inconstitucionalidade. Segundo Tribe, o desenvolvimento do *judicial review* proporcionou o embate entre duas correntes doutrinárias distintas de pensamento. Para a primeira, muito em voga entre 1860 e 1930, a lei inconstitucional não seria verdadeira lei e, desse modo, uma vez pronunciada a inconstitucionalidade, minada estaria sua força obrigatória até mesmo perante aqueles que não foram partes no processo. De outro lado, a segunda corrente defendia que o Poder Judiciário, cuidando apenas de casos concretos, não poderia editar uma decisão que revogasse uma lei. Tribe relata que, ao longo do tempo, ambas as concepções acabaram se mesclando. Assim, hoje se admite que o Judiciário, de fato, não tem poderes para editar atos que revogam leis, mas apenas para julgar casos concretos, significando que, num primeiro momento, suas decisões vinculam apenas as partes num determinado processo. Contudo, à medida que se aplica o *stare decisis*, as regras definidas no caso concreto acabam sendo estendidas a todos os demais casos semelhantes.[50]

A dimensão horizontal do *stare decisis,* no entanto, não é tão rígida nos Estados Unidos quanto na Inglaterra. E isso se deve à própria estrutura constitucional de cada Estado, como bem observa Schwartz.[51] Na Inglaterra, onde não há Constituição escrita e prevalece o princípio da supremacia do Parlamento, o *stare decisis* pôde ser seguido mais rigidamente, evitando-se, durante muito tempo, até mesmo a superação, pela Câmara dos Lordes, de seus próprios precedentes.[52] Isso porque, nesse tipo de ambiente (Constituição

[50] TRIBE, Laurence H. American Constitutional Law. 3. ed. New York: Foundation Press, 2000. v. I. p. 213-215.

[51] SCHWARTZ, Bernard. ***Direito constitucional americano***. Rio de Janeiro: Forense, 1966. p. 198-199.

[52] Embora na doutrina brasileira seja comum, neste ponto, a referência a Bernard Schwartz, que escreveu à época em que a vinculação da Câmara dos Lordes aos seus próprios julgados estava consagrada pelo caso *London Tramways Co. v London City Council* (1898) AC 375, é importante considerar

não escrita e supremacia do Parlamento), qualquer regra enunciada num julgamento da Câmara dos Lordes que eventualmente seja tido por incorreto ou inconveniente, pode ser superada e modificada por um ato normativo editado pelo Parlamento. Já nos Estados Unidos, a existência de uma Constituição escrita acabou demandando uma flexibilização do *stare decisis*, mas não para desvincular as cortes inferiores das regras estabelecidas pela Suprema Corte, e sim para permitir que essa própria modifique seus precedentes, afinal, não fosse essa possibilidade, a evolução do Direito Constitucional norte-americano ficaria restrita praticamente a um único instrumento: a emenda constitucional, cujo procedimento é extremamente dificultoso, nos termos do artigo V da Constituição.[53]

---

que, desde a *Practice Statement*, de 1966, a Câmara dos Lordes expressamente reservou-se o poder de superar um precedente quando achar adequado. Observe-se que os textos tanto do julgamento de *London Tramways Co. v London City Council* (1898) quanto da *Practice Statement*, de 1966, não se encontram disponíveis no sítio eletrônico da *House of Lords* inglesa e, durante a pesquisa desenvolvida para esta obra, todas as tentativas de localizá-los em sítios de universidades ou órgãos públicos foram frustradas. No entanto, referências indiretas podem ser encontradas em: <http://www.publications.parliament.uk/pa/ld200708/ldjudgmt/jd080130/hoare-1.htm>; <http://www.publications.parliament.uk/pa/ld199697/ldjudgmt/jd970424/grovit.htm>; <http://www.publications.parliament.uk/pa/ld200506/ldjudgmt/jd060614/horton-1.htm>; <http://www.publications.parliament.uk/pa/ld200506/ldjudgmt/jd060308/leeds-3.htm>, acesso em: 10 jan. 2008.

[53] "*The Congress, whenever two thirds of both houses shall deem it necessary, shall propose amendments to this Constitution, or, on the application of the legislatures of two thirds of the several states, shall call a convention for proposing amendments, which, in either case, shall be valid to all intents and purposes, as part of this Constitution, when ratified by the legislatures of three fourths of the several states, or by conventions in three fourths thereof, as the one or the other mode of ratification may be proposed by the Congress; provided that no amendment which may be made prior to the year one thousand eight hundred and eight shall in any manner affect the first and fourth clauses in the ninth section of the first article; and that no state, without its consent, shall be deprived of its equal suffrage in the Senate*".

Com efeito, nos Estados Unidos, tanto as regras estabelecidas em um determinado precedente quanto as razões que as sustentam são postas à prova a cada vez que o precedente é aplicado. A partir do momento em que a realidade e o *consensus* norte-americano se transformam (e, sem dúvida, eles estão em constante processo de transformação), as regras e razões de um precedente podem enfraquecer a ponto de torná-lo insustentável. E é assim que a Suprema Corte, num fenômeno conhecido como *overruling*, pode então reapreciar um determinado tema, superando um precedente e estabelecendo uma nova orientação.

Embora a Constituição norte-americana, por óbvio, não preveja limitações para o *overruling*, a própria Suprema Corte, como relata Tribe, desenvolveu alguns parâmetros para a decisão acerca da necessidade de superar (*overrule*) um precedente. Tais parâmetros podem ser sintetizados nos seguintes questionamentos: A regra definida no precedente tornou-se inaplicável na prática? O Direito evoluiu a ponto de tornar o precedente uma mera relíquia de uma doutrina jurídica já abandonada? A realidade e o *consensus* mudaram tanto a ponto de esvaziarem a regra ou as razões do precedente? A regra do precedente está sedimentada a ponto de fazer parte do planejamento da conduta dos cidadãos, de modo que o *overruling* conduziria a grandes injustiças e frustrações de expectativas legítimas? O *overruling* foi cogitado simplesmente em virtude de uma mudança na composição da corte?[54]

Não obstante o desenvolvimento de tais parâmetros, é importante assinalar que, em última instância, a decisão sobre o *overruling* cabe apenas à Suprema Corte, a qual possui amplíssima margem de discricionariedade para trabalhar com tais critérios. Nesse ponto, sintomática a declaração do juiz Scalia em *American Trucking Ass'ns v. Smith* (1990), de que o *stare decisis*, nos Estados Unidos, é um "comando flexível".[55]

---

[54] TRIBE, Laurence H. **American constitutional Law**. 3. ed. New York: Foundation Press, 2000. v. I. p. 239-242.

[55] TRIBE, Laurence H. **American constitutional Law**. 3. ed. New York: Foundation Press, 2000. v. I. p. 243.

As observações feitas, entretanto, não autorizam a conclusão de que o *overruling* seja considerado banal na prática constitucional norte-americana. Na verdade, segundo Tribe, a Corte, considerando a importância do *stare decisis* como fator estabilizador, tem reconhecido que o *overruling* deve ser evitado ao máximo, trabalhando, sempre que possível, com harmonizações e distinções interpretativas.[56]

3.2.4.3. A retroatividade das decisões em sede de *judicial review*

Tendo em mente tais considerações acerca do *stare decisis* e do alcance estendido das decisões proferidas pela Suprema Corte, passa-se então a tecer alguns comentários acerca dos aspectos temporais das decisões da corte sobre a constitucionalidade das leis.

Marshall, baseando-se nas lições mais antigas de Coke e Blackstone, foi peremptório em *Marbury v. Madison* ao qualificar o ato inconstitucional de vazio (*void*), deixando bem claro que, a seu ver, a pronúncia da inconstitucionalidade traria consigo a consequência natural da nulidade do ato, ou seja, implicaria sua desconstituição com efeitos retroativos.

Essa concepção, no entanto, seria contestada em meados do século 20, no caso *Linkletter v. Walker* (1965), no qual a Suprema Corte reconheceu que, com relação a seus julgamentos acerca da constitucionalidade das leis, "a Constituição não exige nem proíbe efeitos retroativos, devendo a corte, em cada caso, determinar quais são os efeitos mais apropriados".[57]

Conforme relata Tribe, durante certo período, a Suprema Corte desenvolveu regras diferentes acerca da retroatividade das decisões de inconstitucionalidade conforme se tratasse de um caso de jurisdição cível ou criminal.[58]

---

56 Ibidem, p. 239.

57 Tradução livre. Texto integral da decisão disponível em: <http://laws.findlaw.com/us/381/618.html>. Acesso em 10 jan. 2008.

58 TRIBE, Laurence H. *American Constitutional Law.* 3ª ed. Vol. I. New York: Foundation Press, 2000. p. 218.

No âmbito criminal, as regras até então aceitas para a decisão acerca dos efeitos temporais foram resumidas no caso *Stovall v. Denno* (1967), em que ficou estabelecido que:

> *The criteria guiding resolution of the question implicate (a) the purpose to be served by the new standards, (b) the extent of the reliance by law enforcement authorities on the old standards, and (c) the effect on the administration of justice of a retroactive application of the new standards.*[59]

Embora *Linkletter v. Walker* dissesse respeito à aplicação retroativa de uma regra a um caso já julgado, o que poderia nos fazer crer que a tese da não retroatividade nos Estados Unidos possuía alcance reduzidíssimo, em *Stovall v. Denno* a Corte deixou claro que a retroatividade poderia ser afastada mesmo em casos ainda pendentes de julgamento: "*We also conclude that, for these purposes, no distinction is justified between convictions now final, as in the instant case, and convictions at various stages of trial and direct review*".[60]

Já na esfera da jurisdição cível, os critérios para a decisão sobre a questão da retroatividade foram sintetizados em *Chevron Oil Co. v. Huson* (1971):

> *First, the decision to be applied nonretroactively must establish a new principle of law, either by overruling clear past precedent on which litigants may have relied, or by deciding an issue of first impression whose resolution was not clearly foreshadowed. Second... we must... weigh the merits and demerits in each case by looking to the prior history of the rule in question, its purpose and effect, and whether retrospective operation will further or retard its operation. Finally, we [must] weig[h] the inequity imposed by retroactive application, for where a decision of this Court could produce substantial inequitable results if applied retroactively, there is ample basis in our cases for avoiding the injustice or hardship by a holding of nonretroactivity.*[61]

---

59 Ibidem, p. 219.

60 Texto integral da decisão disponível em: <http://supreme.justia.com/us/388/293/case.html>. Acesso em: 10 jan. 2008.

61 TRIBE, Laurence H. **American constitutional Law**. 3. ed. New York: Foundation Press, 2000. v. I. p. 219.

Mais recentemente, contudo, a tese da possibilidade de efeitos não retroativos foi, até certo ponto, abandonada pela Suprema Corte.

Em *Griffith v. Kentucky* (1987), a Corte superou o precedente (*overruled*) *Linkletter v. Walker* e estabeleceu que, na jurisdição criminal, uma regra proveniente de uma decisão sobre a constitucionalidade de uma lei deve ser aplicada retroativamente a todos os casos ainda não julgados em definitivo, independentemente do grau de respeito de que gozava a regra anterior.[62]

Já no âmbito da jurisdição cível, o ocaso da não retroatividade viria apenas em *Harper v. Virginia Dept. of Taxation* (1993), em que a Suprema Corte, superando *Chevron Oil Co. v. Huson,* afirmou que, quanto à questão da retroatividade ou não da aplicação de decisões provenientes de *judicial review*, não havia motivos que justificassem uma distinção entre as jurisdições criminal e cível, de modo que a retroatividade deveria ser a regra também nessa última.[63] Note-se, entretanto, como bem assinala Tribe, que, embora em *Harper* a Corte tenha enunciado a retroatividade como regra geral, ela não abdicou por inteiro da faculdade de excepcionar tal regra e proferir decisões inteiramente prospectivas: na verdade, o que ali foi estabelecido é que em todos os casos em que a Corte não trata especificamente da questão, não fazendo qualquer ressalva, a aplicação da nova decisão deve ser retroativa.[64]

Por fim, resta anotar que essa mudança de posição da Suprema Corte, tanto na jurisdição cível quanto na criminal, encontra fundamento em dois argumentos básicos, mencionados tanto em *Harper* como em *Griffith.* O primeiro, que remonta a Marshall e *Marbury v. Madison*, é o de que a Suprema Corte, ao exercitar sua jurisdição e o

---

[62] Texto integral da decisão disponível em: <http://supreme.justia.com/us/479/314/case.html>. Acesso em: 16 jan. 2008.

[63] Texto integral da decisão disponível em: <http://caselaw.lp.findlaw.com/scripts/getcase.pl?court=US&vol=509&invol=86>. Acesso em: 16 jan. 2008.

[64] TRIBE, op. cit., p. 226.

próprio *judicial review*, "descobre" o Direito, e não o cria,[65] de modo que a retroatividade seria uma consequência natural e automática desse processo, pois faltaria à Corte a prerrogativa, tipicamente legislativa, de decidir se uma regra deve ser ou não aplicada retroativamente. Em segundo lugar, numa linha de argumentação claramente mais frágil, a Corte assinalou que a aplicação casuística e seletiva da não retroatividade violaria o princípio que determina tratamento igual para partes em situações semelhantes.

3.2.4.4. Resumo das características do *judicial review* norte-americano

Ante todo o exposto, pode-se, em resumo, reconhecer no atual sistema norte-americano de controle de constitucionalidade as seguintes características: quanto ao momento em que é exercido, o controle pode ser classificado como repressivo, vez que ocorre após a entrada em vigor de um ato normativo; quanto ao sujeito controlador, o sistema norte-americano deve ser tido por difuso, pois o poder de fiscalização da constitucionalidade pertence não apenas à Suprema Corte, mas a todos os membros do Poder Judiciário; no que tange ao modo pelo qual se exerce o controle, o modelo do *judicial review* pode ser tido por incidental, já que a questão de constitucionalidade só é decidida enquanto for necessária para a solução de um caso concreto, ou seja, a decisão sobre a constitucionalidade é,

---

[65] A esse respeito, vale a pena reproduzir o seguinte trecho do voto do juiz Scalia no caso *James M. Beam Distilling Co. v. Georgia* (1991): "*So also, I think, '[t]he judicial Power of the United States' conferred upon this Court and such inferior courts as Congress may establish, Art. III, § 1, must be deemed to be the judicial power as understood by our common law tradition. That is the power 'to say what the law is,' Marbury v. Madison, 1 Cranch 137, 5 U. S. 177 (1803), not the power to change it. I am not so naive (nor do I think our forebears were) as to be unaware that judges in a real sense 'make' law. But they make it* as judges make it, *which is to say* as though *they were 'finding' it -- discerning what the law* is, *rather than decreeing what it is today* changed to, *or what it will* tomorrow *be*" (grifos no original).

no sentido técnico-processual, uma "questão prejudicial"; e, quanto aos efeitos da decisão de inconstitucionalidade, pode-se dizer que estes apresentam um alcance, em princípio, *inter partes* e retroativo, sendo que esse caráter *inter partes* é temperado pela regra do *stare decisis* e a retroatividade pode ser mitigada em casos excepcionais, a juízo da Suprema Corte.

3.3. O CONTROLE DE CONSTITUCIONALIDADE NA EUROPA CONTINENTAL

3.3.1. O modelo austríaco puro e sua progressiva hibridização

No início do século 20, a despeito da já conhecida existência do modelo do *judicial review* e até do início de sua difusão pelo globo (incluindo-se nesse processo o Brasil, como se verá no capítulo seguinte), a Europa continental assistiu ao nascimento de um novo sistema de controle de constitucionalidade.

E o grande artífice de tal inovação foi Hans Kelsen, um dos responsáveis pela redação do projeto da Constituição austríaca de 1920, a qual passou por duas reformas (1925 e 1929) e, em 1934, foi substituída por uma nova constituição de inspiração nazifascista. Seu texto, contudo, foi restabelecido em 1945 e desde então permanece em vigor, tendo sofrido diversas emendas.[66]

Nos termos da redação original da Constituição de 1920, o controle da constitucionalidade das leis era monopólio de uma corte especializada nessa atividade, a "Corte Constitucional" (*Verfassungsgerichtshof*), a qual se situava fora dos três tradicionais poderes[67] e era composta por membros eleitos pelas duas câmaras do Parlamento

---

66 Cf. MORAES, Alexandre de. ***Jurisdição constitucional e tribunais constitucionais: garantia suprema da Constituição***. São Paulo: Atlas, 2000. p. 118.

67 Nesse sentido, cf. FAVOREU, Louis. **As Cortes constitucionais**. São Paulo: Landy, 2004. p. 24-25; e MORAES, op. cit., p. 119-120.

(*Nationalrat* e *Bundesrat*, cada um elegendo metade dos membros titulares e suplentes, sendo o Presidente e o Vice-Presidente da corte escolhidos pelo *Nationalrat*).[68] Tal órgão deveria ser acionado por meio de um requerimento especial (*Antrag*) que só poderia ser formulado pelo Governo federal, no caso das leis estaduais, ou pelos Governos estaduais, no caso das leis federais, sendo que a análise da constitucionalidade pela corte se dava não por ocasião de um incidente processual surgido no bojo de um caso concreto, como no modelo norte-americano, mas *in abstracto*, em via principal.[69] E, uma vez constatada a inconstitucionalidade, a lei era anulada, perdendo sua eficácia, produzindo a anulação efeitos gerais (*erga omnes*) e não retroativos (*ex nunc* ou mesmo *pro futuro*), como se houvesse ocorrido uma espécie de revogação.[70]

---

[68] Essa era a forma de composição originalmente prevista na Constituição de 1920. Atualmente, segundo o art. 147, parágrafos 1.° e 2.°, da Constituição, a Corte constitucional austríaca é composta por 14 membros titulares e seis suplentes, sendo que o Governo federal indica o Presidente, o Vice-Presidente, seis membros titulares e três suplentes, ao passo que o *Nationalrat* indica três membros titulares e dois suplentes e o *Bundesrat* indica três membros e um suplente.

[69] É importante notar que, como assinala Louis Favoreu, a Constituição de 1920, desde sua redação original, previa que a Corte Constitucional poderia exercitar uma espécie de exame de ofício acerca da constitucionalidade das leis aplicáveis aos casos sob seu exame, casos esses provenientes das outras competências que lhe eram outorgadas pela Constituição. Contudo, como observam Ives Gandra da Silva Martins e Gilmar Ferreira Mendes, o controle incidental de constitucionalidade no âmbito de casos submetidos a outros juízos e tribunais somente viria a ser implantado a partir de 1929, como se verá a seguir. Nesse sentido, cf. Favoreu, op. cit., p. 50-51; e Martins, Ives Gandra da Silva; Mendes, Gilmar Ferreira. ***Controle concentrado de constitucionalidade: comentários à Lei n. 9.868, de 10-11-1999***. São Paulo: Saraiva, 2001. p. 8.

[70] Cf. Favoreu, op. cit., p. 42; Cappelletti, Mauro. ***O controle judicial de constitucionalidade das leis no direito comparado***. 2. ed. Porto Alegre: Fabris, 1999. p. 104-105 e 116-118; e Martins; MENDES, op. cit., p. 7-13.

Essa configuração inicial ou "pura" do sistema austríaco, ao mesmo tempo em que garantia a supremacia da Constituição sobre as leis federais ou sobre as leis estaduais, evitava os problemas decorrentes de uma simples transposição do sistema do *judicial review* para a Europa Continental e guardava certa coerência com a teoria da separação dos poderes e com a tese kelseniana sobre a anulabilidade das leis inconstitucionais.

Sobre os inconvenientes da transposição do *judicial review* para outros ambientes que não os de *common Law*, é necessário lembrar que a ausência da regra do *stare decisis* nos sistemas de *civil Law*, predominantes na Europa continental até hoje, produziria, em tese, consequências duplamente negativas na hipótese de se outorgar, como nos Estados Unidos, a qualquer juiz o poder de controlar a constitucionalidade de atos normativos. Em primeiro lugar, a possibilidade de julgamentos divergentes nos vários órgãos jurisdicionais certamente colocaria em xeque a segurança jurídica, a estabilidade do sistema e, em última instância, até mesmo a supremacia da Constituição. Em segundo lugar, os efeitos *inter partes* do *judicial review* associados à ausência de uma regra sobre a observância obrigatória de um precedente multiplicariam as demandas judiciais, visto que cada indivíduo interessado na não aplicação de uma norma já declarada inconstitucional em um caso deveria suscitar a questão de constitucionalidade no bojo de um novo processo.[71]

Outra suposta virtude do modelo austríaco seria sua maior coerência com a doutrina da separação dos poderes. Como visto anteriormente, não foram poucos os que enxergaram no *judicial review* norte-americano uma violação à separação dos poderes, visto que nele todos os membros do Judiciário, desde os magistrados das primeiras instâncias até os juízes da Suprema Corte, poderiam simplesmente declarar inválidos os atos do Poder Legislativo, como se a fiscalização de constitucionalidade fosse parte intrínseca das atribuições

---

[71] Cf. Cappelletti, Mauro. ***O controle judicial de constitucionalidade das leis no direito comparado.*** 2. ed. Porto Alegre: Fabris, 1999. p. 77-78.

judicantes, num esforço de simples "interpretação das leis", que, como tal, caberia a qualquer juiz.[72] De outro lado, no modelo instituído pela Constituição austríaca de 1920, era vedado aos juízes "comuns" deixar de aplicar um ato normativo sob o fundamento de inconstitucionalidade, sendo que tal fiscalização ficava a cargo exclusivamente de uma corte especialmente constituída para tanto, a qual se situava fora do Poder Judiciário e só poderia agir mediante provocação específica dirigida a ela por órgãos políticos, sendo que os membros dessa corte eram eles próprios indicados pelo Legislativo e suas decisões operavam uma espécie de revogação de atos normativos (efeitos apenas *ex nunc* ou *pro futuro*), atuando a Corte Constitucional como uma excepcional "legisladora negativa".[73]

---

[72] Cf. CAPPELLETTI, Mauro. ***O controle judicial de constitucionalidade das leis no direito comparado***. 2. ed. Porto Alegre: Fabris, 1999. p. 84. Não se pode esquecer, todavia, que outro raciocínio é possível: no sistema de *judicial review*, a não aplicação de uma lei poderia fazer-se passar por um procedimento meramente técnico-jurídico, ao passo que, no sistema austríaco, as decisões sobre constitucionalidade revelariam mais claramente certo caráter político-legislativo. Nesse último sentido, cf. FERREIRA FILHO, Manoel Gonçalves. ***Direitos Humanos fundamentais***. 5. ed. São Paulo: Saraiva, 2002. p. 75 e 80-81.

[73] Confira-se a lição de Kelsen: "[...] Claro, a anulação de um ato legislativo por um órgão, que não o órgão legislativo mesmo, constitui uma intromissão no 'poder legislativo', como se costuma dizer. Mas o caráter problemático dessa argumentação logo salta aos olhos, ao se considerar que o órgão a que é confiada a anulação das leis inconstitucionais não exerce uma função verdadeiramente jurisdicional, mesmo se, com a independência de seus membros, é organizado em forma de tribunal. Tanto quanto se possa distingui-las, a diferença entre função jurisdicional e função legislativa consiste antes de mais nada em que esta cria normas gerais, enquanto aquela cria unicamente normas individuais. Ora, anular uma lei é estabelecer uma norma geral, porque a anulação de uma lei tem o mesmo caráter de generalidade que sua elaboração, nada mais sendo, por assim dizer, que a elaboração com sinal negativo e portanto ela própria uma função legislativa" (***Jurisdição constitucional***. São Paulo: Martins Fontes, 2003. p. 151-152). Mais adiante, ao discorrer acerca da composição das Cortes

Por fim, deve-se notar que, quanto aos efeitos das decisões proferidas pela Corte Constitucional (sempre *ex nunc* ou *pro futuro*), o sistema de controle de constitucionalidade inaugurado pela Constituição austríaca de 1920 era coerente com a ideia de "legislador negativo" e com a crítica de Kelsen à tese da nulidade da lei inconstitucional, tese essa subjacente ao modelo de judicial review norte americano. Não se pode deixar de observar, no entanto, que a formulação mais célebre da crítica kelseniana viria apenas após a década de 20, na obra "Teoria Pura do Direito", onde o autor afirmou:

> [...] dentro de uma ordem jurídica não pode haver algo como a nulidade, que uma norma pertencente a uma ordem jurídica não pode ser nula, mas apenas pode ser anulável. Mas esta anulabilidade prevista pela ordem jurídica pode ter diferentes graus. Uma norma jurídica em regra somente é anulada com efeitos para o futuro, por forma que os efeitos já produzidos que deixa para trás permanecem intocados. Mas também pode ser anulada com efeito retroativo, por forma tal que os efeitos jurídicos que ela deixou atrás de si sejam destruídos: [...] Não é, portanto, correto o que se afirma quando a decisão anulatória da lei é designada como "declaração de nulidade", quando o órgão que anula a lei

---

Constitucionais, o autor expõe a diferença entre elaboração e anulação de normas e reconhece a essa última certo caráter jurisdicional: "[...] É aqui que aparece a distinção entre a elaboração e a simples anulação das leis. A anulação de uma lei se produz essencialmente como aplicação das normas da Constituição. A livre criação que caracteriza a legislação está aqui quase completamente ausente. Enquanto o legislador só está preso pela Constituição no que concerne a seu procedimento – e, de forma totalmente excepcional, no que concerne ao conteúdo das leis que deve editar, e mesmo assim, apenas por princípios ou diretivas gerais –, a atividade do legislador negativo, da jurisdição constitucional, é absolutamente determinada pela Constituição. E é precisamente nisso que sua função se parece com a de qualquer outro tribunal em geral: ela é principalmente aplicação e somente em pequena medida criação do direito. É, por conseguinte, efetivamente jurisdicional" (Cf. KELSEN, op. cit. p. 153).

> declara na sua decisão essa lei como "nula desde o início" (*ex tunc*). A sua decisão não tem caráter simplesmente declarativo, mas constitutivo.[74]

Pois bem, ainda que contasse com as virtudes citadas, o modelo austríaco puro ainda sofria de uma grave deficiência: o reduzidíssimo rol de sujeitos que possuíam legitimidade para acionar a Corte Constitucional (Governo federal, no caso das leis estaduais, e Governo estadual, no caso de leis federais) acabou estreitando excessivamente o âmbito do controle de constitucionalidade naquele país, convertendo-o, na prática, a um mecanismo de controle da repartição constitucional de competências que deixava de fora, no mais das vezes, a tutela de direitos individuais. E foi justamente para tentar solucionar ou ao menos amenizar esse problema que a reforma constitucional de 1929 criou uma nova hipótese de exame da constitucionalidade pela Corte Constitucional.[75] Assim, caso os dois órgãos judiciários superiores (a Corte Administrativa e a Corte Suprema de Justiça) se vissem diante de uma dúvida sobre a constitucionalidade de uma lei a ser aplicada ao caso concreto, possuíam eles a faculdade de suspender o processo e remeter a questão à Corte Constitucional, cuja decisão acerca da questão de constitucionalidade possuiria efeitos *erga omnes*, devendo ser aplicada pelos demais tribunais, inclusive nos casos concretos suspensos por esse motivo e pendentes de julgamento.[76]

Assim, vê-se que a reforma de 1929, ao ampliar significativamente o espectro do controle de constitucionalidade, acabou

---

[74] Kelsen, Hans. ***Teoria pura do Direito***. São Paulo: Martins Fontes, 2006. p. 306-307.

[75] Cf. Cappelletti, Mauro. ***O controle judicial de constitucionalidade das leis no direito comparado***. 2. ed. Porto Alegre: Fabris, 1999. p. 106-107.

[76] Cf. Favoreu, Louis. ***As Cortes Constitucionais***. São Paulo: Landy, 2004. p. 48 e 49; e Martins, Ives Gandra da Silva; Mendes, Gilmar Ferreira. ***Controle concentrado de constitucionalidade: comentários à Lei n. 9.868, de 10-11-1999***. São Paulo: Saraiva, 2001. p. 8-9 e 13.

mitigando duas das características básicas do modelo austríaco, o qual, ao incorporar certos traços típicos do *judicial review*, não mais poderia ser chamado de "puro". Em primeiro lugar, e essa foi a alteração mais notável, o controle de constitucionalidade na Áustria passou a ser exercido também de modo incidental, com a análise, pela Corte Constitucional, de questões de constitucionalidade surgidas no âmbito de casos concretos, podendo-se falar então em certa hibridização quanto ao aspecto modal do controle. E, em segundo lugar, numa decorrência lógica da primeira alteração, passou-se a atribuir efeito retroativo às decisões da corte, para que estas pudessem ser aplicadas aos casos concretos pendentes de julgamento, significando dizer que a decisão de inconstitucionalidade atingiria fatos ocorridos antes mesmo da sua prolação e publicação.[77]

A despeito das modificações introduzidas em 1929 terem, de certo modo, atenuado o problema da estreiteza do âmbito do controle de constitucionalidade, o sistema austríaco continuou a ser alvo de críticas e, como resultado disso, novas transformações ocorreram por ocasião da revisão constitucional de 1975. A primeira delas foi a expansão do rol dos legitimados a provocar o controle pela via principal que, a partir de então, passou a admitir o requerimento formulado por um terço dos membros do *Nationalrat* ou do *Bundesrat*, incorporando-se definitivamente ao controle de constitucionalidade austríaco a ideia de "proteção das minorias".[78] A segunda foi a criação de um "recurso individual" por meio do qual as pessoas, cujos direitos tenham sido efetiva e diretamente lesados por leis ou regulamentos, passaram a poder impugnar a constitucionalidade destes junto à Corte Constitucional, mediante o atendimento de certas condições.[79]

Como se vê, o modelo austríaco puro, que poderia ser classificado como concentrado (pois monopolizado pela Corte Constitucional), principal (pois exercido *in abstracto*, por meio de um procedimento

---

[77] Nesse sentido, cf. CAPPELLETTI, op. cit., p. 106 e 120-122.

[78] MARTINS, op. cit., p. 8.

[79] Cf. FAVOREU, op. cit., p. 50; e MARTINS, op. cit., p. 9-10.

especial desvinculado de um caso concreto) e com efeitos *erga omnes* e *ex nunc* ou *pro futuro*, passou, ao longo do tempo, por transformações que temperaram tanto seu caráter principal (vez que passou a ser admitida a fiscalização de constitucionalidade pela via incidental, no bojo de um caso concreto) quanto sua rigidez no tocante *à não* retroatividade das decisões (já que se passou a admitir a retroatividade dos pronunciamentos da Corte Constitucional, de modo a permitir que estes se aplicassem aos casos concretos suspensos e pendentes de julgamento).

Por fim, vale lembrar que alguns autores apontam a existência de uma modalidade de controle de constitucionalidade preventivo exercido atualmente pela Corte Constitucional, controle esse relacionado à preservação das esferas de competência da União e dos Estados contra intromissões mútuas. Assim, mediante provocação do Governo federal ou de um Governo estadual, a Corte se pronuncia sobre a questão de se um determinado ato é de competência da União ou dos Estados.[80]

3.3.2. A difusão parcial do modelo austríaco e as características do chamado "modelo europeu"

O sistema de controle de constitucionalidade, inaugurado pela Constituição austríaca de 1920 e modificado pela reforma de 1929, a despeito de suas já mencionadas deficiências, influenciou significativamente as Constituições da República Federal da Alemanha (1949) e da Itália (1948),[81] ainda hoje em vigor, as quais acabaram

---

[80] Cf. MORAES, Alexandre de. ***Jurisdição constitucional e tribunais constitucionais: garantia suprema da Constituição***. São Paulo: Atlas, 2000. p. 131; e MARTINS, Ives Gandra da Silva; MENDES, Gilmar Ferreira. ***Controle concentrado de constitucionalidade: comentários à Lei n. 9.868, de 10-11-1999***. São Paulo: Saraiva, 2001. p. 10.

[81] Como é sabido, embora a Constituição de 1948 já previsse a criação de uma Corte Constitucional italiana, a instituição efetiva da mesma ocorreu somente em 1956.

por instituir sistemas de controle de constitucionalidade concentrados sob o aspecto do sujeito controlador e mistos quanto ao aspecto modal.[82]

Assim, a partir do pós-guerra, em ambos os países o exercício do controle de constitucionalidade foi monopolizado por suas respectivas Cortes Constitucionais. E, ao contrário do que ocorreu na Áustria, os sistemas italiano e alemão admitiram, desde o início, que a fiscalização fosse exercida tanto em via principal quanto em via incidental.[83]

No que tange à via principal, na Itália, podem provocar a Corte Constitucional os Governos das Regiões, no caso de leis nacionais ou de outra Região que supostamente violem sua esfera de competência, bem como o Governo Central, no caso de leis regionais. Já na Alemanha, a Corte Constitucional pode ser acionada *in abstracto* pelo Governo federal, pelos Governos estaduais, por um terço dos membros do *Bundestag* e até mesmo por indivíduos que eventualmente experimentem uma lesão a um direito fundamental.[84]

Quanto à via incidental, é importante notar que, como na Áustria, os juízes comuns da Itália e da Alemanha não possuem poderes para, sozinhos, decidirem sobre a constitucionalidade de atos normativos e deixar de aplicá-los em um dado processo. Não obstante, em ambos os países, qualquer juiz (e não apenas os órgãos judiciários superiores, como na Áustria), ao se deparar, em um caso concreto, com um ato normativo que ele considere inconstitucional, deverá suspender o feito e remeter a questão à Corte Constitucional, que então decidirá a questão de constitucionalidade.[85]

---

[82] CAPPELLETTI, Mauro. ***O controle judicial de constitucionalidade das leis no direito comparado***. 2. ed. Porto Alegre: Fabris, 1999. p. 108-109.

[83] Cf. MARTINS, Ives Gandra da Silva; MENDES, Gilmar Ferreira. ***Controle concentrado de constitucionalidade: comentários à Lei n. 9.868, de 10-11-1999***. São Paulo: Saraiva, 2001. p. 14-15.

[84] CAPPELLETTI, op. cit., p. 110.

[85] Ibidem, p. 109.

Já no que se refere ao alcance subjetivo das decisões da Corte Constitucional, os sistemas alemão e italiano incorporaram em alguma medida o pensamento de Kelsen, atribuindo efeitos gerais (*erga omnes*) aos pronunciamentos da corte. A diferença mais notável entre esses sistemas e o austríaco se dá em virtude da questão da retroatividade: na Áustria adotou-se integralmente a tese kelseniana sobre a anulabilidade das normas inconstitucionais, prevendo-se que, como regra, a anulação de uma norma pela Corte Constitucional gera efeitos apenas *ex nunc* ou *pro futuro*, admitindo-se a retroatividade apenas em certas circunstâncias; de outro lado, na Alemanha e na Itália,[86] o quadro é quase inverso, sendo a retroatividade a regra e os efeitos *ex nunc* ou *pro futuro* a exceção, não se podendo falar, *a priori*, em anulabilidade da norma inconstitucional, mas em nulidade.[87]

Ademais, deve-se mencionar que as Cortes Constitucionais da Itália e da Alemanha, como a austríaca, também exercem, em certas ocasiões, o controle preventivo da constitucionalidade de atos normativos.[88]

Essa breve exposição acerca dos sistemas italiano e alemão bem ilustra a influência que as ideias de Kelsen e o sistema austríaco de controle de constitucionalidade exerceram sobre o resto da Europa. Na verdade, como aponta Cappelletti, o modelo concentrado acabou se espalhando por Estados como o Chipre (Constituição de 1960), a Turquia (Constituição de 1960), e a antiga Iugoslávia (Constituição de 1963).[89] Nessa esteira, diversos autores defendem a possibilidade de, a partir da experiência comum de diferentes países

---

[86] O caso italiano é controverso,

[87] Cf. HESSE, Konrad. ***Elementos de Direito Constitucional da República Federal da Alemanha***. Porto Alegre: Fabris, 1998. p. 499-500; CAPPELLETTI, op. cit., p. 119, 122-124; FAVOREU, Louis. ***As Cortes Constitucionais***. São Paulo: Landy, 2004. p. 71-72; MENDES, Gilmar Ferreira. ***Jurisdição constitucional***. 3. ed. São Paulo: Saraiva, 1999. p. 196-201; e BARROSO, Luís Roberto. ***O controle de constitucionalidade no direito brasileiro***. 2. ed. São Paulo: Saraiva, 2006. p. 19.

[88] Cf. FAVOREU, op. cit., p. 66-67 e 81.

[89] CAPPELLETTI, op. cit., p. 73.

europeus, reconhecer a existência de um "modelo europeu"[90] de controle de constitucionalidade, o qual, dentro dos critérios de classificação adotados no presente trabalho, apresentaria, *grosso modo*, as seguintes características básicas: quanto ao momento em que é exercido, o controle tanto pode ser repressivo quanto preventivo, sendo comum a combinação de ambos, como na Alemanha, na Itália e na Áustria; quanto ao sujeito controlador, o "modelo europeu" é essencialmente concentrado, prevendo-se a existência de uma Corte Constitucional independente de todos os demais poderes do Estado e com o monopólio da fiscalização da constitucionalidade de atos normativos;[91] no que tange ao aspecto modal, a via prevalecente é a chamada "via principal" ou de "ação direta", admitindo-se, no entanto, a via incidental por meio da remessa de questões constitucionais por parte dos juízes e tribunais "comuns"; e quanto aos efeitos da decisão de inconstitucionalidade, pode-se dizer que eles apresentam um alcance geral (*erga omnes*), sendo que a questão da retroatividade da decisão apresenta considerável variação, valendo lembrar, no entanto, que normalmente convivem num mesmo ordenamento os efeitos *ex-tunc*, *ex nunc* ou *pro futuro*.

3.4. O MODELO FRANCÊS

Na França, nem o modelo de *judicial review* nem o modelo kelseniano puderam prosperar, tendo o país desenvolvido um sistema bastante peculiar de controle de constitucionalidade.

---

[90] Cf. apenas a título exemplificativo, FAVOREU, op. cit., p. 27-36; e FERREIRA FILHO, Manoel Gonçalves. ***Direitos Humanos fundamentais***. 5. ed. São Paulo: Saraiva, 2002. p. 77-78.

[91] Aqui é importante fazer a ressalva de que Portugal, apesar de contar com um Tribunal Constitucional, não se filia propriamente ao chamado "modelo europeu", visto que, nesse país, todos os tribunais (judiciais, administrativos ou fiscais) podem exercer o controle de constitucionalidade. Nesse sentido, Cf. CANOTILHO, José Joaquim Gomes. ***Direito Constitucional e Teoria da Constituição***. 7. ed. Coimbra: Almedina, 2003. p. 917-918.

De acordo com Cappelletti, para isso contribuíram fatores de ordem histórica, ideológica e pragmática.[92] Do ponto de vista histórico, é importante recordar que, no período anterior à Revolução de 1789, os juízes em geral eram vistos com extrema desconfiança, fruto talvez da lembrança das suas frequentes intromissões nas esferas de atribuições de outros "poderes"[93] e das arbitrariedades possibilitadas pela concepção do cargo de magistrado como objeto de uma espécie de direito de propriedade, e não como uma função pública a ser exercida no interesse de todos. Numa perspectiva ideológica, deve-se mencionar que tanto a rígida interpretação francesa da doutrina da separação dos poderes quanto a difundida crença no dogma rousseauniano "lei como expressão da vontade geral"[94] sempre representaram um obstáculo para o desenvolvimento de um controle de constitucionalidade que fosse exercido ordinariamente por membros do Poder Judiciário, os quais, até bem pouco tempo, durante o período do *Ancien* Régime, eram fortemente identificados com a nobreza. Já com relação ao aspecto prático, Cappelletti relata que na França, desde o século 19, a maior preocupação em termos de engenharia constitucional era evitar os abusos dos Poderes Executivo e Judiciário, não do Legislativo, o que talvez não tenha permitido a evolução de um controle de constitucionalidade judicial e *a posteriori* (repressivo).[95]

Pois bem, a convergência de todos esses fatores culminou com o desenvolvimento, na França, de um sistema de controle de constitucionalidade comumente designado "político". Tal controle é exercido pelo Conselho Constitucional, órgão previsto na

---

[92] Cf. CAPPELLETTI, Mauro. ***O controle judicial de constitucionalidade das leis no direito comparado***. 2. ed. Porto Alegre: Fabris, 1999. p. 96-98.

[93] Rememore-se que a obra ***O espírito das leis*** foi publicada em 1748 e que, desde então, a tese da tripartição dos poderes, na sua versão formulada por Montesquieu, foi progressivamente angariando prestígio.

[94] Neste ponto, cf. FERREIRA FILHO, op. cit., p. 79.

[95] Cf. CAPPELLETTI, op. cit., p. 98-99.

Constituição francesa de 1958 (Título VIII), composto de nove membros, nomeados na proporção de um terço pelo Presidente da República, um terço pelo Presidente da Assembleia Nacional e um terço pelo Presidente do Senado, sendo o Presidente do Conselho Constitucional escolhido pelo Presidente da República. O mandato é de nove anos e a composição é renovada em um terço a cada três anos, de modo que cada autoridade, a cada três anos, nomeia um novo membro.[96]

Note-se que o Conselho Constitucional possui outras funções além do controle de constitucionalidade de regulamentos parlamentares, tratados internacionais, leis ordinárias e leis orgânicas. Contudo, a função que interessa para fins desta obra é justamente esse controle, exercido de uma forma bastante singular: antes da promulgação (ou ratificação ou aprovação, no caso de tratados internacionais) de qualquer um dos instrumentos normativos mencionados anteriormente, caso haja alguma dúvida sobre sua compatibilidade em relação ao chamado "bloco de constitucionalidade",[97] o Presidente da República, o Primeiro-Ministro, o Presidente da Assembleia Nacional, o Presidente do Senado ou um conjunto de 60 deputados ou 60 senadores podem se dirigir ao Conselho Constitucional e solicitar que esse examine, *in abstracto*, a constitucionalidade do texto legislativo. No caso das leis orgânicas, chega a ser obrigatório o controle prévio do Conselho Constitucional.[98]

---

[96] Cf. Ferreira Filho, Manoel Gonçalves. ***Direitos Humanos fundamentais***. 5. ed. São Paulo: Saraiva, 2002. p. 79; e Favoreu, Louis. ***As Cortes Constitucionais***. São Paulo: Landy, 2004. p. 94.

[97] Expressão que designa o conjunto de normas que servem como parâmetro para o controle de constitucionalidade na França, conjunto esse formado pela Constituição de 1958, pela "Declaração dos Direitos do Homem e do Cidadão" (1789), pelo preâmbulo da Constituição de 1946 e pelos "princípios fundamentais reconhecidos pelas leis da República". Nesse sentido, cf. Favoreu, op. cit., p. 98.

[98] Cf. Favoreu, op. cit., p. 96-97; Ferreira Filho, op. cit., p. 79; e Cappelletti, op. cit., p. 28.

Com o exame da questão pelo Conselho Constitucional, surgem duas possibilidades básicas: o ato normativo é considerado compatível com o "bloco de constitucionalidade" e sua constitucionalidade não poderá mais ser questionada perante qualquer órgão; ou o ato normativo é considerado inconstitucional e não poderá entrar em vigor até que seja devidamente compatibilizado (o que pode ser feito não apenas pelo órgão de origem, mas até mesmo pelo próprio Conselho Constitucional, pela via interpretativa) ou que a Constituição seja alterada (o que, naturalmente, é muito mais raro).[99]

Pode-se ver então que, do ponto de vista subjetivo, as decisões do Conselho Constitucional, no sentido da constitucionalidade de um ato, possuem efeitos *erga omnes*, pois atingem todos os órgãos do Estado, os quais não poderão negar aplicação ao ato normativo sob o fundamento de inconstitucionalidade. No caso de decisão no sentido da inconstitucionalidade, também parece possível, em certo sentido, falar-se em efeitos *erga omnes,* visto que nenhum órgão do Estado poderá promulgar o ato normativo ou pretensamente aplicar os comandos nele contidos, pois o mesmo sequer poderá entrar em vigor, valendo fazer a ressalva de que, caso o Conselho opte por uma adequação interpretativa do texto do projeto ao "bloco de constitucionalidade", sua interpretação será obrigatória para todos os órgãos do Estado, podendo ser encarada com um pronunciamento de constitucionalidade no sentido de que "o projeto *x* é constitucional somente se interpretado da forma *y*". Quanto ao aspecto temporal das decisões do Conselho Constitucional, tanto no sentido da constitucionalidade como no da inconstitucionalidade, não há, logicamente, que se cogitar retroatividade, pois se está diante de um controle prévio de constitucionalidade.

---

[99] Cf. Cappelletti, op. cit., p. 28; Ferreira Filho, op. cit., p. 80; Favoreu, op. cit., p. 98.

Capítulo 4

HISTÓRICO DA EVOLUÇÃO DO CONTROLE DE CONSTITUCIONALIDADE NO BRASIL

4.1. A CONSTITUIÇÃO IMPERIAL DE 1824

A primeira Constituição do Brasil independente, outorgada em 1824 pelo imperador D. Pedro I, não previu o controle judicial da constitucionalidade dos atos normativos. De outro lado, atribuiu ao Legislativo o poder de "fazer Leis, interpretá-las, suspendê-las, e rovogá-las" e "velar na guarda da Constituição" (art. 15, VIII e IX), com nítida inspiração na ideia de soberania parlamentar existente à época na França e na Inglaterra.[1]

Além disso, a existência do Poder Moderador, delegado privativamente ao Imperador e definido como "a chave de toda a organização Política" a velar, incessantemente, sobre a "manutenção da Independência, equilíbrio, e harmonia dos mais Poderes Políticos" (art. 98), impediu, durante todo o período imperial, a atribuição do controle da constitucionalidade dos atos normativos ao Judiciário, uma vez que eventual conflito entre os poderes do Estado (e aqui pode ser inserido o poder de invalidar atos do Legislativo) seria, necessariamente, resolvido pelo Imperador.

---

[1] Cf. PALU, Oswaldo Luiz. ***Controle de constitucionalidade: conceitos, sistemas e efeitos***. 2. ed. São Paulo: Revista dos Tribunais, 2001. p. 120.

4.2. A CONSTITUIÇÃO REPUBLICANA DE 1891

Com o advento da República e a influência do direito norte-americano, trazida, especialmente, por Rui Barbosa, foi introduzido, no direito brasileiro, o controle judicial da constitucionalidade dos atos normativos.

A Constituição Provisória de 1890 (Decreto n.º 510, de 22/06/1890) já previa o controle de constitucionalidade difuso (pois todos os juízes eram competentes para a análise da constitucionalidade dos atos normativos) e incidental (a constitucionalidade era analisada como uma questão prejudicial em um caso concreto) em seus arts. 58, § 1.º, alíneas *a* e *b*, e 59, alínea *a*,[2] que assim dispunham:

---

[2] De acordo com Rui Barbosa: "O único lance da Constituição americana, no qual se estriba ilativamente o juízo, que lhe atribui essa intenção, é o do art. 3.º, Seção II, cujo teor reza assim: 'O Poder Judiciário estender-se-á a todas as causas, de direito e equidade, que nascerem desta Constituição, ou das leis dos Estados Unidos'. Não se diz aí que os tribunais sentenciarão sobre a validade, ou invalidade, das leis. Apenas se estatui que conhecerão das causas regidas pela Constituição, como conformes, ou contrários a ela. Muito mais concludente é a Constituição brasileira. Nela não só se prescreve que 'Compete aos juízes ou tribunais federais processar e julgar as causas, em que algumas das partes fundar a ação, ou a defesa, em disposição da Constituição Federal (art. 60, a)'. Como, ainda, que 'Das sentenças das justiças dos Estados em última instância haverá recurso para o Supremo Tribunal Federal, quando se questionar sobre a validade de tratados e leis federais, e a decisão do tribunal do Estado for contra ela.' (Art. 59, § 1.º, a.). A redação é claríssima. Nela se reconhece, não só a competência das justiças da União, como a das justiças dos Estados, para conhecer da legitimidade das leis federais, a garantia de que, sendo contrária à subsistência delas a decisão do tribunal do Estado, o feito pode passar, por via de recurso, para o Supremo Tribunal Federal. Este ou revogará a sentença, por não procederem às razões de nulidade, ou a confirmará pelo motivo oposto. Mas, numa ou noutra hipótese, o princípio fundamental é a autoridade, reconhecida expressamente no texto constitucional, a todos os tribunais, federais, ou locais, de discutir a constitucionalidade das leis da União, e aplicá-las, ou desaplicá-las, segundo esse critério" (***Atos Inconstitucionais***. 2. ed. Campinas: Russel, 2004. P. 52-53).

> Art. 58 – (...)
> § 1.° – Das sentenças da justiça dos Estados em última instância, haverá recurso para o Supremo Tribunal Federal:
> a)quando se questionar sobre a validade, ou a applicabilidade de tratados e leis federaes, e a decisão do tribunal do Estado for contra ella;
> b) quando se contestar a validade de leis ou actos dos governos dos Estados em face da Constituição, ou das leis federaes e a decisão do tribunal do Estado considerar válidos os actos, ou leis impugnados
> Art. 59 – Compete aos juizes ou tribunaes federaes decidir:
> a) as causas em que alguma das partes estribar a acção, ou a defesa, em disposição da Constituição Federal.

No mesmo ano, o Decreto n.° 848, de 11/10/1890, que estabelecia as regras de organização da Justiça Federal, previu, nos mesmos moldes da regra citada anteriormente, o controle judicial da constitucionalidade dos atos normativos (art. 9.°, parágrafo único, alíneas *a* e *b*)[3] e, consagrou, ainda, em seu art. 3.°, a via incidental, ao estabelecer que, "na guarda e aplicação da Constituição e das leis nacionais a magistratura federal só intervirá em espécie e por provocação de parte".

A Constituição Republicana de 1891, por sua vez, apenas reproduziu, em seu art. 59, § 1.°, alíneas *a* e *b*, o disposto no Decreto n.° 510, de 22/6/1890.

---

[3] "Art. 9.° [...] Parágrafo único – Haverá tambem recurso para o Supremo Tribunal Federal das sentenças definitivas proferidas pelos tribunaes e juizes dos Estados:
a) quando a decisão houver sido contraria á validade de um tratado ou convenção, à applicabilidade de uma lei do Congresso Federal, finalmente, á legitimidade do exercicio de qualquer autoridade que haja obrado em nome da União – qualquer que seja a alçada;
b) quando a validade de uma lei ou acto de qualquer Estado seja posta em questão como contrario á Constituição, aos tratados e ás leis federaes e a decisão tenha sido em favor da validade da lei ou acto".

Posteriormente, a Lei n.º 221, de 20/11/1894, aprimorou o sistema judicial de fiscalização de constitucionalidade, deixando mais claro o caráter incidental e difuso do controle e ressaltando a necessidade, para a declaração da inconstitucionalidade, de que a incompatibilidade entre o ato e a Constituição fosse evidente.[4].

Por fim, a reforma constitucional de 1926 trouxe pequenas alterações à redação do art. 59 (cuja numeração foi alterada para 60) da Constituição de 1891, dentre elas a exclusão da menção à "aplicabilidade de tratados" da antiga alínea *a* do §1.º.[5]

4.3. A CONSTITUIÇÃO DE 1934

A Constituição de 1934 introduziu importantes inovações no sistema de controle de constitucionalidade brasileiro, tanto no que diz respeito ao aprimoramento da via incidental já existente como no lançamento das bases para o desenvolvimento do controle abstrato.

A primeira alteração significativa foi aquela trazida pelo art. 179, o qual estabeleceu que somente poderia ser declarado inconstitucional um ato pelo voto da maioria absoluta dos membros dos tribunais.[6] Trata-se, basicamente, da adoção da regra do *full bench*,

---

[4] "Art. 13, §10 – Os juizes e tribunaes apreciarão a validade das leis e regulamentos e deixarão de applicar aos casos occurrentes as leis manifestamente inconstitucionaes e os regulamentos manifestamente incompativeis com as leis ou com a Constituição."

[5] "Art. 60, §1.º (...)

a) quando se questionar sobre a vigência ou a validade das leis federais em face da Constituição e a decisão do Tribunal do Estado lhes negar aplicação;

b) quando se contestar a validade de leis ou de atos dos Estados em face da Constituição ou das leis federais, e a decisão do Tribunal do Estado considerar esses atos ou essas leis impugnadas."

[6] "Art. 179 – Só por maioria absoluta de votos da totalidade dos seus Juízes, poderão os Tribunais declarar a inconstitucionalidade de lei ou ato do Poder Público."

que se desenvolveu no âmbito do direito norte-americano e que, no Brasil, tinha dupla finalidade: conferir maior estabilidade aos entendimentos firmados pelas cortes,[7] e impor aos tribunais certa dose de prudência no exercício do controle de constitucionalidade, reservando-se a declaração de inconstitucionalidade aos casos em que a incompatibilidade do ato analisado com a Constituição fosse evidente a ponto de ser notada por um número mais expressivo de julgadores.[8]

Outra inovação trazida pela Constituição de 1934 foi a atribuição ao Senado Federal da competência para "suspender a execução, no todo ou em parte, de qualquer lei ou ato, deliberação ou regulamento, quando hajam sido declarados inconstitucionais pelo Poder Judiciário" (art. 91, IV). Embora o art. 91, IV tenha previsto uma regra abrangente, referindo-se à suspensão dos atos declarados inconstitucionais pelo *Poder Judiciário*, o art. 96 restringiu o alcance dessa norma, fazendo menção apenas à possibilidade de suspensão pelo Senado dos atos declarados inconstitucionais pelo *Supremo Tribunal Federal*.[9] De qualquer modo, fica nítida aqui a tentativa de atenuar, no Brasil, a ausência do *stare decisis* do direito norte-americano, evitando-se que, uma vez pronunciada a inconstitucionalidade de um ato pelo Supremo Tribunal Federal, houvesse a proliferação de julgamentos contraditórios nos demais órgãos do Poder Judiciário.

Além disso, houve a introdução, pelo art. 12, § 2.º, da chamada "representação interventiva". Essa talvez seja a mais importante novidade trazida pela Constituição em comento, pois é possível

---

[7] Cf. MENDES, Gilmar Ferreira; COELHO, Inocêncio Mártires; BRANCO, Paulo Gustavo Gonet. ***Curso de Direito Constitucional***. São Paulo: Saraiva, 2007. p. 985.

[8] Cf. AMARAL JÚNIOR, José Levi Mello do. ***Incidente de argüição de inconstitucionalidade***. São Paulo: Revista dos Tribunais, 2002. p. 28.

[9] "Art. 96 – Quando a Corte Suprema declarar inconstitucional qualquer dispositivo de lei ou ato governamental, o Procurador-Geral da República comunicará a decisão ao Senado Federal para os fins do art. 91, n.º IV, e bem assim à autoridade legislativa ou executiva, de que tenha emanado a lei ou o ato".

identificar nessa regra um antecedente remoto do controle de constitucionalidade por via principal ou direta.

Uma das causas para a intervenção da União Federal nos Estados enumerada nos incisos do art. 12, era a garantia da observância dos princípios constitucionais relacionados no art. 7.º, I, alíneas *a* a *h*.[10] No entanto, tal intervenção só se efetuaria, segundo o § 2.º do art. 12, depois que o Supremo Tribunal Federal, mediante provocação do Procurador-Geral da República, tomasse conhecimento da lei que a tivesse decretado e lhe declarasse a constitucionalidade.[11]

Assim, pode-se constatar que foi atribuído ao Supremo Tribunal Federal o conhecimento da constitucionalidade da lei interventiva e, por via de consequência, da inconstitucionalidade do ato estadual tido como causa da intervenção.

Além disso, instituiu-se a competência do Procurador-Geral da República para a propositura da representação interventiva, sendo certo que, mais tarde, por ocasião da introdução definitiva do modelo abstrato de controle de constitucionalidade no ordenamento jurídico brasileiro pela Emenda n.º 16/65, este seria o único legitimado à propositura da representação de inconstitucionalidade.

---

[10] "Art. 7.º – Compete privativamente aos Estados: I – decretar a Constituição e as leis por que se devam reger, respeitados os seguintes princípios: a) forma republicana representativa; b) independência e coordenação de poderes; c) temporariedade das funções eletivas, limitada aos mesmos prazos dos cargos federais correspondentes, e proibida a reeleição de Governadores e Prefeitos para o período imediato; d) autonomia dos Municípios; e) garantias do Poder Judiciário e do Ministério Público locais; f) prestação de contas da Administração; g) possibilidade de reforma constitucional e competência do Poder Legislativo para decretá-la; h) representação das profissões".

[11] "Art 12 – A União não intervirá em negócios peculiares aos Estados, salvo: [...] V – para assegurar a observância dos princípios constitucionais especificados nas letras a a h , do art. 7.º, n.º I, e a execução das leis federais; [...] § 2.º – Ocorrendo o primeiro caso do n.º V, a intervenção só se efetuará depois que a Corte Suprema, mediante provocação do Procurador-Geral da República, tomar conhecimento da lei que a tenha decretado e lhe declarar a constitucionalidade".

Outra novidade foi a consagração do mandado de segurança no texto constitucional (art. 113, n.º 33).

Por fim, a Constituição de 1934, em seu art. 68, vedou expressamente o conhecimento, pelo Poder Judiciário, das questões de cunho exclusivamente político,[12] podendo tal novidade ser interpretada como um apelo do constituinte a um exercício de autolimitação (*self-restraint*) por parte dos juízes, evitando-se, ou minorando-se, as consequências de eventuais choques entre os poderes.

4.4. A CONSTITUIÇÃO DE 1937

A mais significativa alteração trazida pela Carta de 1937 ao sistema de controle de constitucionalidade, e que não representou propriamente um progresso, foi a introdução do parágrafo único do art. 96, o qual previa que, "no caso de ser declarada a inconstitucionalidade de uma lei que, a juízo do Presidente da República, seja necessária ao bem-estar do povo, à promoção ou defesa de interesse nacional de alta monta, poderá o Presidente da República submetê-la novamente ao exame do Parlamento: se este a confirmar por dois terços de votos em cada uma das Câmaras, ficará sem efeito a decisão do Tribunal".

Fica evidente, nesse caso, o reflexo da ascensão de forças autoritárias ao poder e a distorção do sistema desenvolvido até então, uma vez que, em última instância, uma lei ordinária declarada inconstitucional pelo Judiciário, poderia, a critério do Chefe do Executivo e com o aval da maioria qualificada do Congresso, ganhar força de emenda constitucional.[13] E isso é, evidentemente, muito

---

[12] "Art 68 – É vedado ao Poder Judiciário conhecer de questões exclusivamente políticas".

[13] Cf. Martins, Ives Gandra da Silva; Mendes, Gilmar Ferreira. ***Controle concentrado de constitucionalidade: comentários à Lei n. 9.868, de 10-11-1999***. São Paulo: Saraiva, 2001. p. 27.

mais grave do que uma simples nova modalidade de emenda constitucional. Sim, porque uma coisa é uma modificação da Constituição após uma série de declarações de inconstitucionalidade, as quais preservariam sua força em virtude da coisa julgada; outra coisa, bem distinta, é a possibilidade de se modificar retroativamente a Constituição, tornando sem efeito sentenças judiciais que versam sobre fatos ocorridos sob a égide de outras normas constitucionais...

Dignas de nota sob o regime da Constituição de 1937 foram também a exclusão do mandado de segurança do texto constitucional e a previsão, no Código de Processo Civil de 1939, da impossibilidade de apreciação judicial, por meio de mandado de segurança, dos atos do Presidente, dos Ministros de Estado e dos Governadores ou Interventores.[14]

4.5. A CONSTITUIÇÃO DE 1946

Superado o período autoritário, com a Constituição de 1946, restaurou-se o instrumental que havia se estabelecido sob os regimes das Constituições de 1891 e 1934 e foram introduzidas algumas novidades.

O sistema difuso e incidental foi contemplado no art. 101, III, que estabeleceu as hipóteses de cabimento do recurso extraordinário:

> Art 101 – Ao Supremo Tribunal Federal compete: [...]
> III – julgar em recurso extraordinário as causas decididas em única ou última instância por outros Tribunais ou Juízes:
> a) quando a decisão for contrária a dispositivo desta Constituição ou à letra de tratado ou lei federal;
> b) quando se questionar sobre a validade de lei federal em face desta Constituição, e a decisão recorrida negar aplicação à lei impugnada;

[14] Cf. MARTINS, Ives Gandra da Silva; MENDES, Gilmar Ferreira. ***Controle concentrado de constitucionalidade: comentários à Lei n. 9.868, de 10-11-199***. São Paulo: Saraiva, 2001. p. 28.

> c) quando se contestar a validade de lei ou ato de governo local em face desta Constituição ou de lei federal, e a decisão recorrida julgar válida a lei ou o ato; [...]

A exigência do *full bench* para a declaração de inconstitucionalidade pelos tribunais foi inserida no art. 200,[15] assim como também foi mantida a competência do Senado para suspender a execução de normas declaradas inconstitucionais pelo Supremo Tribunal Federal.[16]

A inovação se deu em virtude dos novos contornos emprestados à representação interventiva instituída pela Constituição de 1934. Segundo o art. 8.°, parágrafo único, da nova Constituição, o Supremo Tribunal Federal não mais apreciaria de modo indireto a constitucionalidade do ato estadual, mas diretamente, pois o Procurador-Geral da República submeteria à apreciação do Supremo Tribunal Federal não uma lei interventiva de iniciativa do Senado, mas o próprio ato estadual que violasse os princípios enunciados no art. 7.°, VII.[17] Confira-se:

---

[15] "Art. 200 – Só pelo voto da maioria absoluta dos seus membros poderão os Tribunais declarar a inconstitucionalidade de lei ou de ato do Poder Público."

[16] "Art 64 – Incumbe ao Senado Federal suspender a execução, no todo ou em parte, de lei ou decreto declarados inconstitucionais por decisão definitiva do Supremo Tribunal Federal."

[17] "Art 7.° – O Governo federal não intervirá nos Estados salvo para: VII – assegurar a observância dos seguintes princípios: (...)
a) forma republicana representativa;
b) independência e harmonia dos Poderes;
c) temporariedade das funções eletivas, limitada a duração destas à das funções federais correspondentes;
d) proibição da reeleição de Governadores e Prefeitos, para o período imediato;
e) autonomia municipal;
f) prestação de contas da Administração;
g) garantias do Poder Judiciário."

> Art 8.º – A intervenção será decretada por lei federal nos casos dos n.os VI e VII do artigo anterior.
> Parágrafo único – No caso do n.º VII, o ato arguido de inconstitucionalidade será submetido pelo Procurador-Geral da República ao exame do Supremo Tribunal Federal, e, se este a declarar, será decretada a intervenção.

Ademais, deve-se mencionar que, nessa hipótese de intervenção federal, a competência para suspender a execução do ato inconstitucional seria do Congresso Nacional, não do Senado, a teor do art. 13.[18]

No entanto, no que tange ao controle de constitucionalidade, a modificação mais importante daquela época não viria no texto original da Constituição de 1946, mas no da Emenda Constitucional n.º 16, de 1965.

Com efeito, a nova redação conferida pela emenda à alínea *k* do art. 101, I, que atribuiu ao Supremo Tribunal Federal a competência para processar e julgar originariamente "a representação contra inconstitucionalidade de lei ou ato de natureza normativa, federal ou estadual, encaminhada pelo Procurador-Geral da República" consagrou definitivamente, no direito brasileiro, o controle abstrato de constitucionalidade dos atos normativos, desvinculando-se a "representação de inconstitucionalidade" das hipóteses de intervenção federal.

Acerca das virtudes dessa expansão do controle de constitucionalidade, confira-se a Exposição de Motivos da referida emenda:

> [...] pretende-se o reforço da competência do Supremo, através de dois novos institutos de legitimidade constitucional, que ele mesmo propôs: a) uma representação de inconstitucionalidade de lei federal, em tese, de exclusiva iniciativa do Procurador-Geral da República, à semelhança do que já existe no direito estadual

---

[18] "Art 13 – Nos casos do art. 7.º, n.º VII, observado o disposto no art. 8.º, parágrafo único, o Congresso Nacional se limitará a suspender a execução do ato arguido de inconstitucionalidade, se essa medida bastar para o restabelecimento da normalidade no Estado."

> (artigo 8.º, parágrafo único da Constituição Federal); [...] A representação, limitada em sua iniciativa, tem o mérito de facultar desde a definição da controvérsia constitucional sobre leis novas, com economia para as partes, formando precedente que orientará o julgamento dos processos congêneres. Afeiçoa-se, no rito, às representações de que cuida o citado preceito constitucional para forçar o cumprimento, pelos Estados, dos princípios que integram a lista do inc. VII do art. 7.º; de algum modo, a invocação, estendendo à vigilância às leis federais em tese, completa o sistema de pronto resguardo da lei básica, se ameaçada em seus mandamentos.[19]

Outra importante novidade da Emenda n.º 16/65 foi a introdução do inciso XIII no art. 124, que autorizou a criação de um sistema de controle abstrato no âmbito dos Estados ao dispor que "a lei poderá estabelecer processo, de competência originária do Tribunal de Justiça, para declaração de inconstitucionalidade de lei ou ato de Município, em conflito com a Constituição do Estado".

4.6. A CONSTITUIÇÃO DE 1967/1969[20]

Segundo a doutrina, a Constituição de 1967/1969 trouxe poucas novidades quanto ao aperfeiçoamento do sistema de controle de constitucionalidade do Brasil.[21]

---

[19] Cf. Palu, Oswaldo Luiz. ***Controle de constitucionalidade: conceitos, sistemas e efeitos***. 2. ed. São Paulo: Revista dos Tribunais, 2001. p. 130-131.

[20] A referência a "1967/1969" justifica-se pelo fato de o texto da Constituição de 1967 ter sido totalmente reformulado pela Emenda Constitucional n.º 1, de 1969, o que leva autores como José Afonso da Silva a identificarem nisso uma verdadeira outorga de nova Constituição (***Curso de Direito Constitucional Positivo***. 29. ed. São Paulo: Malheiros, 2007. p. 87).

[21] Nesse sentido, cf. Barroso, Luís Roberto. ***O controle de constitucionalidade no direito brasileiro***. 2. ed. São Paulo: Saraiva, 2006. p. 64; Palu, Oswaldo Luiz. ***Controle de constitucionalidade***. 2. ed. São Paulo: Revista

No tocante à questão da intervenção federal, transferiu-se novamente a competência para a suspensão da execução do ato inconstitucional, passando-a do Congresso Nacional para o Presidente da República (art. 11, § 2.º).

No texto de 1967, procedeu-se, ainda, à supressão do inciso XIII do art. 124, introduzido pela Emenda n.º 16/65, embora a redação do art. 15, §3.º, *d*, já alterada pela Emenda n.º 1 de 1969, tenha estabelecido um mecanismo de fiscalização de constitucionalidade para fins de intervenção dos Estados nos Municípios.[22]

Com o advento da Emenda n.º 7/77 foi introduzido o artigo 119, I, alínea *l*, que dispôs sobre a representação do Procurador-Geral da República para interpretação de lei ou ato normativo federal ou estadual. Além disso, na alínea *p* do mesmo artigo, foi atribuída expressamente ao Supremo Tribunal Federal a competência para a apreciação de medida cautelar nas representações de inconstitucionalidade.

Por fim, é interessante destacar o relato de Gilmar Ferreira Mendes acerca do debate surgido sob a égide da Constituição de 1967/69 sobre a possibilidade de o Procurador-Geral da República (até então o único legitimado a propor a recém-criada "representação de inconstitucionalidade") se negar a representar ao Supremo Tribunal Federal contra a inconstitucionalidade de um ato quando

---

dos Tribunais, 2001. p. 133; e FERRARI, Regina Maria Macedo Nery. ***Efeitos da declaração de inconstitucionalidade***. 5. ed. São Paulo: Revista dos Tribunais. 2004. p. 99-100.

[22] "Art. 15 – A autonomia municipal será assegurada: (...)

§ 3.º A intervenção nos municípios será regulada na Constituição do Estado, somente podendo ocorrer quando: [...]

d) o Tribunal de Justiça do Estado der provimento a representação formulada pelo Chefe do Ministério Público local para assegurar a observância dos princípios indicados não Constituição estadual, bem como para prover à execução de lei ou de ordem ou decisão judiciária, limitando-se o decreto do Governador a suspender o ato impugnado, se essa medida bastar ao restabelecimento da normalidade;".

instado a tanto por algum interessado. Segundo o autor, embora os constitucionalistas pátrios se mostrassem bastante divididos quanto ao tema, o Supremo Tribunal Federal, à época, proferiu decisão no sentido de que "apenas o Procurador-Geral poderia decidir *se* e *quando* deveria ser oferecida representação para a aferição da constitucionalidade de lei."[23-24]

---

[23] Cf. MARTINS, Ives Gandra da Silva; MENDES, Gilmar Ferreira. ***Controle concentrado de constitucionalidade: comentários à Lei n. 9.868, de 10-11-1999***. São Paulo: Saraiva, 2001. p. 45-52.

[24] Tal posição já era defendida por Alfredo Buzaid com relação à representação interventiva sob a égide da Constituição de 1946: "O Procurador-geral da República só deve arguir a inconstitucionalidade quando disso estiver convencido. Sua missão não é a de mero veículo de representações. Recebendo a manifestação do interessado, o Procurador-geral da República a estudará, apreciando se tem ou não procedência. Convencendo-se de que o ato arguido é inconstitucional, proporá a ação; em caso contrário, determinará o arquivamento" (***Da ação direta de declaração de inconstitucionalidade no direito brasileiro***. São Paulo: Saraiva, 1958. p. 110).

Capítulo 5

O CONTROLE DE CONSTITUCIONALIDADE SOB A ÉGIDE DA CONSTITUIÇÃO DE 1988 E OS EFEITOS DAS DECISÕES SOBRE A CONSTITUCIONALIDADE

A Constituição de 1988 manteve a convivência entre os sistemas incidental-difuso (presente entre nós desde 1890) e principal-concentrado (consagrado no Brasil definitivamente apenas com a Emenda Constitucional n.º 16, de 1965) de controle de constitucionalidade. Porém, no regime pós-88, tornou-se muito nítida a tendência de se privilegiar o controle principal-concentrado em detrimento do modelo incidental-difuso, e a tese da nulidade do ato inconstitucional, tão propalada pelos constitucionalistas pátrios desde a República, começou a ser posta em xeque com maior frequência. É o que será visto nos itens a seguir.

5.1. O SISTEMA INCIDENTAL-DIFUSO

Quanto a esse sistema de controle de constitucionalidade, a Constituição de 1988 não trouxe em seu texto grandes novidades. Ao lado do recurso extraordinário, a ser manejado nas causas decididas em única ou última instância, quando a decisão recorrida contrariar a Constituição, declarar a inconstitucionalidade de lei federal ou tratado ou a constitucionalidade de lei ou ato de governo local impugnado em face da Constituição (art. 102, III, *a*, *b* e *c*),[1], figuram também o *habeas corpus* (art. 5.°, LXVIII) e o mandado de segurança (individual ou coletivo, art. 5.°, LXIX e LXX) como instrumentos constitucionais hábeis para a proteção de direitos contra atos inconstitucionais, bem como a ação popular, destinada a anular ato lesivo ao patrimônio público, à moralidade administrativa, ao meio ambiente e ao patrimônio histórico e cultural (art. 5.°, LXXIII), e a ação civil pública, cujo objetivo é a proteção do patrimônio público e social, do meio ambiente e de outros interesses difusos e coletivos (art. 129, III). A regra do *full bench* foi mantida, estando prevista no art. 97, e a competência do Senado para suspender no todo ou em parte a execução de lei declarada inconstitucional por decisão definitiva do Supremo Tribunal Federal também se fez presente no art. 52, X.

Como visto anteriormente, a fiscalização da constitucionalidade pelo sistema incidental-difuso ocorre no exercício normal da atividade típica do Poder Judiciário. A questão sobre a constitucionalidade de um ato não é o objeto principal do processo. Na verdade, ela surge como uma questão prejudicial[2] para a resolução de um litígio entre as partes, como um antecedente lógico da decisão da causa. Assim, diante de um caso concreto em que pareçam ser aplicáveis duas normas conflitantes, uma constitucional e outra

---

[1] A alínea *d*, acrescentada pela Emenda Constitucional n.º 45, não foi aqui mencionada por não dizer respeito propriamente ao controle de constitucionalidade.

[2] "As questões prejudiciais, portanto, são questões (pontos de fato ou de direito controvertidos) que constituem antecedente lógico para o conhecimento da pretensão do autor, mas que não são decididas pelo juiz da causa, mas, incidentalmente, resolvidas por ele, porque sobre elas ninguém pede decisão específica do magistrado, já que não compõem o bojo do pedido formulado pelo autor – e o juiz somente pode proferir sentença, que seja efetivamente de mérito, acolhendo ou rejeitando, no todo ou em parte, o pedido formulado pelo autor (art. 459, caput, primeira parte, do CPC." (MARINONI, Luiz Guilherme; ARENHART, Sérgio Cruz. ***Curso de processo civil***. 6. ed. São Paulo: RT, 2007. v. 2 (Processo de Conhecimento). p. 154).

infraconstitucional, deve o juiz deixar de aplicar a norma de hierarquia inferior e, a partir daí, decidir a controvérsia a ele submetida.

A questão de constitucionalidade pode ser conhecida pelo juízo mediante provocação das partes, de terceiros intervenientes, do Ministério Público atuando como fiscal da lei, ou mesmo pelo próprio julgador, de ofício,[3] quando isso for necessário[4] para o deslinde da causa.[5]

É possível perceber que, em nosso ordenamento, os juízes de primeira instância acabam possuindo uma liberdade maior que a dos tribunais para pronunciar a inconstitucionalidade, afinal, estes últimos devem, normalmente, respeitar a regra do *full bench*, segundo a qual "somente pelo voto da maioria absoluta de seus membros ou dos membros do respectivo órgão especial poderão os tribunais declarar a inconstitucionalidade de lei ou ato normativo do Poder Público."[6]

Nesse ponto, tornam-se necessárias algumas observações sobre a aplicação de tal regra no controle difuso.

Em primeiro lugar, recorde-se, com Bittencourt, que, embora por ocasião da introdução do *full bench* no direito brasileiro (art. 179 da Constituição de 1934) tenham surgido dúvidas sobre a manu-

---

[3] Certamente, a regra do conhecimento de ofício, válida para juízes e tribunais em geral, não parece valer da mesma forma para o Supremo Tribunal Federal, tendo-se em conta a exigência de pré-questionamento para conhecimento do recurso extraordinário (Súmula STF n.º 282: "É inadmissível o recurso extraordinário, quando não ventilada, na decisão recorrida, a questão federal suscitada.").

[4] Há precedentes do Supremo Tribunal Federal no sentido de que a corte, como guardiã última da Constituição, quando provocada, pode se pronunciar em sede incidental sobre a questão de constitucionalidade ainda que isso não seja necessário para a solução do caso concreto. Cf. MS n.º 20.505/DF, rel. Min. Néri da Silveira, 2.ª Turma, j. 30.10.1985; RE n.º 102.553/DF, rel. Min. Francisco Rezek, Tribunal Pleno, j. 21.8.1986; SE-AgRg n.º 5.206, rel. Min. Sepúlveda Pertence, Tribunal Pleno, j. 12.12.2001; AO n.º 499, rel. Min. Maurício Corrêa, Tribunal Pleno, j. 21.8.2002.

[5] Cf. BARROSO, Luís Roberto. ***O controle de constitucionalidade no direito brasileiro***. 2. ed. São Paulo: Saraiva, 2006. p. 78.

[6] Ibidem, p. 83.

tenção da possibilidade de declaração de inconstitucionalidade por juízes singulares, acabou prevalecendo a posição segundo a qual tal regra em nada afeta os poderes dos juízes de primeiro grau.[7]

Em segundo lugar, deve-se ressaltar que estão sujeitas ao *full bench* tanto a declaração de inconstitucionalidade expressa quanto a tácita, esta última ocorrendo quando um tribunal, sem pronunciar a inconstitucionalidade de uma lei, afasta sua aplicação assumindo implicitamente sua inconstitucionalidade,[8] o mesmo valendo para quando a Corte utiliza a declaração de inconstitucionalidade sem redução do texto, afastando a aplicação de uma determinada interpretação da norma, sem, contudo, declarar o texto inconstitucional.[9] E, como é óbvio pela própria redação do art. 97, não há necessidade de remessa da causa ao plenário caso o órgão fracionário considere constitucional a norma sob exame. De mesmo modo, a pronúncia

---

[7] BITTENCOURT, C. A. Lúcio. ***O contrôle jurisdicional da constitucionalidade das leis***. 2. ed. Rio de Janeiro: Forense, 1968. p. 36-37.

[8] Cf. RE n.º 179170, rel. Min. Moreira Alves, 1.ª Turma, j. 9/6/1998, assim ementado: "Controle difuso de constitucionalidade de norma jurídica. Art. 97 da Constituição Federal – A declaração de inconstitucionalidade de norma jurídica *incidenter tantum*, e, portanto, por meio do controle difuso de constitucionalidade, é o pressuposto para o Juiz, ou o Tribunal, no caso concreto, afastar a aplicação da norma tida como inconstitucional. Por isso, não se pode pretender, como o faz o acórdão recorrido, que não há declaração de inconstitucionalidade de uma norma jurídica *incidenter tantum* quando o acórdão não a declara inconstitucional, mas afasta a sua aplicação, porque tida como inconstitucional. Ora, em se tratando de inconstitucionalidade de norma jurídica a ser declarada em controle difuso por Tribunal, só pode declará-la, em face do disposto no artigo 97 da Constituição, o Plenário dele ou seu Órgão Especial, onde este houver, pelo voto da maioria absoluta dos membros de um ou de outro. No caso, não se observou esse dispositivo constitucional. Recurso extraordinário conhecido e provido." No mesmo sentido, RE-AgRg n.º 240.096, rel. Min. Sepúlveda Pertence, 1.ª Turma, j. 30/3/1999.

[9] Nesse sentido, cf. MENDES, Gilmar Ferreira; COELHO, Inocêncio Mártires; BRANCO, Paulo Gustavo Gonet. ***Curso de Direito Constitucional***. São Paulo: Saraiva, 2007. p. 1019.

da não recepção de direito pré-constitucional não precisa obedecer à maioria qualificada, pois, segundo a jurisprudência do Supremo Tribunal Federal, não implica juízo de inconstitucionalidade.[10]

Por fim, é de se ver que, nos termos do art. 481, parágrafo único, do CPC (introduzido pela Lei n.º 9.756, de 1998), os órgãos fracionários dos tribunais não estarão sujeitos ao *full bench* na hipótese de a questão de constitucionalidade ter sido resolvida anteriormente pelo plenário ou pelo próprio Supremo Tribunal Federal.

5.1.1. Declaração de nulidade e efeitos temporais

Conforme exposto no capítulo 3, de acordo com a concepção de Marshall, o ato contrário à Constituição é absolutamente nulo, de nenhum efeito:

> *[...] a legislative act contrary to the constitution is not law; [...] Certainly all those who have framed written constitutions contemplate them as forming the fundamental and paramount law of the nation, and, consequently, the theory of every such government must be, that an act of the legislature, repugnant to the constitution, is void.*

E se, como se viu, o modelo de *judicial review* norte-americano foi importado para o Brasil no início do período republicano sob a inspiração de Rui Barbosa, o mesmo ocorreu com a tese da nulidade do ato inconstitucional. De fato, pode-se encontrar nos escritos de Rui Barbosa a defesa da nulidade dos atos contrários à Constituição:

> Onde se estabelece uma Constituição, com delimitação da autoridade para cada um dos grandes poderes do Estado, claro é que estes não podem ultrapassar essa autoridade, sem incorrer em incompetência, o que em direito equivale a cair em nulidade.[11]

---

[10] Cf. BARROSO, Luís Roberto. ***O controle de constitucionalidade no direito brasileiro***. 2. ed. São Paulo: Saraiva, 2006. p. 85, especialmente nota 21.

[11] BARBOSA, Rui. ***Atos inconstitucionais***. 2. ed. Campinas: Russel, 2004. p. 40.

> Toda medida legislativa, ou executiva, que desrespeitar precedentes constitucionais, é, de sua essência, nula.[12]

Ainda segundo Rui Barbosa, ao se depararem com uma lei inconstitucional, os juízes deveriam, à semelhança do que defendia Marshall, deixar de aplicá-la ao caso concreto:

> Os tribunais só revogam sentenças de tribunais. O que eles fazem aos atos inconstitucionais de outros poderes é coisa tecnicamente diversa. Não os revogam, desconhecem-nos. Deixam-nos subsistir no corpo das leis, ou dos atos do Executivo; mas a cada indivíduo, por eles agravado, que vem requerer contra eles proteção, ou reparação, que demanda a manutenção de um direito ameaçado, ou a restituição de um direito extorquido, a cada litigante, que usa, com esse fim, do meio judicial, os magistrados, em homenagem à lei, violada pelo governo, ou à Constituição, violada pelo Congresso, têm obrigação de ouvir, e deferir.[13]

Os ensinamentos da influente figura de Rui Barbosa repercutiram na doutrina pátria e foram acatados por autores como Alfredo Buzaid, que peremptoriamente afirmava:

> Sempre se entendeu entre nós, de conformidade com a lição dos constitucionalistas norte-americanos, que tôda lei, adversa à Constituição, é absolutamente nula; não simplesmente anulável. A eiva de inconstitucionalidade a atinge no berço, fere-a *ab initio*.
> [...]
> Lei inconstitucional é, portanto, lei inválida, lei absolutamente nula. A sentença que decreta a inconstitucionalidade, é predominantemente declaratória, não predominantemente constitutiva.

---

[12] BARBOSA, Rui. Os actos inconstitucionaes do Congresso e do Executivo ante a justiça federal, 1893, p. 47 apud BARROSO, Luís Roberto. ***O controle de constitucionalidade no direito brasileiro***. 2. ed. São Paulo: Saraiva, 2006. p. 18.

[13] BARBOSA, Rui. ***Atos inconstitucionais***. 2. ed. Campinas: Russel, 2004. p. 83.

> A nulidade fere-a *ab initio*. Embora executória até o pronunciamento definitivo do poder judiciário, a sentença retroage seus efeitos até o berço da lei, valendo, pois, *ex tunc*. O poder judiciário não modifica o estado da lei, considerando nulo o que inicialmente era válido. Limita-se a declarar a invalidade da lei, isto é, declara-a natimorta.[14]

E a jurisprudência, como não poderia deixar de ser, também acolheu a tese da nulidade:

> Declarada a inconstitucionalidade de certo tributo, não há como defender validade de pagamentos anteriormente feitos, a pretexto de haverem sido espontaneamente pagos. Se o imposto é inconstitucional, o vício ataca-o na origem, sendo nulo o pagamento feito em razão dele.
> (STF, RE n.º 33146, rel. Min. Afrânio Costa, 2.ª turma, j. 28.01.1958)

> A suspensão da vigência da lei por inconstitucionalidade torna sem efeitos todos os atos praticados sob o império da lei inconstitucional. Contudo, a nulidade da decisão judicial transitada em julgado só pode ser declarada por via de ação rescisória, sendo impróprio o mandado de segurança. Aplicação da Súmula 430. Recurso desprovido.
> (STF, RMS n.º 17976 / SP, rel. Min. Amaral Santos, j. 13.9.1968)

Vê-se, assim, que, durante muito tempo, os atos inconstitucionais foram encarados pelos constitucionalistas pátrios como absolutamente nulos, de nenhum efeito, sendo a decisão da questão de constitucionalidade no caso concreto uma mera declaração de uma nulidade pré-existente, o que implicaria, necessariamente, a desconstituição de todos os efeitos produzidos sob sua égide, inclusive com a possibilidade de ajuizamento de ação rescisória a fim de rever

---

[14] Buzaid, Alfredo. ***Da ação direta de declaração de inconstitucionalidade no direito brasileiro***. São Paulo: Saraiva, 1958. p. 128 e 132.

sentenças transitadas em julgado.[15] Caso se admitisse o contrário, nas palavras de Alfredo Buzaid, "se chegaria à conclusão verdadeiramente paradoxal de que a validade da lei *si et in quantum* tem a virtude de ab-rogar o dispositivo constitucional violado; ou, em outros termos, considerar-se-iam válidos atos praticados sob o império de uma lei nula".[16]

Tal posicionamento, embora dominante, não era unânime. No campo doutrinário, tornou-se famosa a dissensão de Lúcio Bittencourt, que afirmava:

> Da mesma sorte as relações jurídicas que se constituírem, de boa-fé, à sombra da lei não ficam sumariamente canceladas em consequência do reconhecimento da inconstitucionalidade, nem a coisa soberanamente julgada perde, por esse motivo, os efeitos que lhe asseguram a imutabilidade. [...]
> É manifesto, porém, que essa doutrina da ineficácia *ab initio* da lei inconstitucional não pode ser entendida em termos absolutos, pois que os efeitos de fato que a norma produziu não podem ser suprimidos, sumariamente, por simples obra de um decreto judiciário.[17]

Em sentido semelhante, em voto proferido no RE n.º 79343/BA, de 1977, o então Min. Leitão de Abreu asseverou que "a lei inconstitucional é um fato eficaz, ao menos antes da determinação da inconstitucionalidade, podendo ter consequências que não é lícito ignorar. A tutela da boa fé exige que, em determinadas circunstâncias, notadamente quando, sob a lei ainda não declarada inconstitucional, se estabeleceram relações entre o particular e o poder público, apure-se, prudencialmente, até que ponto a retroatividade da decisão, que decreta a inconstitucionalidade, pode atingir, pre-

---

[15] Ibidem p. 138.

[16] Idem.

[17] BITTENCOURT, C. A. Lúcio. ***O controle jurisdicional da constitucionalidade das leis***. 2. ed. Rio de Janeiro: Forense, 1968. p. 147-148.

judicando, o agente que teve por legítimo o ato e, fundado nele, operou na presunção de que estava procedendo sob o amparo do direito objetivo."

A preocupação de Bittencourt e do Min. Leitão de Abreu tinha razão de ser: com o tempo, passaram a ser levadas ao Judiciário cada vez mais causas em que a desconstituição de atos e efeitos produzidos sob a égide de uma lei inconstitucional se mostrava significativamente mais problemática. Clèmerson Clève,[18] Elival da Silva Ramos[19] e Luís Roberto Barroso[20] apontam diversas oportunidades em que as Cortes (e em especial o Supremo Tribunal Federal) viram-se diante da necessidade de temperar a sanção de nulidade absoluta, tais como: não desfazimento de atos praticados por funcionários nomeados com base em lei inconstitucional (teoria da aparência e do funcionário de fato); desnecessidade de restituição dos vencimentos recebidos por funcionário de fato; preservação da coisa julgada, exceto nos casos em que cabível a ação rescisória ou a revisão criminal; inexigibilidade de restituição de vencimentos pagos a maior em virtude de lei inconstitucional, até o momento da pronúncia da inconstitucionalidade; desnecessidade de devolução de valores pagos a particular que, de boa fé, manteve contrato com a Administração Pública.

Em pesquisa realizada entre os julgados do Supremo Tribunal Federal anteriores à Lei n.º 9.868/99, pôde-se constatar que, salvo melhor juízo, a única das hipóteses anteriormente mencionadas que realmente parecia contar com um respaldo mais firme e estável da corte no exercício do controle incidental-difuso era aquela relacionada

---

[18] Clève, Clèmerson Merlin. ***A fiscalização abstrata da constitucionalidade no direito brasileiro.*** 2. ed. São Paulo: Revista dos Tribunais, 2000. p. 249-255.

[19] Ramos, Elival da Silva. ***A inconstitucionalidade das leis: vício e sanção.*** São Paulo: Saraiva, 1994. p. 128-130.

[20] Barroso, Luís Roberto. ***O controle de constitucionalidade no direito brasileiro***. 2. ed. São Paulo: Saraiva, 2006. p. 21-22.

ao "funcionário de fato".[21] No entanto, isso não impede se reconhecer que, antes mesmo da década de 1990, o Supremo Tribunal Federal, em algum grau, já admitia a atenuação dos efeitos das decisões de inconstitucionalidade proferidas incidentalmente. Veja-se:

> Oficiais de Justiça – Exercício de suas funções por agentes do Executivo. I. Mesmo declarada a inconstitucionalidade da lei que colocou agentes do Executivo à disposição dos juízes, para exercício das funções de oficiais de justiça, esses serventuários não são usurpadores, mas funcionários do Estado com defeito de competência. II. Se o Direito reconhece a validade dos atos até de funcionários de fato, estranhos aos quadros do pessoal público, com maior razão há de reconhecê-la se praticados por agentes do Estado no exercício daquelas atribuições por força de lei, que veio ser declarada inconstitucional. III. É válida a penhora feita por agentes do Executivo, sob as ordens dos juízes, nos termos da Lei Estadual de São Paulo, s/n, de 3.12.1971, mormente se nenhum prejuízo disso adveio para o executado.
> (STF, RE n.° 79628 / SP, rel. Min. Aliomar Baleeiro, 1.ª Turma, j. 22/10/1974)
> Administrativo. Funcionário de fato. Investidura baseada em norma posteriormente declarada inconstitucional. A nulidade não envolve uma das fases de ato complexo, de mera execução de ordem legítima, com a sua consequência normal e rotineira. Aparência de legalidade e inexistência de prejuízo. [...]
> (STF, RE n.° 78533 / SP, rel. Min. Firmino Paz, 2.ª Turma, j. 13/11/1981)

---

[21] É comum na doutrina a referência também à inexigibilidade de restituição de vencimentos pagos a maior em virtude de lei julgada inconstitucional. No entanto, tal menção parece estar fundada em um julgado isolado, o RE n.º 122.202, de 1994, o qual, por sinal, foi alvo de críticas precisas de Gilmar Ferreira Mendes. (A nulidade da lei inconstitucional e seus efeitos: considerações sobre a decisão do STF proferida no RE 122.202. **Revista Trimestral de Direito Público**. São Paulo: Malheiros, n. 12, p. 19-27, 1995.).

Note-se que essa espécie de relativização da tese da nulidade absoluta pôde ser observada em sede de controle incidental-difuso, modelo no qual, em virtude do seu típico efeito *inter partes* (ver item a seguir), a desconstituição de situações surgidas sob a égide de um ato inconstitucional possui um "custo político" potencialmente menor do que aquele das decisões proferidas em controle abstrato, a que se atribuem efeitos *erga omnes*.

Assim, como se vê, antes da introdução em nosso direito positivo da modulação dos efeitos temporais da decisão de inconstitucionalidade no controle principal-concentrado (art. 27 da Lei n.º 9.868/99), o STF, em sede de controle incidental-difuso, já vinha flexibilizando, por assim dizer, a sanção de nulidade.

Tais precedentes, somados ao crescente volume e complexidade de situações concretas em que o desfazimento de atos e efeitos se mostrava delicado, contribuíram para que, quando da edição da Lei n.º 9.868/99 (a qual será estudada com mais vagar no tópico relativo ao controle principal-concentrado), o cenário jurídico e político nacional fossem bastante propícios à defesa da possibilidade de aplicação da modulação prevista no art. 27 da mencionada lei também ao controle incidental-difuso.

E de fato não tardou para que o Supremo Tribunal Federal declarasse explicitamente que poderia manipular os efeitos temporais das decisões de inconstitucionalidade proferidas em sede incidental. Por ocasião do julgamento do RE n.º 197.917/SP, que versava sobre a constitucionalidade da Lei Orgânica do Município de Mira-Estrela (SP) no tocante à fixação do número de vereadores, a Corte deixou assente que, em situações excepcionais, de modo a garantir a segurança jurídica, a decisão de inconstitucionalidade em controle concreto poderia produzir efeitos apenas para o futuro, sendo que o voto do Min. Gilmar Ferreira Mendes menciona expressamente a possibilidade de aplicação da limitação prevista no art. 27 da Lei n.º 9.868/99 ao controle incidental-difuso. Confira-se:

> Recurso extraordinário. Municípios. Câmara de Vereadores. Composição. Autonomia municipal. Limites constitucionais. Número de vereadores proporcional à população. CF, artigo 29, IV. Aplicação de critério aritmético rígido. Invocação dos princípios da isonomia e da razoabilidade. Incompatibilidade entre a população e número de vereadores. Inconstitucionalidade, *incidenter tantum*, da norma municipal. Efeitos para o futuro. Situação excepcional.
> [...]
> 7. Inconstitucionalidade, *incidenter tantun*, da lei local que fixou em 11 (onze) o número de Vereadores, dado que sua população de pouco mais de 2600 habitantes somente comporta 09 representantes. 8. Efeitos. Princípio da segurança jurídica. Situação excepcional em que a declaração de nulidade, com seus normais efeitos *ex tunc*, resultaria grave ameaça a todo o sistema legislativo vigente. Prevalência do interesse público para assegurar, em caráter de exceção, efeitos *pro futuro* **à declaração incidental de inconstitucionalidade. Recurso extraordinário conhecido e em parte provido.**

Trecho extraído do voto do Min. Gilmar Ferreira Mendes:

> Ressalte-se que não estou a discutir a constitucionalidade do art. 27 da Lei n.º 9.868, de 1999. Cuida-se aqui tão somente de examinar a possibilidade de aplicação da orientação nele contida no controle incidental de inconstitucionalidade.
> (RE n.º 197917 / SP, rel. Min. Maurício Corrêa, Tribunal Pleno, j. 6/6/2002)

Pouco tempo depois, o Informativo STF n.º 334/2003 noticiava que, na discussão da Reclamação n.º **2391/PR**, o tribunal mais uma vez se encaminhava para atribuir efeitos não retroativos a uma decisão em controle incidental:[22]

---

[22] A reclamação acabou sendo julgada prejudicada, por perda de objeto, conforme relata Gilmar Ferreira Mendes (MENDES, Gilmar Ferreira; COELHO,

Direito de Recorrer em Liberdade – 1
Retomado o julgamento de questão suscitada pelo Min. Cezar Peluso nos autos de medida cautelar em reclamação, em que se discute, em face do princípio da não culpabilidade, a constitucionalidade dos artigos 9.º da Lei 9.034/95 e 3.º da Lei 9.613/98 – art. 9.º: "o réu não poderá apelar em liberdade, nos crimes previstos nesta Lei"; art. 3.º: "os crimes disciplinados nesta Lei são insuscetíveis de fiança e liberdade provisória e, em caso de sentença condenatória, o juiz decidirá fundamentadamente se o réu poderá apelar em liberdade" – v. Informativos 320 e 323. O Min. Gilmar Mendes, acompanhando os votos proferidos pelos Ministros Marco Aurélio e Cezar Peluso, proferiu voto-vista no sentido da concessão do *habeas corpus* de ofício e declarou, incidentalmente, a inconstitucionalidade do art. 9.º da Lei 9.034/95, emprestando ao art. 3.º da Lei 9.613/98 interpretação conforme à Constituição, no sentido de que o juiz, na hipótese de sentença condenatória, fundamente sobre a existência ou não dos requisitos para a prisão cautelar. Prosseguindo em seu voto, o Min. Gilmar Mendes – tendo em conta o fato de que, na espécie, estar-se-ia revisando jurisprudência firmada pelo STF, amplamente divulgada e com inegáveis repercussões no plano material e processual –, admitindo a possibilidade da limitação dos efeitos da declaração de inconstitucionalidade prevista no art. 27 da Lei 9.868/99, em sede de controle difuso, emprestou à sua decisão efeitos *ex nunc* (Lei 9.868/99, art. 27: "Ao declarar a inconstitucionalidade de lei ou ato normativo, e tendo em vista razões de segurança jurídica ou de excepcional interesse social, poderá o Supremo Tribunal Federal, por maioria de dois terços de seus membros, restringir os efeitos daquela declaração ou decidir que ela só tenha eficácia a partir de seu trânsito em julgado ou de outro momento que venha a ser fixado").
Rcl 2391 MC / PR, rel. orig. Min. Marco Aurélio, rel. p/ o acórdão Min. Joaquim Barbosa, 18.12.2003. (Rcl-2391)

Inocêncio Mártires; BRANCO, Paulo Gustavo Gonet. ***Curso de Direito Constitucional***. São Paulo: Saraiva, 2007. p. 1046).

De modo semelhante, no julgamento do HC n.º 82959/SP, de 23.02.2006, a Corte novamente deixou claro que poderia limitar no tempo os efeitos da decisão de inconstitucionalidade. É o que se extrai das explicações que o Min. Marco Aurélio de Mello fez constar do julgamento:

> Senhor presidente, como relator, apenas ressalto que empresto à declaração de constitucionalidade eficácia *ex tunc* quanto às consequências penais, não o fazendo sob o ângulo patrimonial.
> (HC n.º 82959/SP, rel. Min. Marco Aurélio, Tribunal Pleno, j. 23.02.2006)

E é nesse contexto que Gilmar Ferreira Mendes, reconhecidamente um dos mais influentes ministros da atual composição do Supremo Tribunal Federal, assim se manifesta hoje, em sede doutrinária, sobre o tema:

> A declaração de inconstitucionalidade in concreto também se mostra passível de limitação de efeitos. A base constitucional dessa limitação – necessidade de outro princípio que justifique a não aplicação do princípio da nulidade – parece sugerir que, se aplicável, a declaração de inconstitucionalidade restrita revela-se abrangente do modelo de controle de constitucionalidade como um todo. É que, nesses casos, tal como já argumentado, o afastamento do princípio da nulidade da lei assenta-se em fundamentos constitucionais e não em razões de conveniência.[23]

5.1.2. O efeito *inter partes*

Como dito anteriormente, no controle incidental-difuso, a decisão da questão constitucional constitui uma questão prejudicial para o julgamento de um litígio.

---

[23] MENDES, Gilmar Ferreira; COELHO, Inocêncio Mártires; BRANCO, Paulo Gustavo Gonet. ***Curso de Direito Constitucional***. São Paulo: Saraiva, 2007. p. 1044.

E, sendo assim, pelo sistema processual vigente, a decisão sobre a constitucionalidade não projeta efeitos sobre outros sujeitos que não aqueles que foram partes no processo e, mesmo com relação a esses, não faz coisa julgada material.[24] É o que decorre dos arts. 469 e 472 do Código de Processo Civil:

> Art. 469. Não fazem coisa julgada:
> I – os motivos, ainda que importantes para determinar o alcance da parte dispositiva da sentença; [...]
> III – a apreciação da questão prejudicial, decidida incidentemente no processo.
>
> Art. 472. A sentença faz coisa julgada às partes entre as quais é dada, não beneficiando, nem prejudicando terceiros. Nas causas relativas ao estado de pessoa, se houverem sido citados no processo, em litisconsórcio necessário, todos os interessados, a sentença produz coisa julgada em relação a terceiros.

Como se vê, o problema dos efeitos subjetivos da decisão de inconstitucionalidade no controle incidental-difuso, num primeiro momento, parece mais simples do que aquele relativo aos efeitos temporais. No entanto, isso não corresponde à realidade. Conforme será exposto no item a seguir, os efeitos exclusivamente *inter partes* acabam gerando significativo comprometimento do valor da segurança jurídica. Ademais, do ponto de vista processual, também é polêmica a questão da admissibilidade do exercício do controle

---

[24] Coisa julgada material, segundo José Marcelo Menezes Vigliar, é a qualidade da sentença (de mérito) de "tornar imutável o comando que emerge de sua parte dispositiva" (VIGLIAR, José Marcelo Menezes. In: MARCATO, Antonio Carlos (coord.). ***Código de processo civil interpretado***. 2. ed. São Paulo: Atlas, 2005. p. 1484). Desse modo, é possível que a questão sobre a constitucionalidade de uma lei, mesmo já tendo sido decidida em determinado processo, possa ser rediscutida, pelas mesmas partes, em outro processo com objeto distinto daquele primeiro.

incidental de constitucionalidade em sede de ação popular e de ação civil pública.

Quanto à ação popular, a posição do Supremo Tribunal Federal firmou-se no sentido de que o objeto da mesma não pode ser a anulação direta de uma lei, mas apenas de determinados atos administrativos praticados com base nela, de modo que a decisão sobre a inconstitucionalidade assume o caráter de mera questão prejudicial.[25]

No que tange à ação civil pública, é conhecida a controvérsia sobre a possibilidade do exercício do controle de constitucionalidade incidental no seu bojo.

---

25 Cf. AO-QO 506 / AC, rel. Min. Sydney Sanches, Tribunal Pleno, j. 6/5/1998, de cuja ementa se extraem os seguintes trechos: "2. A Ação Popular é cabível, já que objetiva a suspensão definitiva do pagamento da Gratificação de Nível Superior e a consequente condenação dos beneficiários à devolução de todas as quantias recebidas, devidamente corrigidas. [...] 6. A base normativa atual para o pagamento da Gratificação de Nível Universitário aos Magistrados do Estado do Acre é o Ato n.º 143/89, de 20 de julho de 1989, baixado pelo então Presidente do Tribunal de Justiça. 7. O caráter normativo desse Ato é indiscutível, pois reinstitui a antiga e já extinta Gratificação de Nível Universitário para todos os Magistrados do Acre, não se tratando, aí, de ato puramente administrativo, praticado na apreciação de requerimento de qualquer interessado. Tendo caráter normativo, não poderia ele ser impugnado em Ação Popular, mas, sim, em Ação Direta de Inconstitucionalidade, ou, incidentalmente, na propositura da Ação Popular, como um dos fundamentos desta. E é o que ocorre, no caso, pois o autor não objetiva a declaração de nulidade ou de inconstitucionalidade do Ato n.º 143/89, de 20.07.1989, da Presidência do Tribunal de Justiça do Estado, mas, sim, a suspensão dos atos administrativos consistentes nos pagamentos dos valores correspondentes à vantagem reinstituída pelo ato normativo. E isso por considerar inconstitucional e ilegal a reinstituição da gratificação, pelo ato normativo referido. [...] 14. Diante de todas essas circunstâncias, não se pode negar a plausibilidade jurídica da Ação Popular, que visa, em primeiro lugar, à sustação do pagamento da Gratificação de Nível Superior aos Magistrados ativos e inativos do Estado do Acre e, em seguida, à restituição do que tiverem recebido a esse título, nos últimos cinco anos."

A corrente contrária a tal possibilidade, encabeçada por Gilmar Ferreira Mendes, argumenta que a ação civil pública afasta-se da noção de "processo subjetivo", pois sua "parte" ativa não visa à defesa de interesse próprio, mas a proteção do interesse público; a decisão proferida em ação civil pública possui, nos termos do art. 16 da Lei n.º 7.347/85, efeitos *erga omnes*, de modo que, se no seu âmbito for declarada a inconstitucionalidade de uma norma, os efeitos de tal decisão serão em tudo semelhantes àqueles das decisões das ações diretas de inconstitucionalidade, o que implicaria usurpação de competência do Supremo Tribunal Federal e violação das regras relativas à legitimidade para a provocação do controle abstrato; ainda que a parte autora tente inserir algum objeto concreto na ação civil pública, sempre que a mesma se fundar na inconstitucionalidade de uma norma, tal questão acabará por se tornar a principal, o objeto, por assim dizer, do processo, especialmente se for levado em conta que a legitimidade da parte autora não se funda na necessidade de tutela de uma situação concreta, mas, amplamente, na defesa do interesse público.[26]

De outro lado, autores como Barroso[27] e Palu[28] argumentam que a ação civil pública não é um processo sem partes que tem por finalidade somente a defesa do interesse público, havendo vários interesses subjetivos envolvidos no feito, afastando sua caracterização como "processo objetivo"; na ação popular, cuja decisão também produz efeitos *erga omnes*, admite-se o exercício do controle de constitucionalidade incidental; na ação civil pública são decididas outras questões além da constitucionalidade de um ato, que é apenas uma questão prejudicial, uma causa de pedir e não um pedido

---

[26] Cf. Mendes, Gilmar Ferreira; Coelho, Inocêncio Mártires; Branco, Paulo Gustavo Gonet. ***Curso de Direito Constitucional***. São Paulo: Saraiva, 2007. p. 1038-1040.

[27] Cf. Barroso, Luís Roberto. ***O Direito Constitucional e a efetividade de suas normas***. 4. ed. Rio de Janeiro: Renovar, 2000. p. 234-242.

[28] Cf. Palu, Oswaldo Luiz. ***Controle de constitucionalidade: conceitos, sistemas e efeitos***. 2. ed. São Paulo: Revista dos Tribunais, 2001. p. 280-283.

propriamente dito; a existência de uma decisão em ação civil pública não obsta que o Supremo Tribunal Federal, em sede de controle abstrato, decida de modo contrário no que tange à questão de constitucionalidade.

Defrontado com essa questão na Reclamação n.º 434 / SP, de 1994, o Supremo Tribunal Federal ordenou o arquivamento de ações civis públicas em que não eram discutidas situações concretas, mas a própria validade de uma lei. Na oportunidade, o relator, Min. Francisco Rezek, consignou que:

> o objeto precípuo das ações em curso na 2.ª e 3.ª varas da Fazenda Pública da comarca de São Paulo é, ainda que de forma dissimulada, a declaração de inconstitucionalidade da lei estadual em face da Carta da República. (...) Dessa forma, não se configura nenhum litígio, nenhum caso concreto que sirva de base à declaração incidental de inconstitucionalidade pela competência difusa do juiz de primeiro grau. Resulta claro que o controle direto de constitucionalidade foi repassado ao juízo monocrático estadual, em óbvia usurpação da competência concentrada desta casa.

Já nas Reclamações n.os 600/SP e 602-6/SP, de 1997, a Corte rejeitou a tese da usurpação de competência, asseverando que seria possível identificar ações civis públicas que não têm por objeto a própria declaração de inconstitucionalidade, sendo essa então uma mera questão prejudicial surgida num processo entre partes individualizadas em litígio acerca de uma situação concreta.[29]

---

[29] Confira-se a ementa da Reclamação n.º 600/SP, rel. Min. Néri da Silveira: "Reclamação. 2. Ação civil pública contra instituição bancária, objetivando a condenação da ré ao pagamento da 'diferença entre a inflação do mês de março de 1990, apurada pelo IBGE, e o índice aplicado para crédito nas cadernetas de poupança, com vencimento entre 14 a 30 de abril de 1990, mais juros de 0,5% ao mês, correção sobre o saldo, devendo o valor a ser pago a cada um fixar-se em liquidação de sentença'. 3. Ação julgada procedente em ambas as instâncias, havendo sido interpostos recursos

especial e extraordinário. 4. Reclamação em que se sustenta que o acórdão da Corte reclamada, ao manter a sentença, estabeleceu 'uma inconstitucionalidade no plano nacional, em relação a alguns aspectos da Lei n.º 8024/1990, que somente ao Supremo Tribunal Federal caberia decretar'. 5. Não se trata de hipótese suscetível de confronto com o precedente da Corte na Reclamação n.º 434-1 – SP, onde se fazia inequívoco que o objetivo da ação civil pública era declarar a inconstitucionalidade da Lei n.º 7.844/1992, do Estado de São Paulo. 6. No caso concreto, diferentemente, a ação objetiva relação jurídica decorrente de contrato expressamente identificado, a qual estaria sendo alcançada por norma legal subsequente, cuja aplicação levaria a ferir direito subjetivo dos substituídos. 7. Na ação civil pública, ora em julgamento, dá-se controle de constitucionalidade da Lei n.º 8024/1990, por via difusa. Mesmo admitindo que a decisão em exame afasta a incidência de Lei que seria aplicável à hipótese concreta, por ferir direito adquirido e ato jurídico perfeito, certo está que o acórdão respectivo não fica imune ao controle do Supremo Tribunal Federal, desde logo, à vista do art. 102, III, letra b, da Lei Maior, eis que decisão definitiva de Corte local terá reconhecido a inconstitucionalidade de lei federal, ao dirimir determinado conflito de interesses. Manifesta-se, dessa maneira, a convivência dos dois sistemas de controle de constitucionalidade: a mesma lei federal ou estadual poderá ter declarada sua invalidade, quer, em abstrato, na via concentrada, originariamente, pelo STF (CF, art. 102, I, a), quer na via difusa, *incidenter tantum*, ao ensejo do desate de controvérsia, na defesa de direitos subjetivos de partes interessadas, afastando-se sua incidência no caso concreto em julgamento. 8. Nas ações coletivas, não se nega, à evidência, também, a possibilidade da declaração de inconstitucionalidade, *incidenter tantum*, de lei ou ato normativo federal ou local. 9. A eficácia *erga omnes* da decisão, na ação civil pública, ut art. 16, da Lei n.º 7347/1997, não subtrai o julgado do controle das instâncias superiores, inclusive do STF. No caso concreto, por exemplo, já se interpôs recurso extraordinário, relativamente ao qual, em situações graves, é viável emprestar-se, ademais, efeito suspensivo. 10. Em reclamação, onde sustentada a usurpação, pela Corte local, de competência do Supremo Tribunal Federal, não cabe, em tese, discutir em torno da eficácia da sentença na ação civil pública (Lei nº 7347/1985, art. 16), o que poderá, entretanto, constituir, eventualmente, tema do recurso extraordinário. 11. Reclamação julgada improcedente, cassando-se a liminar."
(Rcl n.º 600/SP, rel. Min. Néri da Silveira, Tribunal Pleno, j. 3/9/1997)

Por fim, mais recentemente, na Reclamação n.º 2.460/RJ, de 2004, o tribunal determinou a suspensão de ações civis públicas que tinham como causa de pedir a inconstitucionalidade de uma norma que estava sendo objeto de julgamento em ação direta de inconstitucionalidade. E a motivação adotada não envolveu a tese da usurpação de competência, mas a necessidade de se evitar o trânsito em julgado das referidas ações civis, de modo a não se esvaziar o julgamento da ação direta então em curso.[30]

A nosso ver, a defesa irrestrita da possibilidade de realização de controle incidental em sede de ação civil pública sofre de um defeito de foco. A avaliação da viabilidade do exercício do controle

---

No mesmo sentido a Reclamação n.º 602/SP, rel. Min. Ilmar Galvão: "Reclamação. Decisão que, em ação civil pública, condenou instituição bancária a complementar os rendimentos de caderneta de poupança de seus correntistas, com base em índice até então vigente, após afastar a aplicação da norma que o havia reduzido, por considerá-la incompatível com a Constituição. Alegada usurpação da competência do Supremo Tribunal Federal, prevista no art. 102, I, a, da CF. Improcedência da alegação, tendo em vista tratar-se de ação ajuizada, entre partes contratantes, na persecução de bem jurídico concreto, individual e perfeitamente definido, de ordem patrimonial, objetivo que jamais poderia ser alcançado pelo reclamado em sede de controle *in abstracto* de ato normativo. Quadro em que não sobra espaço para falar em invasão, pela Corte reclamada, da jurisdição concentrada privativa do Supremo Tribunal Federal. Improcedência da reclamação." (Rcl n.º 602/SP, rel. Min. Ilmar Galvão, Tribunal Pleno, j. 3/9/1997)

[30] Confira-se o seguinte trecho do extrato da ata de julgamento: "O Tribunal, por maioria, negou referendo à decisão concessiva de liminar e determinou a suspensão, com eficácia *ex nunc*, das ações civis públicas ora em curso na 6.ª Vara Federal do Rio de Janeiro, de n.º 2003.510.1011662-9; na 4.ª Vara Federal de Niterói, de n.º 2003.510.2001865-3; na Vara Federal de Resende, de n.º 2002.510.9000475-4; na 1.ª Vara Federal de Petrópolis, de nº 2003.510.6000234-6; e na 7.ª Vara da Fazenda Pública da Capital do Estado do Rio de Janeiro, de n.º 2003.001.106509-0, mantida a tutela antecipada nelas deferida, tendo em vista a existência de tramitação de ação direta de inconstitucionalidade perante esta Corte, cujo objeto discute a validade constitucional de norma impugnada nas respectivas ações (...)". (Rcl-MC 2460/RJ, rel. Min. Marco Aurélio, Tribunal Pleno, j. 10/3/2004).

incidental nessa sede não parece depender tanto do fato de a ação civil pública ser ou não um processo objetivo, ou de nela se buscar somente o interesse público ou de a questão de constitucionalidade ser apenas um pressuposto lógico para o ataque a determinadas situações concretas. Salvo melhor juízo, o ponto nevrálgico da questão envolve os efeitos produzidos pela sentença.

Sim, porque, em muitos casos, especialmente naqueles em que se objetiva a imposição de uma obrigação de não fazer, a ação civil pública, com seus efeitos *erga omnes*, esvazia totalmente a eficácia jurídica de uma lei. Imagine-se, por exemplo, a hipótese de uma ação civil pública visando impor a uma autoridade a obrigação de se abster de celebrar determinado tipo de contrato administrativo previsto em uma lei que só dispõe sobre esse tema. Aqui, vê-se claramente que uma decisão de procedência do pedido equivaleria, em tudo, a uma decisão proferida em uma eventual ação direta de inconstitucionalidade, o que implicaria, sem dúvida, usurpação de competência do Supremo Tribunal Federal. De outro lado, não haveria que se falar em esvaziamento da lei caso o objeto da mencionada ação civil pública fosse a anulação de apenas um determinado contrato administrativo.

A questão é extremamente espinhosa e seu equacionamento, salvo melhor juízo, parece realmente depender de uma análise casuística que leve em conta não apenas a petição inicial formulada pelo autor, mas, em especial, os possíveis efeitos do julgamento do feito. Caso decorra de tal julgamento o total esvaziamento da eficácia da lei, estaríamos diante de verdadeira usurpação de competência do Supremo Tribunal Federal[31]. Do contrário, afigurar-se-ia

---

[31] Luís Roberto Barroso afirma o contrário, mas, *data venia*, não apresenta argumentos jurídicos convincentes: "Vale dizer: sendo a parte, a causa de pedir e o pedido legítimos e bem fundados, o fato de eventualmente o efeito prático da decisão na ação civil pública coincidir com a declaração *erga omnes* de inconstitucionalidade não infirma o seu cabimento. Trata-se de uma coincidência, não de usurpação, dissimulação ou qualquer outro vício" (**O Direito Constitucional e a efetividade de suas normas**. 4. ed. Rio de Janeiro: Renovar, 2000. p. 240).

admissível, em princípio, a discussão da inconstitucionalidade incidentalmente.

5.1.3. A (in)segurança jurídica e o papel do Senado no controle de constitucionalidade

Já se expôs nesta obra que o sistema pátrio de controle de constitucionalidade, em seu surgimento, foi claramente inspirado no modelo norte-americano de *judicial review*.

No entanto, como era de se esperar, a transposição não foi perfeita. Conforme exposto anteriormente, o modelo norte-americano estava e ainda está assentado não somente na possibilidade de qualquer juiz verificar a validade de um ato em face da Constituição, mas também na regra não escrita do *stare decisis*, típica dos sistemas de *common law*, que garante de certo modo estabilidade e racionalidade ao controle difuso de constitucionalidade na medida em que os juízes das instâncias inferiores devem observar as decisões das cortes superiores (dimensão vertical do *stare decisis*).

No Brasil, entretanto, a ampla distribuição de competência para a realização do controle de constitucionalidade não foi acompanhada da implantação de uma regra semelhante à do *stare decisis*, estranha aos sistemas de *civil Law*. E, em pouco tempo, essa omissão deixou evidente o problema relacionado à falta de uniformidade das decisões sobre constitucionalidade, comprometendo-se, como consequência, o valor da segurança jurídica. Isso porque sempre se considerou que as decisões proferidas pelo Supremo Tribunal Federal no exercício da fiscalização incidental da constitucionalidade possuem efeitos apenas *inter partes*, permitindo que, mesmo as questões de direito já resolvidas e pacificadas pela mais alta Corte, voltassem a ser decididas de forma diversa pelos juízos hierarquicamente inferiores.

Com a Constituição de 1934, realizou-se uma tentativa muito original de equacionar esse problema, aumentando-se a estabilidade do sistema brasileiro de controle de constitucionalidade. A pretendida solução consistia na atribuição ao Senado da competência para "suspender a execução, no todo ou em parte, de qualquer lei ou ato, deliberação ou regulamento, quando hajam sido declarados inconstitucionais pelo Poder Judiciário" (art. 91, IV). Com isso, as decisões proferidas pelo Supremo Tribunal poderiam, com a intervenção do Senado, passar a ter efeitos gerais, *erga omnes*.

Nos anos seguintes à introdução do instituto, que foi também incorporado à Constituição de 1946 e mantida em todas as Constituições seguintes (inclusive na atual, estando inserido no art. 52, X),[32] houve significativa polêmica sobre algumas questões.

Em primeiro lugar, questionou-se se tal atribuição do Senado seria um poder ou um dever, ou seja, se, uma vez comunicado pelo Supremo Tribunal Federal de uma decisão de inconstitucionalidade, o Senado poderia optar por não suspender a execução da lei declarada inconstitucional. Acerca desse questionamento, os doutrinadores dividiram-se em três linhas básicas. A primeira corrente, encabeçada por Lucio Bittencourt, defendia que o Senado era absolutamente obrigado a "suspender" a lei declarada inconstitucional pelo Supremo Tribunal Federal, sendo que, na verdade, ele apenas daria publicidade à decisão de inconstitucionalidade:

> o ato do Senado, porém, não é optativo, mas deve ser baixado sempre que se verificar a hipótese prevista na Constituição: decisão definitiva do Supremo Tribunal Federal. Se o Senado não agir, nem por isso ficará afetada a eficácia da decisão, a qual continuará a produzir todos os seus efeitos regulares, que, de fato, independem da colaboração de qualquer dos outros poderes. O objetivo do art. 45, n.º IV da Constituição é apenas tornar pública a decisão do tribunal [...].[33]

---

[32] A suspensão deve ocorrer por meio de resolução a ser editada após o Senado tomar conhecimento da decisão do Supremo Tribunal Federal. Nesse sentido os atuais arts. 386 a 388, do Regimento Interno do Senado Federal, e 178, do Regimento Interno do Supremo Tribunal Federal.

[33] BITTENCOURT, C. A. Lúcio. **O controle jurisdicional da constitucionalidade das leis**. 2. ed. Rio de Janeiro: Forense, 1968. p. 145.

Numa posição intermediária, Buzaid sustentava que o Senado não seria simplesmente obrigado a dar publicidade à decisão do Supremo Tribunal Federal ("não se trata de operação ou ofício puramente mecânico que reduz o Senado a simples cartório de registro de inconstitucionalidade"), devendo analisar antes a observância de duas regras: se o controle de constitucionalidade foi exercido apenas *in casu* e não contra a lei em tese,[34] e se foi observada a reserva de plenário (*full bench*). Atendidos esses requisitos, o Senado então não poderia "recusar a suspensão, ainda sob a alegação de que a lei deva ser mantida por necessária ao bem-estar do povo, ou à defesa do interêsse nacional".[35] Por fim, conforme relatam Ferrari[36] e Mendes,[37] autores como Baleeiro, Leal, Brossard, Cavalcanti e Mello defendiam que o Senado poderia optar pela suspensão ou não da execução da lei declarada inconstitucional pelo Supremo Tribunal Federal, exercendo um juízo de oportunidade que evitaria eventuais sobressaltos decorrentes das oscilações da opinião da corte sobre determinado tema.

E foi justamente essa última posição que acabou predominando no Supremo Tribunal Federal desde o julgamento do MS n.º 16.512 / DF, de 1966, relatado pelo Min. Oswaldo Trigueiro. Confira-se o seguinte trecho do voto do Min. Victor Nunes:

---

[34] A obra consultada é de 1958, anterior à Emenda Constitucional n.º 16/65, o que explica a menção dessa regra pelo autor.

[35] Buzaid, Alfredo. ***Da ação direta de declaração de inconstitucionalidade no direito brasileiro***. São Paulo: Saraiva, 1958. p. 89. No mesmo sentido, a posição de Zeno Veloso (***Controle jurisdicional de constitucionalidade***. 2. ed. Belo Horizonte: Del Rey, 2000. p. 57-58), bem como a de Manoel Gonçalves Ferreira Filho, não muito depois da edição da Constituição de 1988 (***Comentários à Constituição Brasileira de 1988***. São Paulo: Saraiva, 1992. v. 2. p. 41).

[36] Cf. Ferrari, Regina Maria Macedo Nery. ***Efeitos da declaração de inconstitucionalidade***. 5. ed. São Paulo: Revista dos Tribunais, 2004. p. 202.

[37] Cf. Mendes, Gilmar Ferreira; Coelho, Inocêncio Mártires; Branco, Paulo Gustavo Gonet. ***Curso de Direito Constitucional***. São Paulo: Saraiva, 2007. p. 1026.

> A Constituição não deu ao Senado, no art. 64, o poder de vetar parcialmente as decisões do Supremo Tribunal. Por isso ele suspenderá no todo ou em parte a lei, consoante o Tribunal houver declarado a lei inconstitucional no todo ou em parte. Mas o Senado terá o seu próprio critério de conveniência e oportunidade para praticar o ato de suspensão. Se uma questão foi aqui decidida por maioria escassa e novos Ministros são nomeados, como há pouco aconteceu, é de todo razoável que o Senado aguarde novo pronunciamento antes de suspender a lei. Mesmo porque não há sanção específica nem prazo certo para o Senado se manifestar.

Ademais, conforme relata Luís Roberto Barroso, o próprio Senado vem pondo em prática a tese de que sua competência é discricionária e não vinculada, tendo ele, por vezes, deixado de suspender a execução de ato declarado inconstitucional pelo Supremo Tribunal Federal.[38]

Ainda dentro do tema da discricionariedade do Senado, é digna de nota a questão de saber se a casa pode suspender apenas em parte a execução de uma lei declarada inteiramente inconstitucional pelo Supremo Tribunal Federal. Apesar do entendimento em sentido contrário manifestado pelo Min. Victor Nunes no trecho anteriormente transcrito e adotado por Mendes[39] e Veloso,[40] a melhor posição parece ser a de Clève,[41] segundo o qual "não está o Senado impedido de suspender a execução de parte apenas de uma lei declarada, por inteiro, inconstitucional pelo Supremo Tribunal Federal". Além do argumento apresentado pelo professor paranaense,

---

[38] Cf. BARROSO, Luís Roberto. ***O controle de constitucionalidade no direito brasileiro***. 2. ed. São Paulo: Saraiva, 2006. p. 110, especialmente nota 81.

[39] Cf. MENDES; COELHO; BRANCO, op. cit., p. 1029.

[40] VELOSO, Zeno. ***Controle jurisdicional de constitucionalidade***. 2. ed. Belo Horizonte: Del Rey, 2000. p. 59.

[41] Cf. CLÈVE, Clèmerson Merlin. ***A fiscalização abstrata da constitucionalidade no direito brasileiro***. 2. ed. São Paulo: RT, 2000. p. 121.

baseando-se na obra de Michel Temer (a expressão "no todo ou em parte" utilizada no atual art. 52, X, da Constituição Federal teria significado semelhante àquela constante do art. 66, §1.°, que trata do veto presidencial), é de se reconhecer que seria de certo modo incoerente admitir que o Senado pode optar por não suspender a execução de nenhuma parte de uma lei declarada totalmente inconstitucional pelo Supremo Tribunal Federal, mas não lhe permitir a suspensão da execução de apenas um dispositivo constante de tal lei.

A segunda questão relevante no que toca ao papel do Senado no controle de constitucionalidade diz respeito à eficácia da resolução que suspende a aplicação da lei: seria ela *ex tunc* ou *ex nunc*? Aqui, a divergência doutrinária também é grande. De um lado, autores como Barroso,[42] Clève,[43] Mendes[44] e Veloso[45] defendem que a suspensão da eficácia pelo Senado opera retroativamente, mantendo-se a coerência com a tese da nulidade do ato inconstitucional. De outra ponta, Moraes,[46] Ferrari[47] e Silva[48] preconizam que o efeito da suspensão é *ex nunc*, pois a perda retroativa da eficácia ficaria confinada apenas ao caso concreto, sendo que a lei manteria sua eficácia geral até o ato do Senado, que se assemelharia à revogação. A despeito

---

42 Cf. BARROSO, Luís Roberto. ***O controle de constitucionalidade no direito brasileiro***. 2. ed. São Paulo: Saraiva, 2006. p. 111.

43 Cf. CLÈVE, Clèmerson Merlin. ***A fiscalização abstrata da constitucionalidade no direito brasileiro***. 2. ed. São Paulo: Revista dos Tribunais, 2000. p. 122-124.

44 Cf. MENDES, Gilmar Ferreira; COELHO, Inocêncio Mártires; BRANCO, Paulo Gustavo Gonet. ***Curso de Direito Constitucional***. São Paulo: Saraiva, 2007. p. 1026-1029.

45 Cf. VELOSO, Zeno. ***Controle jurisdicional de constitucionalidade***. 2. ed. Belo Horizonte: Del Rey, 2000. p. 60.

46 Cf. MORAES, Alexandre de. ***Direito Constitucional***. 19. ed. São Paulo: Atlas, 2006. p. 651.

47 Cf. FERRARI, Regina Maria Macedo Nery. ***Efeitos da declaração de inconstitucionalidade***. 5. ed. São Paulo: Revista dos Tribunais, 2004. p. 205.

48 SILVA, José Afonso da. ***Curso de Direito Constitucional Positivo***. 29. ed. São Paulo: Malheiros, 2007. p 54.

dos argumentos dessa segunda corrente, ainda prevalece no Supremo Tribunal Federal a antiga posição firmada no RMS n.º 17976 / SP, de 1968, segundo a qual mesmo a suspensão da execução do ato normativo pelo Senado opera retroativamente:

> A suspensão da vigência da lei por inconstitucionalidade torna sem efeito [sic] todos os atos praticados sob o império da lei inconstitucional. Contudo, a nulidade da decisão judicial transitada em julgado só pode ser declarada por via de ação rescisória, sendo impróprio o mandado de segurança. Aplicação da Súmula 430. Recurso desprovido.
> (RMS n.º 17976 / SP, rel. Min. Amaral Santos, 3.ª Turma, j. 13/9/1968)

Em terceiro lugar, deve-se mencionar que, a partir da instituição definitiva do controle de constitucionalidade pela via concentrada no Brasil, com a Emenda Constitucional n.º 16/65, indagou-se se também na ação direta de inconstitucionalidade seria necessária a resolução do Senado para que a decisão do Supremo Tribunal Federal adquirisse efeitos *erga omnes*. Inicialmente, como relata Mendes,[49] a Corte entendeu que, mesmo no controle concentrado, seria necessária a participação do Senado. No entanto, esse posicionamento foi alterado a partir de meados dos anos 1970,[50]

---

[49] Cf. MENDES, Gilmar Ferreira. A nulidade da lei inconstitucional e seus efeitos: considerações sobre a decisão do STF proferida no RE 122.202. ***Revista Trimestral de Direito Público***. São Paulo: Malheiros, n. 12, p. 21, 1995.

[50] Gilmar Ferreira Mendes identifica como ponto de ruptura a aprovação, pelo Supremo Tribunal Federal, de parecer do Min. Rodrigues Alckmin, em 1974, anotando o autor que, em 1977, o Presidente do STF determinou a cessação do envio de comunicações ao Senado para fins de suspensão da execução de ato declarado inconstitucional no controle abstrato (***Jurisdição constitucional***. 3. ed. São Paulo: Saraiva, 1999. p. 259, nota 13). Mencionando apenas o ano de 1977, Cf. CLÈVE, Clèmerson Merlin. ***A fiscalização abstrata da constitucionalidade no direito brasileiro***. 2. ed. São Paulo: RT, 2000. p. 117.

até por uma questão de coerência em relação ao modelo concentrado de controle de constitucionalidade, restringindo-se o instituto da suspensão pelo Senado aos casos de inconstitucionalidade declarada pela via incidental. Essa orientação permanece inalterada até os dias de hoje, tendo sido inclusive incorporada ao Regimento Interno do tribunal, que, em seu art. 178, dispõe que "declarada, *incidentalmente*, a inconstitucionalidade, na forma prevista nos arts. 176 e 177, far-se-á comunicação, logo após a decisão, à autoridade ou órgão interessado, bem como, depois do trânsito em julgado, ao Senado Federal" (grifo nosso).

Por fim, ressalte-se que apesar das variações de redação ao longo das várias Constituições, que ora falavam em suspensão da aplicação de "qualquer lei, ou ato, deliberação ou regulamento" (Constituição de 1934) ora em "lei ou decreto" (Constituições de 1946 e 1967/69), ora apenas em "lei" (Constituição de 1988), o entendimento pacífico hoje na doutrina e adotado pelo próprio Senado[51] é de que o ato cuja execução se suspende pode ser federal, estadual e municipal, e não apenas lei em sentido estrito, mas qualquer ato normativo declarado inconstitucional pelo Supremo Tribunal em sede de controle incidental.[52]

Pois bem, apresentadas tais questões, cumpre, a esta altura, fazer algumas observações sobre o significado atual da suspensão da execução de atos normativos pelo Senado.

Como se sabe, desde a introdução do instituto em nosso ordenamento jurídico o sistema brasileiro de controle de constitucionalidade passou por diversas alterações. A mais importante dentre elas foi certamente a crescente ênfase dada ao modelo concentrado, inicialmente

---

[51] Cf. CLÈVE, Clèmerson Merlin. ***A fiscalização abstrata da constitucionalidade no direito brasileiro***. 2. ed. São Paulo: RT, 2000. p. 120.

[52] Cf. MENDES, Gilmar Ferreira; COELHO, Inocêncio Mártires; BRANCO, Paulo Gustavo Gonet. ***Curso de Direito Constitucional***. São Paulo: Saraiva, 2007. p. 1029; CLÈVE, op. cit., p. 118-120; BARROSO, Luís Roberto. ***O controle de constitucionalidade no direito brasileiro***. 2. ed. São Paulo: Saraiva, 2006. p. 111.

por meio da Emenda n.º 16/65, posteriormente por meio da Constituição de 1988, da Emenda n.º 3/93 e, mais recentemente, pelas Leis n.ºs 9.868 e 9.882, de 1999. Tamanho o vulto dessas alterações que alguns autores, como Veloso,[53] Palu,[54] Barroso[55] e Clève,[56] defendem uma alteração constitucional destinada a eliminar a participação do Senado no controle incidental de constitucionalidade. Outros, como Mendes,[57] chegam mesmo a sustentar que a figura da suspensão da execução do ato inconstitucional pelo Senado teria sofrido uma mutação constitucional, a qual teria transformado a competência do Senado em mera formalidade destinada a dar publicidade às decisões proferidas pelo Supremo Tribunal Federal no controle incidental.

---

[53] Em sua obra **Controle jurisdicional de constitucionalidade**, cuja 2.ª edição data de 2000, o autor já escrevia que "não há razão para manter em nosso Direito Constitucional legislado a norma do art. 52, X, da Constituição Federal, originária da Carta de 1934, quando só havia o controle incidental, e o princípio da separação dos poderes se baseava em critérios e valores absolutamente ultrapassados, ancorados numa velha e rígida concepção oitocentista. Uma reforma é necessária, para que se estabeleça, de uma vez por todas, que as decisões do Supremo Tribunal Federal, no controle de constitucionalidade, por qualquer de suas vias, sejam finais e definitivas, tenham eficácia *erga omnes* e efeito vinculante." (Belo Horizonte: Del Rey, 2000. p. 58). No artigo intitulado "O Senado precisa ser retirado do controle difuso de constitucionalidade" (publicado em **Cadernos de Direito**, v. 5, n. 8/9, p. 157-179, jan./dez. de 2005), derivado de uma conferência realizada na Faculdade de Direito de Lisboa, a convite do Instituto Pimenta Bueno, o autor mantém essa posição e aprofunda seus argumentos.

[54] Cf. PALU, Oswaldo Luiz. ***Controle de constitucionalidade: conceitos, sistemas e efeitos***. 2. ed. São Paulo: Revista dos Tribunais, 2001. p. 149-153.

[55] Cf. BARROSO, Luís Roberto. *O Controle de constitucionalidade no direito brasileiro.* 2ª ed. São Paulo: Saraiva, 2006. p. 111.

[56] CLÈVE, Clèmerson Merlin. *A fiscalização abstrata da constitucionalidade no direito brasileiro.* 2ª ed. São Paulo: Revista dos Tribunais, 2000. p. 124-125.

[57] Cf. MENDES, Gilmar Ferreira; COELHO, Inocêncio Mártires; BRANCO, Paulo Gustavo Gonet. *Curso de Direito Constitucional.* São Paulo: Saraiva, 2007. p. 1032-1037.

Em breve resumo, os argumentos apresentados pelos críticos[58] da concepção substantiva[59] dessa atribuição do Senado são os seguintes: a ampliação dos legitimados para a propositura de ADIn e a celeridade de seu rito, que inclui até a possibilidade de suspensão liminar da eficácia de uma lei, reforçaram o sistema abstrato, quase esvaziando o modelo incidental e tornando muitas vezes desnecessária a intervenção do Senado, pois as questões constitucionais de maior repercussão passaram a ser solucionadas antes no sistema principal, com efeitos *erga omnes*; uma vez que se reconhece que o Supremo Tribunal Federal pode suspender liminarmente em ADIn a eficácia de uma norma, com mais razão ainda sua decisão definitiva, ainda que em sede de controle incidental, deveria ter efeitos *erga omnes* por si só; a suspensão pelo Senado não confere suficiente estabilidade ao sistema, na medida em que é inadequada nos casos em que a decisão do Supremo Tribunal declara não a inconstitucionalidade da norma, mas estabelece qual a interpretação

---

58 Importante, neste ponto, ressaltar a posição de Sérgio Resende de Barros, para quem a competência conferida ao Senado pelo art. 52, X, da Constituição Federal, é discricionária e, mais importante que isso, potencialmente positiva para o sistema pátrio de controle de constitucionalidade, pelos motivos sintetizados a seguir: (i) as funções clássicas do Senado, de representação e moderação, trariam ao controle de constitucionalidade pátrio um matiz mais democrático (ii) a atuação do Senado preservaria entre nós o postulado da separação dos poderes, vez que a decisão sobre a generalidade dos efeitos de uma declaração de inconstitucionalidade de um ato normativo (algo próximo da revogação do próprio ato), caberia a um órgão legislativo. (*Função do Senado no Controle de Constitucionalidade*, disponível em http://www.srbarros.com.br/artigos.php?TextID=24 , acesso em 01/02/2008)

59 É esse o termo que Gilmar Ferreira Mendes usa para designar a interpretação segundo a qual a intervenção do Senado não teria o objetivo de apenas dar publicidade à decisão do Supremo Tribunal Federal, mas, antes, conferiria ela própria efeitos gerais a tal decisão, sendo que a atuação do Senado seria discricionária (Cf. MENDES, Gilmar Ferreira; COELHO, Inocêncio Mártires; BRANCO, Paulo Gustavo Gonet. *Curso de Direito Constitucional*. São Paulo: Saraiva, 2007. p. 1028 e 1034).

constitucionalmente correta da mesma, ou nos casos de interpretação conforme a Constituição ou de declaração de inconstitucionalidade parcial sem redução de texto, pois, nessas hipóteses, *não se trata de afastar a incidência da norma, mas tão somente de um ou alguns de seus significados ou mesmo de se fixar uma determinada interpretação compatível com a Constituição; também não seria possível a atuação do Senado nos casos em que o STF rejeita a* arguição de inconstitucionalidade, ou nos casos de declaração de recepção ou não de lei anterior à Constituição; a interpretação segundo a qual o Senado poderia optar por suspender ou não o ato normativo declarado inconstitucional pelo Supremo Tribunal Federal acaba infirmando a tese da nulidade do ato inconstitucional, supostamente prestigiada pelo ordenamento pátrio; a faculdade conferida pela Lei n.º 8.038/90 ao relator de um processo para negar seguimento a um recurso que contrarie Súmula do STF ou do STJ, bem como a disposição do Código de Processo Civil (art. 557, § 1.º-A, acrescentado pela Lei n.º 9.756, de 1998) que autoriza o relator a dar provimento ao recurso nos casos em que a decisão recorrida estiver em manifesto confronto com súmula ou com a jurisprudência dominante do Supremo Tribunal Federal, também já conferem, de certa forma, generalidade às decisões proferidas em controle incidental, sem a necessidade de qualquer manifestação do Senado; o sistema processual pátrio já admite em alguma medida uma equiparação dos efeitos das decisões proferidas no controle concreto e no abstrato, o que é demonstrado pela desnecessidade de observância da regra do *full bench* nos Tribunais naqueles casos em que já houve pronunciamento do STF ou dos respectivos plenários (art. 481, parágrafo único, do CPC); no que tange ao controle difuso de leis municipais, a jurisprudência do STF, com base no art. 557, § 1.º-A, do Código de Processo Civil, também vem conferindo generalidade aos seus julgamentos, na medida em que reconhece a transcendência dos fundamentos determinantes das decisões, superando-se assim a necessidade de observância da regra do *full bench* para a declaração de inconstitucionalidade de leis com conteúdos idênticos, mas de municípios diversos; em ações coletivas como a ação civil pública e o mandado de segurança coletivo é praticamente inútil a intervenção do Senado, vez que as decisões nelas proferidas possuem, por si sós, efeitos muitas vezes gerais; por fim, a possibilidade de o Supremo Tribunal Federal editar súmulas vinculantes (art. 103-A, da Constituição Federal), introduzida pela Emenda Constitucional n.º 45, parece ter definitivamente esvaziado o papel do Senado no controle de constitucionalidade, já que a própria Corte pode agora conferir efeitos gerais aos seus julgados proferidos no controle incidental, não mais dependendo de resolução daquela casa do Poder Legislativo.[60]

Como dito anteriormente, é com base nesses argumentos que atualmente se critica o disposto no art. 52, X, da Constituição Federal, assinalando-se o seu obsoletismo e o seu fracasso em, ao longo do tempo, conferir ao sistema incidental-difuso de controle de constitucionalidade a tão desejada estabilidade. Indo além dessa crítica, Mendes, Coelho e Branco, invocando a ideia de "mutação constitucional",[61] defendem uma releitura da competência do Senado para a suspensão da execução de ato declarado inconstitucional pelo Supremo Tribunal Federal. Confira:

> Parece legítimo entender que a fórmula relativa à suspensão de execução da lei pelo Senado Federal há de ter simples efeito de publicidade. Dessa forma, se o Supremo Tribunal Federal, em sede de controle incidental, chegar à conclusão, de modo definitivo, de que a lei é inconstitucional, essa decisão terá efeitos gerais, fazendo-se a comunicação ao Senado Federal para que publique a

---

[60] Cf. MENDES, Gilmar Ferreira; COELHO, Inocêncio Mártires; BRANCO, Paulo Gustavo Gonet. ***Curso de Direito Constitucional***. São Paulo: Saraiva, 2007. p. 1025 e 1037.

[61] "[...] as mutações constitucionais nada mais são que as alterações semânticas dos preceitos da Constituição, em decorrência de modificações no prisma histórico-social ou fático-axiológico em que se concretiza a sua aplicação, tal qual nos ensina Miguel Reale [...]" (MENDES; COELHO; BRANCO, op. cit., p. 123).

> decisão no Diário do Congresso. Tal como assente, não é (mais) a decisão do Senado que confere eficácia geral ao julgamento do Supremo. A própria decisão da Corte contém essa força normativa. Parece evidente ser essa a orientação implícita nas diversas decisões judiciais e legislativas acima referidas. Assim, o Senado não terá a faculdade de publicar ou não a decisão, uma vez que não cuida de decisão substantiva, mas de simples dever de publicação, tal como reconhecido a outros órgãos políticos em alguns sistemas constitucionais (Constituição austríaca, art. 140, 5, publicação a cargo do Chanceler Federal, a Lei Orgânica da Corte Constitucional Alemã, art. 31, 2, publicação a cargo do Ministro da Justiça). A não publicação não terá o condão de impedir que a decisão do Supremo assuma a sua real eficácia.[62]

Com a devida vênia, a nosso ver, tal interpretação não parece ser a mais adequada à luz de nosso ordenamento jurídico.

Em primeiro lugar, a função de "cartório de registro de decisões de inconstitucionalidade"[63] não parece condizer em nada com a dignidade constitucional do Senado Federal. Simplesmente, não haveria necessidade de o constituinte de 1988 manter o mecanismo complexo estabelecido no art. 52, X, caso o papel reservado ao Senado fosse o de comumente conferir publicidade a uma decisão do Supremo Tribunal Federal.

Em segundo lugar, uma coisa é admitir que as alterações pelas quais o sistema brasileiro de controle de constitucionalidade passou desde 1934 tornaram obsoleto o instituto da suspensão da execução de um ato normativo pelo Senado. Outra coisa, completamente diversa, é afirmar que desse obsoletismo decorre uma mudança dos efeitos atribuídos pelo ordenamento jurídico como um todo às

---

62 Cf. Mendes, Gilmar Ferreira; Coelho, Inocêncio Mártires; Branco, Paulo Gustavo Gonet. ***Curso de Direito Constitucional***. São Paulo: Saraiva, 2007. p. 1037.

63 A expressão é de Alfredo Buzaid (***Da ação direta de declaração de inconstitucionalidade no direito brasileiro***. São Paulo: Saraiva, 1958. p. 89).

decisões proferidas pelo Supremo Tribunal Federal no exercício do controle incidental-concreto. De fato, é forçoso reconhecer que absolutamente nenhuma norma no Direito Positivo brasileiro confere efeitos *erga omnes* automáticos às decisões proferidas pelo Supremo no controle incidental. Aliás, muito pelo contrário, pois todas as alterações legislativas e jurisprudenciais mencionadas pelo autor apresentaram-se como tentativas de conferir maior estabilidade ao controle de constitucionalidade pátrio e nenhuma dessas tentativas gozou de respaldo político suficiente a ponto de permitir uma alteração legislativa[64] expressa no sentido de conferir efeitos *erga omnes* automáticos às decisões do Supremo Tribunal Federal em controle incidental de constitucionalidade. E, sem isso, salvo melhor juízo, não é possível admitir uma alteração tão radical quanto a pretendida por Mendes.

Por fim, cabe aqui a consideração de que a admissão da mutação constitucional como processo informal de modificação da Constituição pode parecer benigna no que concerne à progressiva ampliação do âmbito dos direitos fundamentais. Contudo, no que toca à redefinição da extensão dos poderes conferidos ao Judiciário, o qual, diferentemente do Legislativo e do Executivo, não é composto mediante sufrágio popular e possui pouca ou nenhuma responsabilidade política perante o corpo eleitoral,[65] a tese da

---

[64] E aqui cabe a discussão da questão de saber se a matéria referente aos efeitos das decisões de inconstitucionalidade possui ou não *status* constitucional, sendo essa primeira a corrente adotada pelo próprio Gilmar Ferreira Mendes (***Jurisdição Constitucional***. 3. ed. São Paulo: Saraiva, 1999. p. 264).

[65] E aqui a independência do Judiciário, essencial para a manutenção de um Estado de Direito, aparece como um grande óbice para a instituição de qualquer mecanismo de responsabilização política dos membros desse Poder. Ainda que se recorde que no ordenamento jurídico estadunidense existe a possibilidade de *impeachment*, pelo Legislativo, dos membros do Judiciário, não se pode olvidar que, ao longo de mais de 200 anos de história, a invocação unicamente política da cláusula do *good behavior* (artigo III, seção 1, da Constituição norte-americana) como fundamento para *impeachment*

mutação merece ser vista com maior cautela... Nesse ponto, a história norte-americana certamente nos relembra do valor *self restraint* do Poder Judiciário.

Independentemente da posição que se adote frente à interpretação inovadora de Mendes, parece ser possível concluir que, embora o equacionamento do problema da insegurança jurídica no sistema brasileiro de controle de constitucionalidade seja uma questão a ser resolvida preferencialmente pelo Poder Legislativo e pelo Poder Constituinte instituído de revisão, a inação desses acaba levando os operadores do Direito a, pelos meios que lhes estão disponíveis, tentar solucionar os diversos dilemas e desafios que lhes são apresentados no campo prático.

5.2. O SISTEMA PRINCIPAL-CONCENTRADO

Como visto no capítulo 4, os primeiros passos em direção à adoção de um sistema principal-concentrado de controle de constitucionalidade no Brasil foram dados pela Constituição de 1934, que instituiu a chamada representação interventiva, por meio da qual o Supremo Tribunal Federal, mediante provocação do Procurador-Geral da República, manifestava-se em caráter principal sobre a constitucionalidade de uma lei que decretasse a intervenção federal em um determinado Estado. E isso, indiretamente, implicava uma apreciação sobre a inconstitucionalidade do ato estadual tido como causa da intervenção.

Num momento seguinte, com o advento da Constituição de 1946, o instituto ganhou nova configuração, passando o próprio ato estadual a ser objeto de apreciação direta na representação. Conforme

---

de um juiz nunca foi bem sucedida. Nesse sentido, cf. SCHWARTZ, Bernard. ***Direito constitucional americano***. Rio de Janeiro: Forense, 1966. p. 172-173; CORWIN, Edward S.; PELTASON, Jack W. ***Understanding the Constitution***. 3. ed. New York: Holt, Rinehart and Winston, 1964. p. 93-94.

relata Mendes, Coelho e Branco, com essas novas vestes, a representação interventiva "teve ampla utilização no regime constitucional instituído em 1946".[66]

E foi na esteira de tais precedentes que, também sob o regime da Constituição de 1946, a Emenda Constitucional n.º 16, de 1965, instituiu definitivamente o controle de constitucionalidade principal -abstrato no Brasil, ao atribuir ao Supremo Tribunal Federal a competência para processar e julgar originariamente "a representação contra inconstitucionalidade de lei ou ato de natureza normativa, federal ou estadual, encaminhada pelo Procurador-Geral da República" (art. 101, I, alínea *k*, com nova redação). Assim, finalmente, desvinculou-se o controle de constitucionalidade exercido em via principal das hipóteses de intervenção federal, permitindo, de imediato, que todo o texto Constitucional se tornasse parâmetro para efeitos de controle principal-concentrado e, ao longo do tempo, que as decisões proferidas em sede de "representação genérica de inconstitucionalidade"[67] esvaziassem, por si mesmas, a eficácia do ato inconstitucional.[68]

---

[66] Cf. MENDES, Gilmar Ferreira; COELHO, Inocêncio Mártires; BRANCO, Paulo Gustavo Gonet. ***Curso de Direito Constitucional***. São Paulo: Saraiva, 2007. p. 990.

[67] Expressão utilizada nesta obra para designar a "representação contra inconstitucionalidade" mencionada no art. 101, I, alínea *k*, da Constituição de 1946, com redação dada pela Emenda Constitucional n.º 16/65 e posteriormente incorporada à Constituição de 1967/1969.

[68] Em primeiro lugar, relembre-se que, no caso da representação interventiva sob a égide da Constituição de 1946 (arts. 8.º e 13), cabia ao Congresso Nacional suspender a execução do ato estadual inconstitucional e, se necessário, decretar a intervenção federal. De acordo com a lição de Alfredo Buzaid: "Decretada a inconstitucionalidade, o Congresso suspenderá a execução do ato arguido, se essa medida bastar para o restabelecimento da normalidade no Estado (Const. Fed. Art. 13). De outro modo, decretará a intervenção, da qual o julgado do Supremo é a condição necessária e suficiente. (...) Assim, a intervenção é um ato complexo, que pressupõe pelo menos a colaboração de dois poderes: o judiciário e o legislativo.

A representação genérica de inconstitucionalidade foi mantida na Constituição de 1967 (art. 114, I, *l*) e na nova redação que lhe foi dada pela Emenda Constitucional n.º 1 de 1969 (art. 119, I, *l*). Outrossim, foi mantido o monopólio do Procurador-Geral da República para a propositura da mesma. Tal monopólio certamente retardou o processo de aumento da relevância do controle principal-concentrado em detrimento do incidental-difuso, na medida em que a maior abertura desse último assegurou sua predominância no cenário constitucional pré-1988, conforme relatam Mendes, Coelho e Branco.[69]

Esse quadro mudou a partir da edição da Constituição de 1988. A polêmica acerca da possibilidade de o Procurador-Geral da República se negar a formular a representação de inconstitucionalidade quando instado a tanto por um terceiro (ver item 4.6), surgida sob regime constitucional anterior, repercutiu também na Assembleia Constituinte.[70] O resultado foi a alteração do rol de legitimados para

---

Aquele decreta a inconstitucionalidade; este suspende a execução do ato, salvo se há necessidade de decretar a intervenção, a fim de restabelecer a normalidade, caso em que participa outro poder – o executivo –, nomeando interventor para torná-la efetiva." (***Da ação direta de declaração de inconstitucionalidade no direito brasileiro***. São Paulo: Saraiva, 1958. p. 107 e 118). Em segundo lugar, rememore-se que, conforme exposto no item 5.1.3, após o surgimento da representação de inconstitucionalidade genérica, em 1965, houve considerável polêmica sobre a necessidade de comunicação da decisão do Supremo Tribunal Federal ao Senado para que esse editasse resolução e conferisse efeitos *erga omnes* ao julgado. Contudo, a partir do julgamento do processo administrativo n.º 4.477-72, de 1977, firmou-se na corte o entendimento de que sua decisão na representação produziria, por si só, efeitos *erga omnes*, esvaziando a eficácia da lei sem a necessidade de resolução do Senado.

69 Cf. Mendes, Gilmar Ferreira; Coelho, Inocêncio Mártires; Branco, Paulo Gustavo Gonet. ***Curso de Direito Constitucional***. São Paulo: Saraiva, 2007. p. 1003.

70 Cf. MARTINS, Ives Gandra da Silva; MENDES, Gilmar Ferreira. ***Controle concentrado de constitucionalidade: comentários à Lei n. 9.868, de 10-11-1999***. São Paulo: Saraiva, 2001. p. 62.

a propositura da ação direta de inconstitucionalidade (denominação empregada pela Constituição de 1988, que abandonou o uso da expressão "representação contra inconstitucionalidade"): da legitimação exclusiva do Procurador-Geral da República, passou-se a admitir também a provocação do controle abstrato pelo Presidente da República, pela Mesa do Senado Federal, pela Mesa da Câmara dos Deputados, pela Mesa de Assembleia Legislativa ou da Câmara Legislativa do Distrito Federal, pelo Governador de Estado ou do Distrito Federal, pelo Conselho Federal da Ordem dos Advogados do Brasil, por partido político com representação no Congresso Nacional e, finalmente, por confederação sindical ou entidade de classe de âmbito nacional (art. 103 e incisos).

Essa ampliação de legitimidade foi decisiva para que, ao longo das décadas seguintes, o controle principal-concentrado sobrepujasse em importância (mas não em volume, obviamente) o controle incidental-difuso, vez que o primeiro, além de propiciar uma maior segurança jurídica, com decisões *erga omnes*, passou a ser muito mais acessível do que fora anteriormente, permitindo que, virtualmente, todas as questões constitucionais mais prementes fossem prontamente decididas *in abstracto* pelo Supremo Tribunal Federal, que não mais estava sujeito à provocação de uma única autoridade.[71]

Ao lado dessa expressiva novidade, a Constituição de 1988, inspirando-se na Constituição da República Portuguesa de 1976 (art. 283), introduziu em nosso ordenamento jurídico a ação direta de inconstitucionalidade por omissão (art. 103, §2.°), mecanismo destinado ao controle pela via principal-concentrada da omissão inconstitucional, fenômeno que, como visto no item 5.1.4, também poderia ser atacado pela via concreta do mandado de injunção.

Pode-se então perceber que nosso sistema de controle de constitucionalidade, que desde sua origem incorporou caracteres típicos do *judical review* norte-americano, passou por um perceptível processo de "europeização", privilegiando-se o pronunciamento do

---

[71] Ibidem.

Supremo Tribunal Federal *in abstracto* e enfatizando-se seu papel de guarda da ordem constitucional.[72] E é dentro desse contexto que, nos itens a seguir, serão analisados os efeitos das decisões proferidas em sede de controle principal-concentrado.

5.2.1. A coisa julgada

Quando se analisam os efeitos das decisões proferidas no controle incidental-difuso, já se refere à coisa julgada material como uma qualidade da sentença de mérito que torna imutável seu dispositivo. Na ocasião, essa definição singela foi suficiente para que se percebesse que a decisão da questão de constitucionalidade no controle incidental não se reveste de imutabilidade, sendo possível a aplicação da norma anteriormente tida por inconstitucional em outros casos submetidos àquele mesmo juiz ou a outros magistrados.

No estudo do controle pela via principal-concentrada, contudo, torna-se necessário maior aprofundamento do tema, a fim de que possam ser melhor compreendidos os institutos da eficácia *erga omnes* e do efeito vinculante.

A doutrina processualista costuma diferenciar a coisa julgada formal da coisa julgada material.

A expressão "coisa julgada formal" designa simplesmente a impossibilidade de, dentro de um mesmo processo, se alterar a sentença ou acórdão proferido, não havendo mais qualquer possibilidade de recurso ou outra impugnação processual. Trata-se da chamada "preclusão máxima" dentro de um determinado processo. Toda e

---

72 Nesse sentido, cf. FERREIRA FILHO, Manoel Gonçalves. O valor do ato inconstitucional em face do direito positivo brasileiro. ***Revista de Direito Administrativo***. Rio de Janeiro: Renovar, n. 230, out./dez. 2002. p. 222. Em sentido contrário, Elival da Silva Ramos entende exagerada a afirmação de que a modalidade dominante no sistema brasileiro de controle de constitucionalidade passou a ser a principal-concentrada (***Perspectivas de evolução do controle de constitucionalidade no Brasil***. São Paulo: 2005. p. 219).

qualquer sentença (ou acórdão), decida ela o mérito da causa ou não, é apta a fazer coisa julgada formal, dizendo-se então que a decisão "transitou em julgado".[73]

Conceito distinto é o de coisa julgada material, que pressupõe a existência de coisa julgada formal e designa a "imutabilidade dos efeitos substanciais da sentença de mérito",[74] essa última aqui entendida como a sentença que apresenta algum ou alguns dos conteúdos previstos no art. 269 do Código de Processo Civil. Veja-se: a coisa julgada material diz respeito à imutabilidade dos *efeitos* da parte dispositiva da sentença de mérito, não apenas do texto nela inscrito. Significa que a coisa julgada material possui eficácia não apenas dentro de um determinado processo, mas também fora dele. E, para que esses efeitos substanciais sejam preservados, é imperativo associar à coisa julgada material duas eficácias distintas: a preclusiva e a vinculativa, identificadas por Barroso com base na lição de Barbosa Moreira. A eficácia preclusiva implica a impossibilidade de reapreciação judicial (tanto pelo juízo prolator da decisão como por qualquer outro) da matéria constante da parte dispositiva do julgado. A eficácia vinculativa, por sua vez, "significa que a autoridade da coisa julgada deverá prevalecer na solução de qualquer lide que esteja logicamente subordinada à questão já resolvida. Por exemplo: assentada a relação de paternidade em uma demanda, não poderá o juiz, em posterior ação de alimentos, rejeitar o pedido com base na inexistência da relação".[75]

Assim, se na fiscalização de constitucionalidade pela via principal-concentrada a declaração de inconstitucionalidade (ou de constitucionalidade, a partir da Emenda Constitucional n.º 3/93) é o próprio objeto do processo, o trânsito em julgado das decisões de

---

[73] Dinamarco, Cândido Rangel. ***Instituições de Direito Processual Civil***. 2. ed. São Paulo: Malheiros, 2002. v. 3. p. 297.

[74] Ibidem, p. 301.

[75] Cf. Barroso, Luís Roberto. ***O controle de constitucionalidade no direito brasileiro***. 2. ed. São Paulo: Saraiva, 2006. p. 174.

mérito nessa sede acobertará com o manto da coisa julgada material a aludida declaração de inconstitucionalidade ou constitucionalidade.

Por hora, basta que sejam fixados os conceitos citados. No mais, a eficácia dita "vinculativa" da coisa julgada material aproxima-se muito do tema da eficácia *erga omnes*, que será objeto do próximo item, ao passo que a eficácia "preclusiva" dá margem à questão de saber se o Supremo Tribunal Federal poderia reapreciar em sede de controle principal-concentrado uma norma por ele já declarada constitucional ou inconstitucional, o que será discutido no item 5.2.7.

5.2.2. A ação direta de inconstitucionalidade: eficácia *erga omnes*

A fiscalização abstrata da constitucionalidade dos atos normativos, como se viu nesta obra, é fruto da construção doutrinária de Hans Kelsen, a qual, com as devidas adaptações, foi adotada parcialmente em diversos países europeus.

Nesse sistema abstrato de controle de constitucionalidade, o veículo utilizado ("representação" ou "ação direta") não se assemelha ao tradicional processo judicial em que dois sujeitos (autor e réu) colocam-se diante de um terceiro sujeito, imparcial (o juiz), para que esse decida uma controvérsia envolvendo um direito que uma delas postula em face da outra. Na lição de Martins e Mendes,[76] extraída da doutrina alemã e ecoada por vários outros autores pátrios,[77] trata-se

---

[76] Cf. MARTINS, Ives Gandra da Silva; MENDES, Gilmar Ferreira. ***Controle concentrado de constitucionalidade: comentários à Lei n. 9.868, de 10-11-1999***. São Paulo: Saraiva, 2001. p. 86-87.

[77] Cf. FERRARI, Regina Maria Macedo Nery. ***Efeitos da declaração de inconstitucionalidade***. 5. ed. São Paulo: Revista dos Tribunais, 2004. p. 221; VELOSO, Zeno. ***Controle jurisdicional de constitucionalidade***. 2. ed. Belo Horizonte: Del Rey, 2000. p. 61-62; BARROSO, Luís Roberto. ***Controle de constitucionalidade no Direito brasileiro***. 2. ed. São Paulo: Saraiva. 2006. p. 136; CLÈVE, Clèmerson Merlin. **A fiscalização abstrata da constitucionalidade no direito brasileiro**. 2. ed. São Paulo:

de processo objetivo, sem "partes" no sentido tradicional do termo: há apenas um requerente que se dirige a um tribunal (na Europa, a uma Corte Constitucional) objetivando a defesa da própria Constituição, e não a tutela de interesses ou situações subjetivas.

E, para que se alcance efetivamente o objetivo de defesa da ordem constitucional num modelo de controle de constitucionalidade pela via principal-concentrada, é imperativo que as decisões proferidas pela Corte encarregada de tal controle possuam efeitos que atinjam mesmo aqueles que não participaram do processo objetivo de fiscalização. Vale dizer, é preciso que as decisões possuam eficácia *erga omnes*, esvaziando-se, perante todos, a eficácia jurídica do ato normativo impugnado, o qual não poderá ser novamente aplicado a outros casos nem possuirá mais aptidão para reger situações concretas.[78]

Embora faça parte da própria lógica do modelo principal-concentrado, a eficácia *erga omnes* não foi mencionada expressamente no texto original da Constituição de 1988, assim como não o fora na Emenda Constitucional n.º 16/65 nem na Constituição de 1967/1969. Contudo, era pacífica no Supremo Tribunal Federal a orientação no sentido de que suas decisões na representação genérica de inconstitucionalidade (depois denominada constitucionalmente "ação direta de inconstitucionalidade") possuíam, por si

---

Revista dos Tribunais, 2000. p. 142; Palu, Oswaldo Luiz. ***Controle de constitucionalidade***. 2. ed. São Paulo: Revista dos Tribunais, 2001. p. 188; Ramos, Elival da Silva. ***Perspectivas de evolução do controle de constitucionalidade no Brasil***. São Paulo: 2005. p. 219.

78 É claro que, como visto no item 3.3.2, os diversos ordenamentos jurídicos adotam soluções distintas no que diz respeito ao alcance temporal dessa perda de eficácia. No entanto, vale aqui lembrar a recomendação de Kelsen acerca do tema: "Em todo caso, seria bom, no interesse da mesma segurança jurídica, não atribuir em princípio nenhum efeito retroativo à anulação das normas gerais, pelo menos no sentido de deixar subsistirem todos os atos jurídicos anteriormente produzidos com base na norma em questão" (***Jurisdição constitucional***. São Paulo: Martins Fontes, 2003. p. 171).

só, efeitos *erga omnes*. Como visto no item 5.1.3, tal entendimento prevalece desde, pelo menos, meados dos anos 1970, quando a própria corte passou a deixar de enviar comunicações ao Senado para fins de suspensão da execução de ato declarado inconstitucional em controle abstrato.

Ocorre que, até a edição da Emenda Constitucional n.º 3/93, que introduziu a ação declaratória de constitucionalidade e o chamado "efeito vinculante", o Supremo Tribunal Federal, a nosso ver, não extraiu da eficácia *erga omnes* todas as suas consequências.[79]

Explica-se.

Não se discute que o efeito *erga omnes* no controle abstrato de constitucionalidade tem o condão de conferir à parte dispositiva das decisões proferidas pelo órgão máximo encarregado de tal controle força obrigatória contra todos, mesmo contra aqueles que não participaram do "processo objetivo" (o qual, aliás, é repetidamente conceituado pela doutrina e pela jurisprudência como um processo sem partes e com objetivo de defesa da ordem constitucional).[80] E, se na parte dispositiva de uma ação direta de inconstitucionalidade o Supremo Tribunal Federal eventualmente declara que o artigo *x* da lei *y* é inconstitucional, significa que, adotada a tese da nulidade absoluta como sanção para o vício de inconstitucionalidade, a eficácia

---

[79] Acerca da eficácia *erga omnes*, Martins e Mendes, em 2001, já alertavam para o fato de que "não cuidou a doutrina brasileira até aqui de conferir ao termo em questão maior densidade teórica" (Cf. MARTINS, Ives Gandra da Silva; MENDES, Gilmar Ferreira. ***Controle concentrado de constitucionalidade: comentários à Lei n. 9.868, de 10-11-1999***. São Paulo: Saraiva, 2001. p. 326).

[80] Quem recomenda a generalização dos efeitos da decisão que pronuncia a inconstitucionalidade em sede abstrata é o próprio Kelsen: "Resulta de nossas explicações precedentes que, se quisermos que a Constituição seja garantida com eficácia, é necessário que o ato submetido ao controle do tribunal constitucional seja diretamente anulado por decisão própria, se considerado irregular. Essa decisão, mesmo se se referir a normas gerais – e é precisamente esse o caso principal –, deve ter força anulatória" (**op. cit.,** p. 170).

jurídica do artigo *x* resta fulminada com efeitos gerais, perante todos, não havendo mais que se falar na sua incidência sobre casos concretos e processos pendentes.[81]

Assim sendo, salvo melhor juízo, não parece haver razão jurídica suficiente para que a corte deixe de conhecer uma reclamação manejada por um determinado indivíduo contra uma decisão de um juízo de primeiro grau que aplique, no processo pendente, um dispositivo legal já declarado inconstitucional pelo Supremo Tribunal Federal em controle principal-concentrado. Ora, o fato de um juízo de hierarquia inferior aplicar norma declarada inconstitucional pelo Supremo em ADIn implica, inapelavelmente, frontal desrespeito à autoridade do julgado proferido em controle abstrato. E, em sendo assim, mostra-se perfeitamente cabível, ao menos em tese, o manejo da reclamação, nos termos dos artigos 102, I, *l*, da Constituição Federal e 13, da Lei n.º 8.038/90, a seguir reproduzidos:

> Art. 102. Compete ao Supremo Tribunal Federal, precipuamente, a guarda da Constituição, cabendo-lhe:
> I – processar e julgar, originariamente: [...]
> l) a reclamação para a preservação de sua competência e garantia da autoridade de suas decisões; [...]

> Art. 13. Para preservar a competência do Tribunal ou garantir a autoridade das suas decisões, caberá reclamação da parte interessada ou do Ministério Público.

Contudo, não foi esse o entendimento adotado pelo Supremo Tribunal Federal antes da Emenda Constitucional n.º 3/93. Os casos paradigmáticos para a compreensão da interpretação restritiva dada pela a corte são as Reclamações n.os 173 e 208, ambas de 1986.

---

[81] O raciocínio aqui expendido pressupõe, evidentemente, a ausência de modulação dos efeitos da decisão de inconstitucionalidade, tema esse que será objeto do item 5.2.4.

A Reclamação n.º 173 foi manejada pelo Procurador-Geral da República contra o Tribunal Superior do Trabalho em virtude do acolhimento, por esse último, em mandado de segurança, de pedido de servidores relacionado ao pagamento de adicional por tempo de serviço com base na Resolução n.º 104/81, editada pelo próprio TST. O Procurador-Geral da República sustentou a existência de afronta à autoridade da decisão do Supremo Tribunal na Representação de Inconstitucionalidade n.º 1129/DF, na qual o Tribunal reconheceu a inconstitucionalidade da referida resolução. A Corte se dividiu mesmo diante dessa hipótese de flagrante desrespeito à sua decisão anterior, mas, após votação apertada (6 votos a 5), a reclamação foi conhecida e provida. É relevante neste ponto destacar o seguinte trecho do voto do Ministro Néri da Silveira, que na ocasião votou com a maioria:

> [...] compreendo, permissa venia, que, em hipótese como a dos autos, assim caracterizada, não é possível deixar de reconhecer desprezo à autoridade da decisão deste Tribunal, em ordem a merecer reparo na via da reclamação. Há, no caso, identidade do órgão jurisdicional que foi Representado, na ação direta de inconstitucionalidade, a ponto de, desde logo, suspender os efeitos do ato normativo viciado. Em momento posterior, entretanto, em mandado de segurança, discutindo a mesma matéria, manteve a outorga da vantagem inconstitucional, aos então beneficiados pela Resolução cassada. Põe-se, a meu ver, de maneira ostensiva, o desprezo ao julgado da Corte Maior. [...] Não se cogita de decisão de órgão estranho à edição do ato normativo anulado, mas do próprio autor. Nesse limite faz-se manifesto o intento de desprezar o que antes decidira o STF, sendo à Corte reclamado comunicado o *decisum*, que, inclusive, se cumpriu, no primeiro momento.

A Reclamação n.º 208, por sua vez, foi manejada pelo Estado de São Paulo contra ato do Tribunal de Justiça do mesmo Estado que desrespeitava um julgamento proferido pelo Supremo Tribunal Federal em controle abstrato (suscitado, evidentemente, pelo

Procurador-Geral da República). No caso, o Supremo, por maioria de votos, vencidos os Ministros Oscar Corrêa (relator sorteado) e Rafael Mayer, deixou de conhecer da reclamação. E aqui a razão prática parece ter imperado: embora os Ministros vencidos tenham sustentado a semelhança entre aquele caso e a Reclamação n.º 173,[82] no fim, acabou prevalecendo a linha de argumentação mais pragmática do Ministro Moreira Alves, que afirmou:

> O caso anterior, relativo ao Tribunal Superior do Trabalho, era diverso, porque era o próprio Procurador-Geral da República que reclamava contra o representado, o Tribunal Superior do Trabalho, e, por isso mesmo, esta Corte, por seis votos a cinco, se inclinou no sentido de que, naquele caso específico, que era aberrante, admitiria reclamação.
> Agora, não. Estamos diante de caso que vai eternizar-se, porque, toda vez que houver representação encaminhada pelo Procurador da República, qualquer terceiro interessado – no caso, o Estado de São Paulo – poderá apresentar reclamação, sob a alegação de que o ato normativo foi declarado inconstitucional, e, apesar disso, um Tribunal a aplicou, ou o Presidente da República nomeou alguém com base nele. Portanto, se qualquer Tribunal do país aplicar lei declarada inconstitucional em representação, a parte prejudicada poderá reclamar ao Supremo como terceiro interessado; ainda depois de escoado o prazo da ação rescisória, certo como é que a reclamação não tem, sequer, prazo para ser proposta.
> Essas ponderações dão, a meu ver, ideia exata da dimensão dos problemas que a admissão de reclamação, em casos como este, pode trazer a esta Corte.

Vê-se, então, que, no período pré-1993, dominou no Supremo Tribunal Federal um entendimento restritíssimo acerca do cabimento

---

[82] Em ambos os casos a afronta ao julgado havia sido praticada pelo mesmo ente de que emanou o ato declarado *in abstracto* inconstitucional, ou seja, pelo "réu" na representação ou ação direta de inconstitucionalidade.

da reclamação no âmbito do controle por via de ação direta: só poderia ser conhecida a reclamação que fosse proposta pelo "autor" da representação ou ação direta de inconstitucionalidade[83] e manejada contra ato praticado pelo mesmo ente de que emanou o ato declarado *in abstracto* inconstitucional, ou seja, pelo "réu" na representação ou ação direta de inconstitucionalidade. Em suma, a reclamação só poderia ser conhecida caso proposta por uma das "partes" da ADIn em face da outra. Embora o argumento pragmático utilizado pela corte certamente fosse difícil de rebater, o receio quanto à fragilidade da coisa julgada diante de uma aceitação mais ampla da reclamação talvez não fosse tão justificado: para que se afastasse tal risco, bastaria recorrer a uma interpretação sistemática do nosso sistema processual e admitir que as hipóteses de cabimento de ação rescisória são definidas *numerus clausus*, não se podendo falar em reclamação como instrumento atípico de relativização da coisa julgada.[84]

Ante o exposto, pode-se arriscar dizer que, conquanto proclamada inúmeras vezes pela doutrina e pela jurisprudência pátria, a eficácia *erga omnes* das decisões em controle abstrato não foi explorada em todo seu potencial pelo Supremo Tribunal Federal, o qual, apesar de legitimamente pretender ver seus pronunciamentos em representação ou ação direta serem respeitados por todos, não deu à reclamação (ou a outro mecanismo processual célere) uma conformação capaz de garantir a autoridade de suas decisões em face

---

83 Relembre-se que no regime anterior à Constituição de 1988 apenas o Procurador-Geral da República tinha legitimidade para provocar o controle principal-concentrado.

84 Luiz Guilherme Marinoni, Sérgio Cruz Arenhart e Nelson Nery Junior também se posicionam em sentido contrário à tese da relativização da coisa julgada inconstitucional, argumentando com base na necessidade de previsão legal expressa para a rescindibilidade de julgados. Cf. MARINONI, Luiz Guilherme; ARENHART, Sérgio Cruz. *Curso de Processo Civil V. 2 – Processo de Conhecimento.* 6ª ed. São Paulo: RT, 2007. p. 667-672; e NERY JUNIOR, Nelson. *Teoria Geral dos Recursos.* 6ª ed. São Paulo: RT, 2004. p. 505-512.

da eventual recalcitrância dos juízos hierarquicamente inferiores. Nos casos de eventual aplicação, pelos demais juízes e tribunais, de normas declaradas inconstitucionais pelo Supremo Tribunal Federal em ADIn, a Corte limitava-se a aguardar a chegada da questão constitucional via recurso extraordinário, para só então fazer prevalecer seu entendimento.

Uma demonstração do raciocínio aqui expendido pode ser encontrada em outro pronunciamento do Min. Moreira Alves sobre a ação direta de inconstitucionalidade, desta vez no julgamento da questão de ordem na ADC n.º 1, de 27/10/1993:

> [...] a eficácia da decisão dessa ação, quer de procedência, quer de improcedência, apenas se estende a todos (eficácia *erga omnes*) no sentido de que, em face de todos, sua eficácia se exaure na declaração de que o ato normativo é inconstitucional (e, portanto, nulo desde a origem) ou constitucional (e, consequentemente, válido), o que implica a possibilidade de o Poder Judiciário, por suas instâncias inferiores, poderem [*sic*] continuar a julgar em contrário, hipótese em que, às partes prejudicadas nos casos concretos, só restará, em recurso extraordinário, ver respeitada, pelo Supremo Tribunal Federal, sua decisão na ação direta de inconstitucionalidade sobre o ato normativo que dela foi objeto; [...]

Mas tal estado de coisas não durou por muito tempo. Já na Reclamação n.º 397, julgada em novembro de 1992, é possível entrever certa preocupação do Supremo com os reiterados descumprimentos de suas decisões em ADIn. Confira-se a ementa do julgado:

> Reclamação – Garantia da autoridade de decisão proferida pelo Supremo Tribunal Federal em ação direta de inconstitucionalidade – excepcionalidade do seu cabimento – ausência de legitimidade ativa – Pedido não conhecido.
> O ajuizamento de ação direta de inconstitucionalidade, perante o Supremo Tribunal Federal, faz instaurar processo objetivo, sem partes, no qual inexiste litígio referente a situações concretas ou

individuais. A natureza eminentemente objetiva do controle normativo abstrato afasta o cabimento do instituto da reclamação por inobservância de decisão proferida em ação direta (Rcl 354, Rel. Min. Celso de Mello). Coloca-se, contudo, a questão da conveniência de que se atenue o rigor dessa vedação jurisprudencial, notadamente em face da notória insubmissão de alguns Tribunais judiciários às teses jurídicas consagradas nas decisões proferidas pelo Supremo Tribunal Federal em ações diretas de inconstitucionalidade. A expressão "parte interessada", constante da Lei n. 8.038/90, embora assuma conteúdo amplo no âmbito do processo subjetivo, abrangendo, inclusive, os terceiros juridicamente interessados, deverá, no processo objetivo de fiscalização normativa abstrata, limitar-se apenas aos órgãos ativa ou passivamente legitimados a sua instauração (CF, art. 103). Reclamação que não é de ser conhecida, eis que formulada por magistrados, estranhos ao rol taxativo do art. 103 da Constituição.

5.2.3. A ação declaratória de constitucionalidade e o efeito vinculante

Já no início dos anos 1990, a interpretação dada pelo Supremo Tribunal Federal ao significado da eficácia *erga omnes* de suas decisões proferidas no controle principal-concentrado dava mostras de insuficiência na difícil tarefa de garantir a segurança jurídica e a uniformidade na aplicação do Direito.

Dentre os órgãos do Poder Judiciário, havia a óbvia possibilidade de prolação de decisões que contrariavam frontalmente os julgados do Supremo em controle abstrato. Mas, além dessa contrariedade frontal, Leal bem identifica outra manifestação de recalcitrância, muito mais acessível e usual, consistente na observância tão somente da parte dispositiva dos julgados do tribunal e na total indiferença com relação aos fundamentos de tais decisões, os quais possuem especial significado para a garantia da segurança jurídica, afinal, sinalizam uma linha de interpretação constitucional prevalecente e, sem dúvida alguma, muitas vezes deixam entrever o resultado de futuras demandas. O autor exemplifica o uso de semelhante expediente com inúmeros julgados do antigo Tribunal de Alçada do Rio Grande do Sul no que tange à questão da autoaplicabilidade do limite máximo de 12% anuais para as taxas de juros (art. 192, §3.°, na redação original Constituição de 1988), bem como com diversas decisões do Superior Tribunal de Justiça no sentido da inconstitucionalidade de leis ordinárias que revogaram isenções tributárias previstas na Lei Complementar n.° 70/91.[85]

No âmbito do Poder Executivo, a frequente precariedade das finanças públicas ainda hoje leva alguns órgãos a ignorar solenemente as decisões do Supremo Tribunal Federal, especialmente aquelas relativas a descontos e benefícios de servidores públicos. No âmbito do Tribunal de Justiça do Estado de São Paulo, pôde-se encontrar incontáveis demandas em que funcionários públicos inativos foram forçados a pleitear judicialmente a cessação dos descontos de contribuição previdenciária em seus proventos após a edição da Emenda Constitucional n.° 20/98. E isso mesmo após o Supremo Tribunal Federal ter reconhecido, em medida cautelar em ação direta de inconstitucionalidade (ADI-MC n.° 2.010, de 1999), que a cobrança de contribuição previdenciária de servidores inativos era inconstitucional em face do disposto no art. 40, §12, c/c o art. 195, II, da Constituição, esse último com a antiga redação dada pela EC n.° 20/98.[86] Outro exemplo de resistência do Executivo aos julgamentos proferidos pelo Supremo Tribunal Federal pode ser encontrado nas diversas ações judiciais de servidores do Município de São Paulo visando à concessão de reajuste relativo ao mês de fevereiro de 1995, segundo a sistemática das antigas Leis n.os 10.688/88 e 10.722/89, vez que a Administração municipal ainda insiste em

---

[85] Cf. LEAL, Roger Stiefelmann. ***O efeito vinculante na jurisdição constitucional***. São Paulo: Saraiva, 2006. p. 108-111.

[86] Nesse sentido, cf., especialmente, Apelação Cível n.° 6415275800, rel. Des. Corrêa Vianna, 2.ª Câmara de Direito Público, j. 2.7.2007. E também: AC n.° 7268855000, AC n.° 6108985800, AC n.° 5819495700, AC n.° 4358675100.

aplicar retroativamente a Lei n.º 11.722/95, em detrimento dos servidores, mesmo após diversos julgados do Supremo no sentido da inconstitucionalidade de tal retroação.[87]

O Poder Legislativo, por sua vez, como assinala Leal, frequentemente também se opõe, à sua maneira, às decisões e aos entendimentos do Supremo Tribunal Federal. Além da reedição de atos normativos com conteúdo idêntico ao de outros atos já declarados inconstitucionais pela Corte mais alta, também é comum a edição de normas que têm por fim convalidar certos efeitos produzidos por normas declaradas inconstitucionais, restringindo-se assim o alcance da pronúncia de inconstitucionalidade pelo Supremo.[88]

A esse quadro de recalcitrância somaram-se as dificuldades financeiras do Estado, geradas, em parte, pela pública e notória multiplicação de decisões judiciais em ações individuais e coletivas que tornavam extremamente confusas e desiguais a cobrança e a arrecadação de tributos.

Nesse contexto, os juristas Gilmar Ferreira Mendes e Ives Gandra da Silva Martins elaboraram uma proposta de emenda constitucional (a chamada "proposta Roberto Campos") que alterava radicalmente a feição do sistema brasileiro de controle de constitucionalidade. Em primeiro lugar, eliminava-se a participação do Senado Federal em tal sistema. Em segundo lugar, atribuía-se a todas as decisões definitivas do Supremo Tribunal Federal em controle de constitucionalidade (por ação ou por omissão, em via incidental ou principal) "eficácia *erga omnes* e efeito vinculante para os órgãos e agentes públicos". Em terceiro lugar, previa-se a possibilidade de edição de uma lei complementar conferindo a eficácia *erga omnes* e efeitos vinculantes a outras decisões do Supremo. Por fim, criava-se

---

[87] Nessa esteira, cf., especialmente, Apelação Cível n.º 7124275300, rel. Des. Corrêa Vianna, 2.ª Câmara de Direito Público, j. 11/12/2007. E também: AC n.º 6801705300, AC n.º 7170045000, AC n.º 7170045000, AC n.º 7209425700.

[88] Cf. LEAL, Roger Stiefelmann. ***O efeito vinculante na jurisdição constitucional***. São Paulo: Saraiva, 2006. p. 103-107.

uma "ação declaratória de constitucionalidade", a ser proposta pelos mesmos legitimados para a ADIn e que vincularia "as instâncias inferiores, quando decidida no mérito".[89]

A despeito das possíveis críticas relacionadas a uma (supostamente) excessiva concentração de poderes no Supremo Tribunal Federal,[90] o projeto original dos eminentes juristas inegavelmente guardava coerência com a concepção kelseniana e conferia maior simplicidade, uniformidade e segurança ao sistema brasileiro de controle de constitucionalidade.

Ocorre que o projeto não foi aprovado nos moldes em que foi proposto e o resultado foi a Emenda Constitucional n.º 3/93, a qual, além de conter disposições de natureza previdenciária e tributária, introduziu uma ação declaratória de constitucionalidade com um rol de legitimados menor do que o da proposta original e com "eficácia contra todos e efeito vinculante, relativamente aos demais órgãos do Poder Judiciário e ao Poder Executivo". Veja-se a nova redação conferida pela emenda aos arts. 102 e 103:

> Art. 102 [...]
> I – [...]
> a) a ação direta de inconstitucionalidade de lei ou ato normativo federal ou estadual e a ação declaratória de constitucionalidade de lei ou ato normativo federal;
> § 1.º A arguição de descumprimento de preceito fundamental, decorrente desta Constituição, será apreciada pelo Supremo Tribunal Federal, na forma da lei.
> § 2.º As decisões definitivas de mérito, proferidas pelo Supremo Tribunal Federal, nas ações declaratórias de constitucionalidade

[89] MARTINS, Ives Gandra da Silva; MENDES, Gilmar Ferreira. ***Controle concentrado de constitucionalidade: comentários à Lei n. 9.868, de 10-11-1999***. São Paulo: Saraiva, 2001. p. 240.

[90] E aqui não se pode deixar de lembrar que a alternativa da reinstituição da "avocatória", também discutida na época, certamente era ainda mais vulnerável a esse tipo de crítica.

> de lei ou ato normativo federal, produzirão eficácia contra todos e efeito vinculante, relativamente aos demais órgãos do Poder Judiciário e ao Poder Executivo.
> Art. 103. [...]
> § 4.º A ação declaratória de constitucionalidade poderá ser proposta pelo Presidente da República, pela Mesa do Senado Federal, pela Mesa da Câmara dos Deputados ou pelo Procurador-Geral da República.

A celeuma na doutrina foi imediata: conforme relata Clève, diversas críticas foram formuladas no sentido de que a ADC violaria o devido processo legal (art. 5.º, LVI), a ampla defesa, o contraditório e o duplo grau de jurisdição (art. 5.º, LV), a inafastabilidade do controle judicial (art. 5.º, XXXV), a separação dos Poderes (art. 2.º) e a independência dos juízes, fulminando o sistema incidental-difuso de controle de constitucionalidade.[91]

Numa refutação mais geral de tais críticas e buscando fundamentar o novo instituto na própria experiência constitucional brasileira pretérita, Martins e Mendes sustentaram (e ainda sustentam) que a ação declaratória de constitucionalidade não seria uma novidade aberrante em nosso ordenamento jurídico, especialmente considerando-se que a antiga representação genérica de inconstitucionalidade (ou ADIn, sob a Constituição de 1988) já possuía, em teoria, um caráter dúplice. Isso porque o julgamento de improcedência da representação de inconstitucionalidade implicaria, a *contrario sensu*, a declaração de constitucionalidade da norma impugnada, encerrando-se, assim, a controvérsia constitucional sobre a mesma.[92] Segundo

---

[91] Clève, Clèmerson Merlin. ***A fiscalização abstrata da constitucionalidade no direito brasileiro***. 2. ed. São Paulo: Revista dos Tribunais, 2000. p. 282-283.

[92] Cf. Martins, Ives Gandra da Silva; Mendes, Gilmar Ferreira. ***Controle concentrado de constitucionalidade: comentários à Lei n. 9.868, de 10-11-1999***. São Paulo: Saraiva, 2001. p. 53. Na mesma página, o autor menciona que a própria exposição de motivos da Emenda Constitucional

o autor, seria "fácil ver que, do ponto de vista ontológico, não há como diferenciar a ação declaratória de constitucionalidade da ação declaratória de inconstitucionalidade".[93]

Respondendo de modo mais específico às críticas anteriormente enumeradas, o hoje Ministro do Supremo Tribunal Federal objetava que o caráter objetivo do processo de controle abstrato e sua abertura procedimental em nada contrariavam as garantias do devido processo legal, do contraditório e da ampla defesa, com a possibilidade de se dar voz aos especialistas e aos interessados no cumprimento ou descumprimento do ato sob análise. Além disso, segundo ele, a convivência entre controle incidental-difuso e principal-concentrado, admitida pela Constituição de 1988, não implica a possibilidade de eterna discussão das questões de constitucionalidade, sendo que a garantia de independência dos juízes faz mais sentido em relação aos Poderes Executivo e Legislativo, não se podendo esquecer que, dentro do próprio Judiciário, vige a hierarquia entre os juízos.[94]

E, de fato, os questionamentos acerca da constitucionalidade da ADC restaram superados já no julgamento da questão de ordem na ADC n.º 1, em 27/10/1993, quando o Supremo Tribunal Federal, por maioria de votos, considerou constitucional a Emenda n.º 3/93 no que tange à introdução da ação declaratória de constitucionalidade em nosso ordenamento jurídico.

Ocorre que, a partir daí, outros questionamentos relativos à ADC ganharam corpo: em que consistiria, exatamente, o chamado efeito vinculante? Seria o mesmo que efeito *erga omnes*? Em caso negativo, quais seriam as diferenças? O efeito vinculante seria exclusivo da ação declaratória de constitucionalidade ou abrangeria também a ação direta de inconstitucionalidade? O Supremo Tribunal

---

n.º 16/65 fazia referência à "definição da controvérsia constitucional sobre leis novas".

93 Ibidem, p. 225.

94 Ibidem, p. 249-250, 256 e 261.

Federal estaria eternamente vinculado a uma determinada interpretação da Constituição ou seriam possíveis mudanças em seu posicionamento?

5.2.3.1. O significado do efeito vinculante

Conforme relata Ramos, a expressão "efeito vinculante" foi recebida com alguma surpresa por parte da doutrina, vez que a ideia de "vinculação", entendida como a necessidade de observância das decisões judiciais, sempre foi associada ao instituto da coisa julgada, a qual, dentro de seus limites objetivos (a parte dispositiva da decisão)[95] e subjetivos (*inter partes*, em regra, ou *erga omnes*, como no controle principal-concentrado), impede a rediscussão da legitimidade constitucional de um determinado ato.[96]

Ocorre que, a despeito das diversas interpretações possíveis para o efeito vinculante, o certo é que a própria justificação da "proposta Roberto Campos", que originou a Emenda n.° 3/93, já continha um indicativo do significado do instituto, ao menos para seus idealizadores brasileiros:

> Além de conferir eficácia *erga omnes* às decisões proferidas pelo Supremo Tribunal Federal em sede de controle de constitucionalidade, a presente proposta de emenda constitucional introduz no Direito brasileiro o conceito de efeito vinculante em relação aos órgãos e agentes públicos. Trata-se de instituto jurídico

---

95 Nesse sentido, Cândido Rangel Dinamarco afirma: "Somente o preceito concreto contido na parte dispositiva das sentenças de mérito fica protegido pela autoridade da coisa julgada material, não os fundamentos em que ele se apoia" (***Instituições de Direito Processual Civil***. 2. ed. São Paulo: Malheiros, 2002. v. III. p. 312).

96 Cf. Ramos, Elival da Silva. ***Perspectivas de evolução do controle de constitucionalidade no Brasil***. São Paulo: 2005. p. 267-268. José Afonso da Silva, por exemplo, em edição recente do seu ***Curso de Direito Constitucional***, parece sustentar que a previsão de um efeito vinculante seria mera fórmula de reforço da eficácia *erga omnes*. (29. ed. São Paulo: Malheiros, 2007. p. 60).

> desenvolvido no Direito processual alemão, que tem por objetivo outorgar maior eficácia às decisões proferidas por aquela Corte Constitucional, assegurando força vinculante não apenas à parte dispositiva da decisão, mas também aos chamados fundamentos ou motivos determinantes (*tragende Gründe*).
>
> A declaração de nulidade de uma lei não obsta à sua reedição, ou seja, a repetição de seu conteúdo em outro diploma legal. Tanto a coisa julgada quanto a força de lei (eficácia *erga omnes*) não lograriam evitar esse fato. Todavia, o efeito vinculante, que deflui dos fundamentos determinantes (*tragende Gründe*) da decisão, obriga o legislador a observar estritamente a interpretação que o tribunal conferiu à Constituição.[97]

Entretanto, extrai-se do voto condutor proferido pelo Min. Moreira Alves, na questão de ordem na ADC n.º 1, que o Supremo Tribunal Federal, num primeiro momento, parece ter se divorciado da interpretação autêntica do instituto, atribuindo-lhe, ademais, uma consequência processual: o cabimento da reclamação. Confira-se:

> Por outro lado, estabelecendo a Emenda Constitucional n. 3, de 1993, que "as decisões definitivas de mérito, proferidas pelo Supremo Tribunal Federal, nas ações declaratórias de constitucionalidade de lei ou ato normativo federal, produzirão eficácia contra todos e efeito vinculante, relativamente aos demais órgãos do Poder Judiciário e ao Poder Executivo", essas decisões, sejam de procedência (constitucionalidade) ou de improcedência (inconstitucionalidade), não apenas terão eficácia *erga omnes*, mas também força vinculante relativamente aos demais órgãos do Poder Judiciário e ao Poder Executivo. É um *plus* com relação à ação direta de inconstitucionalidade, graças ao qual se dá ao novo instrumento de controle de constitucionalidade a eficácia necessária para enfrentar o problema – como salientado anteriormente – que deu margem à sua criação. De feito [*sic*], se a eficácia *erga omnes* que também possuem suas

---

[97] Cf. MARTINS, Ives Gandra da Silva; MENDES, Gilmar Ferreira. ***Controle concentrado de constitucionalidade: comentários à Lei n. 9.868, de 10-11-1999***. São Paulo: Saraiva, 2001. p. 245.

decisões de mérito lhe dá a mesma eficácia que têm as decisões de mérito das ações diretas de inconstitucionalidade (e – note-se – é em virtude dessa eficácia *erga omnes* que esta Corte, por ser alcançada igualmente por ela, não pode voltar atrás na declaração que nela fez anteriormente), do efeito vinculante que lhe é próprio resulta:

a) – se os demais órgãos do Poder Judiciário, nos casos concretos sob seu julgamento, não respeitarem a decisão prolatada nessa ação, a parte prejudicada poderá valer-se do instituto da reclamação para o Supremo Tribunal Federal, a fim de que este garanta a autoridade dessa decisão; e

b) – essa decisão (e isso se restringe ao dispositivo dela, não abrangendo – como sucede na Alemanha – os seus fundamentos determinantes, até porque a Emenda Constitucional n. 3 só atribui efeito vinculante à própria decisão definitiva de mérito), essa decisão, repito, alcança os atos normativos de igual conteúdo daquele que deu origem a ela mas que não foi seu objeto, para o fim de, independentemente de nova ação, serem tidos como constitucionais ou inconstitucionais, adstrita essa eficácia aos atos normativos emanados dos demais órgãos do Poder Judiciário e do Poder Executivo, uma vez que ela não alcança os atos editados pelo Poder Legislativo.

O final do trecho mencionado, numa leitura mais apressada, parece estar em franca contradição com a proposta de Mendes e Martins: de acordo com o Supremo, o chamado efeito vinculante não diria respeito aos fundamentos da decisão, mas apenas à sua parte dispositiva. Não obstante, como bem anotado por Leal e Ramos, a contradição é apenas aparente, afinal, ao sugerir que a declaração de constitucionalidade ou inconstitucionalidade deve atingir também atos normativos de idêntico teor, a corte admite, ainda que implicitamente, que sua fundamentação para a solução da questão constitucional possui força obrigatória.[98]

[98] Cf. RAMOS, Elival da Silva. ***Perspectivas de evolução do controle de constitucionalidade no Brasil***. São Paulo: 2005. p. 269, especialmente

Em estudo sobre o tema, Leal anota que, na busca pelo significado do efeito vinculante no Brasil, o intérprete não pode assimilá-lo à coisa julgada ou à eficácia *erga omnes*.[99] Se a primeira implica a imutabilidade da decisão proferida em sede de controle abstrato e a segunda permite a imposição contra todos do julgado, o efeito vinculante deve significar algo diferente. E esse "algo" é justamente a obrigatoriedade da observância, pelos destinatários constitucionalmente declinados, dos fundamentos determinantes das decisões do Supremo Tribunal Federal em controle pela via principal-concentrada. Essa a lição do autor:

> Resta, portanto, compreender o efeito vinculante como instituto voltado a tornar obrigatória parte da decisão diversa da dispositiva aos órgãos e entidades relacionados no texto normativo. Assim, seu objeto transcende o *decisum* em sentido estrito, alcançando os seus fundamentos determinantes, a *ratio decidendi* subjacente ao julgado. Da vinculação dos fundamentos determinantes da decisão decorre, a exemplo dos demais países que adotam o efeito vinculante, a vedação aos seus destinatários de reproduzir em substância o ato declarado inconstitucional, de manter outros atos de conteúdo semelhante e de adotar via interpretativa diversa da acolhida nos julgados do Supremo Tribunal Federal em sede de controle principal de constitucionalidade.[100]

A despeito da já relatada resistência inicial à ideia de se conferir força obrigatória aos fundamentos determinantes das decisões, o que se observa nos julgados mais recentes do Supremo Tribunal Federal é a aceitação de tal obrigatoriedade. Veja-se, por exemplo, o seguinte trecho extraído do voto do Min. Sepúlveda Pertence no julgamento da Reclamação n.º 4.587, de 2006:

---

nota 828; e LEAL, Roger Stiefelmann. ***O efeito vinculante na jurisdição constitucional***. São Paulo: Saraiva, 2006. p. 150-151.

[99] Cf. LEAL, Roger Stiefelmann. ***O efeito vinculante na jurisdição constitucional***. São Paulo: Saraiva, 2006. p. 145.

[100] Ibidem, p. 150.

> Embora mantenha reserva a propósito, o certo é que o plenário tem estendido o alcance do efeito vinculante de suas decisões nos processo de controle abstrato de constitucionalidade à interpretação de norma constitucional subjacente ao julgado.
> O exemplo mais patente é o das numerosas reclamações fundadas no desrespeito da autoridade do motivo determinante do acórdão da ADIn 1662 – qual seja, a restrição da admissibilidade do sequestro de receitas públicas à hipótese exclusiva de preterição da ordem de precedência cronológica dos precatórios, consoante o art. 100, §2.° da Constituição –, para julgá-los procedentes, independentemente de não se fundarem os atos reclamados na Instrução Normativa 11/97, do Tribunal Superior do Trabalho, declarada inconstitucional na referida ação direta.
> (Rcl 4587/BA, rel. Min. Sepúlveda Pertence, Tribunal Pleno, j. 19/12/2006)[101]

Pois bem, fixado o significado do efeito vinculante, cumpre aqui fazer uma observação sobre a relação existente entre o mesmo e o instituto processual da reclamação. Conforme exposto no item anterior, parece que a eficácia *erga omnes* das decisões em controle principal-concentrado, antes da Emenda n.° 3/93, não era totalmente explorada pelo Supremo Tribunal Federal, o qual admitia apenas excepcionalmente o uso da reclamação. Com o advento do efeito vinculante, contudo, passou-se a admitir o cabimento da reclamação sempre que determinado juízo, em um caso concreto, desrespeitasse o pronunciamento da Corte em sede de controle abstrato, aplicando uma norma já julgada inconstitucional ou deixando de aplicar uma norma já declarada constitucional. E ainda hoje se encontra na doutrina posicionamentos no sentido de que é o efeito vinculante das decisões proferidas em controle abstrato que garante aos jurisdicionados o acesso ao mecanismo

---

[101] Conferir também Rcl n.° 2363/PA, rel Min. Gilmar Mendes, Tribunal Pleno, j. 23/10/2003 e Rcl n.° 1987/DF, rel. Min. Maurício Corrêa, Tribunal Pleno, j. 1/10/2003.

da reclamação.[102] *Data maxima venia*, essa orientação não parece ser inteiramente correta, pois, conforme o raciocínio expendido no item anterior, o cabimento da reclamação, em tese, relaciona-se antes à eficácia *erga omnes*, sendo que o efeito vinculante, ao tornar obrigatórios os fundamentos determinantes da decisão, apenas ampliaria a possibilidade de utilização desse instrumento.[103]

5.2.3.2. O efeito vinculante e a ação direta de inconstitucionalidade

À época da introdução da ação declaratória de constitucionalidade no direito brasileiro, questionou-se sobre a possibilidade de extensão do efeito vinculante à ação direta de inconstitucionalidade.

Semelhante polêmica não houve no que se refere à eficácia *erga omnes*, também explicitamente atribuída à ADC, mas não à ADIn, pela Emenda Constitucional n.º 3/93. Isso porque, como já visto, mesmo diante da inexistência de norma constitucional ou legal expressa, desde 1977 prevalecia no Supremo Tribunal Federal o entendimento de que as decisões por ele proferidas em representação genérica de inconstitucionalidade (ou "ação direta") possuíam, por si sós, eficácia *erga omnes*.

Mas, com relação ao efeito vinculante, a situação era bastante distinta. Embora seja até possível identificar na experiência constitucional brasileira alguns antecedentes remotos,[104] o fato é que, no

---

[102] Nesse sentido, cf. Zavascki, Teori Albino. ***Eficácia das sentenças na jurisdição constitucional***. São Paulo: Revista dos Tribunais, 2001. p. 52; Barroso, Luís Roberto. ***O controle de constitucionalidade no direito brasileiro***. 2. ed. São Paulo: Saraiva, 2006. p. 214; Palu, Oswaldo Luiz. ***Controle de Constitucionalidade***. 2. ed. São Paulo: Revista dos Tribunais, 2001. p. 182-184; Ferrari, Regina Maria Macedo Nery. ***Efeitos da declaração de inconstitucionalidade***. 5. ed. São Paulo: Revista dos Tribunais, 2004. p. 400-401.

[103] Nesse mesmo sentido, cf. Ramos, Elival da Silva. ***Perspectivas de evolução do controle de constitucionalidade no Brasil***. São Paulo: 2005. p. 270-271, especialmente nota 836.

[104] Cf. Leal, Roger Stiefelmann. ***O efeito vinculante na jurisdição constitucional***. São Paulo: Saraiva, 2006. p. 130-138.

início da década de 1990, a ideia da força obrigatória dos fundamentos determinantes das decisões proferidas em controle abstrato estava longe de fazer parte da prática consolidada do Supremo Tribunal Federal. Na verdade, à época, a própria noção de efeito vinculante era controversa, sendo comum a concepção da mesma como uma simples cláusula de reforço, ou, no máximo, como um *plus* para os efeitos *erga omnes*, permitindo o manejo da reclamação. A Emenda Constitucional n.º 3/93, é bom lembrar, atribuiu o efeito vinculante apenas às "decisões definitivas de mérito, proferidas pelo Supremo Tribunal Federal, nas ações declaratórias de constitucionalidade de lei ou ato normativo federal".

Sendo assim, a doutrina dividiu-se entre aqueles que defendiam a existência de um silêncio eloquente que inviabilizaria a extensão do efeito vinculante para a ADIn[105] e aqueles que sustentavam a equivalência entre os julgamentos de procedência da ADC e improcedência da ADIn e vice-versa, de modo que o efeito vinculante seria típico do controle de constitucionalidade por via principal-concentrada como um todo, e não apenas da ADC.[106]

Como relata Leal, mencionando despacho do Min. Sepúlveda Pertence na Reclamação n.º 621, publicado em 1996, o Supremo Tribunal Federal, com o tempo, passou a estender, por via interpretativa, o efeito vinculante às suas decisões em ADIn.[107]

Supostamente sedimentando o posicionamento do Supremo Tribunal Federal e buscando pôr um fim à controvérsia, a Lei n.º 9.868/99, em seu art. 28, parágrafo único, trouxe a seguinte redação:

---

[105] Cf. o relato de Regina Maria Macedo Nery Ferrari. (***Efeitos da declaração de inconstitucionalidade***. 5. ed. São Paulo: Revista dos Tribunais, 2004. p. 239). Clèmerson Clève, por sua vez, reconheceu o silêncio eloquente e defendeu sua correção pela via legislativa (***A fiscalização abstrata da constitucionalidade no direito brasileiro***. 2. ed. São Paulo: Revista dos Tribunais, 2000. p. 311).

[106] Entre outros, cf. PALU, Oswaldo Luiz. ***Controle de constitucionalidade: conceitos, sistemas e efeitos***. 2. ed. São Paulo: RT, 2001. p. 182-183.

[107] Cf. LEAL, Roger Stiefelmann. O efeito vinculante na jurisdição constitucional. São Paulo: Saraiva, 2006. p. 130-138.

> Art. 28. [...]
> Parágrafo único. A declaração de constitucionalidade ou de inconstitucionalidade, inclusive a interpretação conforme a Constituição e a declaração parcial de inconstitucionalidade sem redução de texto têm eficácia contra todos e efeito vinculante em relação aos órgãos do Poder Judiciário e à Administração Pública federal, estadual e municipal.

A inovação, no entanto, não logrou acabar com a polêmica. E isso, aliás, era até certo ponto previsível, visto que ainda era perfeitamente plausível a argumentação no sentido de que a lei, no ponto em que estendeu o efeito vinculante para a ADIn, seria inconstitucional por ir além dos limites estabelecidos pelo constituinte reformador, que silenciara quanto à atribuição de efeito vinculante à ação direta de inconstitucionalidade.[108]

Dessa feita, somente após a edição da Emenda Constitucional n.º 45/04 passou a ser possível afirmar, com maior segurança, que não há mais razão de ser para o argumento relativo ao "silêncio eloquente", contrário à extensão do efeito vinculante à ADIn. Isso porque o art. 102, § 2.º, da Constituição Federal passou a conter disposição expressa sobre a matéria:

> Art. 102. [...]
> § 2.º As decisões definitivas de mérito, proferidas pelo Supremo Tribunal Federal, nas ações diretas de inconstitucionalidade e nas ações declaratórias de constitucionalidade produzirão eficácia contra todos e efeito vinculante, relativamente aos demais órgãos do Poder Judiciário e à administração pública direta e indireta, nas esferas federal, estadual e municipal.

---

[108] Nesse sentido, cf. FERRARI, Regina Maria Macedo Nery. ***Efeitos da declaração de inconstitucionalidade***. 5. ed. São Paulo: Revista dos Tribunais, 2004. p. 243-245; STRECK, Lenio Luiz. ***Jurisdição constitucional e hermenêutica: uma nova crítica do Direito***. 2. ed. Rio de Janeiro: 2004. p. 541-542.

5.2.3.3. Os destinatários do efeito vinculante

Resolvidas as questões referentes a saber o que seria o efeito vinculante e se este seria aplicável somente à ação declaratória de constitucionalidade ou também à ação direta de inconstitucionalidade, resta indagar quem seriam os sujeitos constitucionalmente obrigados a observar os fundamentos determinantes das decisões do Supremo Tribunal Federal.

Preliminarmente, deve-se ressaltar que, embora a "proposta Roberto Campos" previsse a vinculação de "órgãos e agentes públicos", aí incluso o Poder Legislativo,[109] o texto aprovado na Emenda n.º 3/93 excluiu o legislador do rol de destinatários do efeito vinculante.[110]

Nesse passo, é de se ver que a Emenda Constitucional n.º 3/93 mencionava a produção de efeito vinculante "relativamente aos demais órgãos do Poder Judiciário e ao Poder Executivo" (grifo nosso). A Lei n.º 9.868/99, por sua vez, inovou e previu tais efeitos "em relação aos órgãos do Poder Judiciário e à Administração Pública federal, estadual e municipal" (grifo nosso). Por fim, a Emenda Constitucional n.º 45/04 alterou a redação do art. 102, §2.º, o qual passou a dispor que "as decisões definitivas de mérito, proferidas pelo Supremo Tribunal Federal, nas ações diretas de inconstitucionalidade e nas ações declaratórias de constitucionalidade produzirão eficácia contra todos e efeito vinculante, relativamente aos demais órgãos do Poder Judiciário e à administração pública direta e indireta, nas esferas federal, estadual e municipal" (grifos nossos).

O primeiro aspecto a ser destacado é o relativo à alternância no uso das expressões "Poder Executivo" e "Administração Pública".

---

109 MARTINS, Ives Gandra da Silva; MENDES, Gilmar Ferreira. ***Controle Concentrado de constitucionalidade: comentários à Lei n. 9.868, de 10-11-1999***. São Paulo: Saraiva, 2001. p. 240 e 245.

110 Não obstante, Alexandre de Moraes, com base na doutrina estrangeira, defende a existência de tal vinculação, ressalvando, no entanto, que esse não é o posicionamento do Supremo Tribunal Federal (***Direito constitucional***. 19. ed. São Paulo: Atlas, 2006. p. 691).

Como se vê, se na redação original da Emenda Constitucional n.º 3/93 era utilizada a expressão "Poder Executivo", nas redações da Lei n.º 9.868/99 e da Emenda Constitucional n.º 45/04 passou a ser utilizada a locução "Administração Pública". Com isso, passou-se a privilegiar o critério funcional em detrimento do orgânico, o que acabou por modificar sobremaneira o relacionamento existente entre os poderes do Estado e o próprio processo legislativo.

Como bem observa Leal, a referência a "Poder Executivo" sujeitava o próprio chefe do Executivo, especialmente em suas atribuições legislativas, à observância dos fundamentos determinantes das decisões proferidas pelo Supremo em controle abstrato. Assim, deveria ele, em primeiro lugar, abster-se de editar ato normativo ou encaminhar projeto de lei que reiterasse conteúdo já declarado inconstitucional; e, em segundo lugar, tinha ele o dever de vetar, por inconstitucionalidade, medida legislativa que também veiculasse preceitos julgados inconstitucionais. Contudo, a partir de 1999 (ou ao menos, a partir de 2004, quando a alteração se deu no próprio texto constitucional, afastando-se eventual argumentação no sentido de inconstitucionalidade), com a substituição da expressão "Poder Executivo" por "Administração Pública", franqueou-se ao Poder Executivo, no exercício de suas funções legislativas, a reiteração de preceitos declarados inconstitucionais, bem como foi ele liberado do dever de veto nos termos expostos anteriormente: a partir de então, apenas com relação às atividades administrativas do Poder Executivo passou a ser obrigatória a observância dos fundamentos determinantes das decisões do Supremo Tribunal em controle abstrato.[111]

O segundo aspecto relevante no que diz respeito aos destinatários do "efeito vinculante" é aquele relativo à possibilidade de "autovinculação" do Supremo Tribunal Federal. Vale dizer: o Supremo Tribunal Federal estaria eternamente vinculado às suas interpretações constitucionais anteriores ou seria possível uma mudança de seu

---

[111] Cf. Leal, Roger Stiefelmann. *O efeito vinculante na jurisdição constitucional.* São Paulo, Saraiva, 2006. p. 155-157.

posicionamento? No ordenamento constitucional brasileiro atualmente vigente, não parece ser correto falar em autovinculação da corte.[112] Tanto a Emenda Constitucional n.º 3/93 quanto a Emenda Constitucional n.º 45/04 referem-se a efeito vinculante para os "demais órgãos do Poder Judiciário" (grifo nosso). Ora, a própria literalidade dos dispositivos implica, necessariamente, a exclusão do próprio órgão prolator da decisão.[113] Ademais, pretender o contrário seria simplesmente aprisionar o Supremo Tribunal Federal em um plexo de interpretações produto de um determinado momento histórico, impedindo qualquer desenvolvimento posterior da jurisprudência constitucional e obstando, em última instância, a sua adaptação à cambiante realidade social, política e econômica do país.[114]

5.2.4. As Leis n.os 9.868/99 e 9.882/99 e a modulação dos efeitos das decisões de inconstitucionalidade

Como já visto no item 5.1.1., não foram poucas as oportunidades em que o Supremo Tribunal Federal viu-se às voltas com situações

[112] Conforme visto no item 3.2.4.2., o problema da autovinculação também não é estranho ao Direito Constitucional dos Estados Unidos e da Inglaterra, Estados em que a dimensão horizontal do *stare decisis* já foi de certo modo flexibilizada.

[113] Embora o art. 28, parágrafo único, da Lei n.º 9.868/99, tenha omitido o termo "demais", vale lembrar que, como norma infraconstitucional que é, deve ser ela interpretada à luz da norma de hierarquia superior, excluindo-se qualquer significado destoante daquele firmado na Constituição. Nesse sentido, considerando a presença implícita do termo "demais" no art. 28, parágrafo único, da Lei n.º 9.868/99, cf. VELOSO, Zeno. ***Controle jurisdicional de constitucionalidade***. 2. ed. Belo Horizonte: Del Rey, 2000. p. 199.

[114] Cf. MARTINS, Ives Gandra da Silva; MENDES, Gilmar Ferreira. ***Controle concentrado de constitucionalidade: comentários à Lei n. 9.868, de 10-11-1999***. São Paulo: Saraiva, 2001. p. 342-343; LEAL, Roger Stiefelmann. ***O efeito vinculante na jurisdição constitucional***. São Paulo, Saraiva, 2006. p. 159; e VELOSO, Zeno. ***Controle jurisdicional de constitucionalidade***. 2. ed. Belo Horizonte: Del Rey, 2000. p. 199.

em que a aplicação da radical sanção de nulidade absoluta para o vício de inconstitucionalidade mostrava-se problemática em face da existência de certas situações fáticas já consolidadas.

E isso fez com que, em casos excepcionais, em nome da preservação da segurança jurídica e da boa-fé, a Corte mitigasse a sanção da nulidade absoluta, permitindo a preservação de alguns dos efeitos produzidos pelas normas inconstitucionais.[115]

É importante ter em mente que tal tendência de flexibilização das sanções para o vício da inconstitucionalidade não se restringe ao direito brasileiro, conforme relatado no capítulo 3. Até porque, como anotam Martins e Mendes, muitas vezes, as graves consequências da sanção de nulidade absoluta podem acabar inibindo o órgão encarregado do controle de pronunciar a inconstitucionalidade de uma dada norma, restando vulnerada a própria supremacia da Constituição.[116] Nesse mesmo sentido, Zeno Veloso, após analisar vários ordenamentos jurídicos estrangeiros, afirma:

> Podemos garantir que a inclinação mais importante do controle jurisdicional da constitucionalidade, quanto aos efeitos da declaração, é fugir do rigorismo técnico-jurídico, das posições inflexíveis e dogmáticas, considerando as consequências práticas e políticas, a justiça do caso concreto, permitindo que o Tribunal, com

---

[115] Elival da Silva Ramos, em sentido contrário, sustenta que "não se cuida aqui de atenuação da nulidade cominada ou de convalidação parcial do ato legislativo contraventor e sim de manutenção de situações consolidadas sob o império dessa legislação, que se presumia constitucional e, portanto, aplicável. Isso não importa no reconhecimento de alguma eficácia à lei inconstitucional: continua ela destituída dos efeitos que se predispunha a gerar; contudo, de sua indevida aplicação advém [*sic*] alterações no plano fático cuja preservação se impõe, consubstanciando o que se poderia chamar de efeitos impróprios" (***Perspectivas de evolução do controle de constitucionalidade no Brasil***. São Paulo: 2005. p. 278-279).

[116] Cf. MARTINS, Ives Gandra da Silva; MENDES, Gilmar Ferreira. ***Controle concentrado de constitucionalidade: comentários à Lei n. 9.868, de 10-11-1999***. São Paulo: Saraiva, 2001. p. 318.

> prudência e cautela, exerça um poder normativo, determinando a eficácia da decisão a respeito da inconstitucionalidade.[117]

Dentro desse movimento se insere a Lei n.º 9.868/99, a qual, a pretexto de regulamentar o processo e o julgamento da ação direta de inconstitucionalidade e da ação declaratória de constitucionalidade perante o Supremo Tribunal Federal, consagrou posição que tempera o entendimento, já tradicional no direito brasileiro, no sentido da nulidade absoluta da norma inconstitucional. Confira-se o art. 27 da aludida lei, visivelmente inspirado no art. 282 da Constituição da República Portuguesa:[118]

> Art. 27. Ao declarar a inconstitucionalidade de lei ou ato normativo, e tendo em vista razões de segurança jurídica ou de excepcional interesse social, poderá o Supremo Tribunal Federal, por maioria de dois terços de seus membros, restringir os efeitos

---

117 VELOSO, Zeno. ***Controle jurisdicional de constitucionalidade***. 2. ed. Belo Horizonte: Del Rey, 2000. p. 188. No mesmo sentido, cf. MENDES, Gilmar Ferreira; COELHO, Inocêncio Mártires; BRANCO, Paulo Gustavo Gonet. ***Curso de Direito Constitucional***. São Paulo: Saraiva, 2007. p. 1204,

118 "Artigo 282 (Efeitos da declaração de inconstitucionalidade ou de ilegalidade)
1. A declaração de inconstitucionalidade ou de ilegalidade com força obrigatória geral produz efeitos desde a entrada em vigor da norma declarada inconstitucional ou ilegal e determina a repristinação das normas que ela, eventualmente, haja revogado.
2. Tratando-se, porém, de inconstitucionalidade ou de ilegalidade por infracção de norma constitucional ou legal posterior, a declaração só produz efeitos desde a entrada em vigor desta última.
3. Ficam ressalvados os casos julgados, salvo decisão em contrário do Tribunal Constitucional quando a norma respeitar a matéria penal, disciplinar ou de ilícito de mera ordenação social e for de conteúdo menos favorável ao arguido.
4. Quando a segurança jurídica, razões de equidade ou interesse público de excepcional relevo, que deverá ser fundamentado, o exigirem, poderá o Tribunal Constitucional fixar os efeitos da inconstitucionalidade ou da ilegalidade com alcance mais restrito do que o previsto nos n.os 1 e 2."

daquela declaração ou decidir que ela só tenha eficácia a partir de seu trânsito em julgado ou de outro momento que venha a ser fixado.

Pouco tempo depois, a Lei n.º 9.882/99, que finalmente regulamentou a antes enigmática "arguição de descumprimento de preceito fundamental",[119] em seu art. 11, praticamente repetiu a redação do já mencionado art. 27:

> Art. 11. Ao declarar a inconstitucionalidade de lei ou ato normativo, no processo de arguição de descumprimento de preceito fundamental, e tendo em vista razões de segurança jurídica ou de excepcional interesse social, poderá o Supremo Tribunal Federal, por maioria de dois terços de seus membros, restringir os efeitos daquela declaração ou decidir que ela só tenha eficácia a partir de seu trânsito em julgado ou de outro momento que venha a ser fixado.

Se, de um lado, tais dispositivos podem ser vistos como nada mais que uma consolidação legislativa de uma tendência mais recente da jurisprudência do Supremo Tribunal Federal, de outro também podem ser vistos como uma tentativa de atribuir ao Supremo

---

[119] A arguição de descumprimento de preceito fundamental, na redação original da Constituição de 1988, estava prevista no parágrafo único do art. 102, que dispunha: "a arguição de descumprimento de preceito fundamental decorrente desta Constituição será apreciada pelo Supremo Tribunal Federal, na forma da lei". Seu significado permaneceu uma incógnita para a doutrina até a edição da já referida Lei n.º 9.882/99, que regulamentou o instituto e trouxe uma série de controvérsias. A análise das peculiaridades da chamada ADPF e de sua posição singular no ordenamento jurídico pátrio evidentemente fogem ao escopo desta obra, que tem por objeto a análise dos efeitos das decisões proferidas em controle de constitucionalidade de atos normativos. Para este estudo, basta a ressalva de que os comentários relativos à coisa julgada, à eficácia *erga omnes*, ao efeito vinculante e à modulação dos efeitos das decisões de inconstitucionalidade, concebidos originalmente para a ADIn e para a ADC, valem também para a ADPF, motivo pelo qual a referência, daqui por diante, será apenas à Lei n.º 9.868/99.

Tribunal poderes que a própria Constituição a ele negou. Mas antes que se estude a polêmica sobre a constitucionalidade do referido art. 27, é necessário precisar o conteúdo do dispositivo.

A parte inicial do artigo fala em declaração de inconstitucionalidade de lei ou ato normativo. Nesse ponto, é necessário ressaltar que a declaração de inconstitucionalidade, em controle principal-concentrado, não é produto apenas de uma decisão de procedência da ação direta de inconstitucionalidade, mas também de uma decisão de improcedência da ADC, a teor do que dispõe o art. 24 da mesma Lei n.º 9.868/99, que consagrou a tese da natureza dúplice dos processos de fiscalização abstrata de inconstitucionalidade no direito brasileiro:

> Art. 24. Proclamada a constitucionalidade, julgar-se-á improcedente a ação direta ou procedente eventual ação declaratória; e, proclamada a inconstitucionalidade, julgar-se-á procedente a ação direta ou improcedente eventual ação declaratória.

Pois bem, na sequência, o art. 27 estabelece dois requisitos materiais alternativos ("razões de segurança jurídica ou de excepcional interesse social") e um requisito formal (maioria de dois terços de seus membros) para que o Supremo Tribunal Federal possa "restringir os efeitos daquela declaração ou decidir que ela só tenha eficácia a partir de seu trânsito em julgado ou de outro momento que venha a ser fixado".

O requisito formal, consistente no voto da maioria de dois terços dos membros do Supremo Tribunal Federal, não oferece maiores dificuldades. Já a respeito dos dois requisitos materiais alternativos, importa reconhecer que, embora as chamadas "razões de segurança jurídica" apresentem um significado relativamente limitado, relacionando-se à preservação de certos efeitos das normas inconstitucionais (até em respeito à justa expectativa daqueles que obedeceram a normas que se presumiam constitucionais), as razões de "excepcional interesse social" abrigam virtualmente qualquer tipo de justificativa que esteja ligada (ou que se pretenda ligar...) a um interesse da sociedade, ficando a depender apenas da maior ou menor habilidade argumentativa do aplicador.[120] Nesse sentido, tem-se a crítica precisa de Ferreira Filho:

> Tais conceitos, porém, são extremamente amplos. Cobrem, na verdade, o que se quiser com eles cobrir. O primeiro, se tem uma caracterização relativamente determinada, pois, se pode dizer que "segurança jurídica" seria a manutenção de direitos gerados pelo ato inconstitucional, não exclui que o tribunal escolha entre os direitos que preserva e os que não preserva. Já o "interesse social" abrange tudo, ou ao menos tudo o que concerne à sociedade, o que não é pouco. Ademais, o que é de "excepcional" interesse social, cai no plano das apreciações subjetivas, personalíssimas.[121]

Por fim, a última parte do aludido art. 27 confere ao Supremo Tribunal Federal a possibilidade de "restringir os efeitos daquela declaração ou decidir que ela só tenha eficácia a partir de seu trânsito em julgado ou de outro momento que venha a ser fixado". Trata-se de fórmula bastante aberta, que comporta, em tese, restrições de vários tipos à eficácia da decisão de inconstitucionalidade.[122]

---

[120] Reconhecendo a amplitude dos poderes conferidos pelo dispositivo ao Supremo Tribunal Federal, Zeno Veloso alerta: "O Supremo só poderá utilizar mecanismos tão extensos e de tanta largueza, no controle jurisdicional, quando exigir a segurança jurídica e em nome do mais alto e nobre interesse social, já alertamos. A temperança, o comedimento e a prudência no emprego da faculdade de dar conteúdo normativo às suas decisões serão os ingredientes essenciais para que a inovação seja democrática e salutar" (***Controle jurisdicional de constitucionalidade***. 2. ed. Belo Horizonte: Del Rey, 2000. p. 196).

[121] FERREIRA FILHO, Manoel Gonçalves. O valor do ato inconstitucional em face do direito positivo brasileiro. ***Revista de Direito Administrativo, n.º 230, out./dez. 2002***. p. 226.

[122] Em sentido contrário, Elival da Silva Ramos sustenta que "o artigo 27 da Lei n.º 9.868/99 cuida exclusivamente da modulação dos efeitos temporais

O primeiro tipo de restrição (e mais óbvio, porque expresso) é aquele relacionado à possibilidade de modulação temporal dos efeitos da decisão. Assim, em teoria, podem ser proferidas decisões que produzem efeitos apenas a partir de um momento situado entre a edição do ato normativo e o trânsito em julgado da decisão de inconstitucionalidade (retroatividade limitada); apenas a partir do trânsito em julgado (*ex nunc*), e apenas a partir de um momento posterior ao trânsito em julgado (*pro futuro*).

O segundo tipo, extraído do direito português (o qual, como se sabe, serviu de modelo para o art. 27 ora em comento) e também mencionado por Veloso, diz respeito à possibilidade de afastamento do chamado "efeito repristinatório", objeto de estudo no item 5.4.[123]

Por fim, deve ser mencionada a possibilidade de restrição material dos efeitos da declaração de inconstitucionalidade, evitando-se, assim, a pronúncia da nulidade da norma inconstitucional. O exemplo mais claro dessa hipótese é o fornecido por Mendes, Coelho e Branco: a concessão de um dado benefício a apenas uma categoria de pessoas, com a exclusão das demais, em desrespeito ao princípio da isonomia. Diante de tal situação, o Supremo poderia optar entre: declarar a inconstitucionalidade e pronunciar a nulidade, eliminando o benefício, e declarar a inconstitucionalidade, mas não pronunciar a nulidade, reconhecendo que a eliminação do benefício conduziria a uma situação ainda mais inconstitucional.[124]

---

que, aparentemente, insista-se, decorrem da decisão declaratória de inconstitucionalidade" (***Perspectivas de evolução do controle de constitucionalidade no Brasil***. São Paulo: 2005. p. 280).

[123] Veloso, Zeno. ***Controle jurisdicional de constitucionalidade***. 2. ed. Belo Horizonte: Del Rey, 2000. p. 194. No direito português, cf. Miranda, Jorge. ***Manual de Direito Constitucional***. 2. ed. Coimbra: Coimbra Editora, 2005. t. VI. p. 286; Canotilho, José Joaquim Gomes. ***Direito Constitucional e Teoria da Constituição***. 7. ed. Coimbra: Almedina, 2000. p. 1016-1017.

[124] Cf. Mendes, Gilmar Ferreira; Coelho, Inocêncio Mártires; Branco, Paulo Gustavo Gonet. ***Curso de Direito Constitucional***. São Paulo: Saraiva, 2007. p. 1207-1208. A situação mencionada pelos autores é referida por

Definido o conteúdo do art. 27 da Lei n.º 9.868/99 e constatada sua grande abrangência, resta analisar a polêmica instaurada na doutrina pátria acerca de sua constitucionalidade. E aqui os posicionamentos são bastante diversificados.

Ramos sustenta a inconstitucionalidade do dispositivo:

> O ponto mais importante, entretanto, reside na patente inconstitucionalidade do artigo 27 da Lei Federal n.º 9.868/99, na medida em que interfere nos efeitos inerentes à sanção de nulidade com que, em nosso sistema jurídico, se combate a inconstitucionalidade legislativa, sanção essa que decorre das características do modelo de fiscalização traçado pela Lei Maior, configurando, como já se viu, um princípio constitucional implícito.[125]

Palu, por sua vez, detecta inconstitucionalidade apenas na hipótese de aplicação do referido art. 27 para que os efeitos da decisão sejam produzidos *pro futuro*:

> Entretanto, quanto ao artigo 27 da Lei 9.868/99, que atribuiu a possibilidade de fixar o STF data posterior ao trânsito em julgado para que os efeitos da declaração de inconstitucionalidade passem a se efetivar, caso se pretenda extrair daí uma permissão para que a lei declarada inconstitucional continue a ser aplicada a casos futuros (não sei se a tanto chegaríamos), entendo que se está malferindo a própria Constituição. O legislador ordinário não tem poderes para atribuir ao STF competência para que este determine a observância de uma lei, já declarada inconstitucional – somente a Constituição poderia fazê-lo.[126]

Walter Claudius Rothenburg, mas como hipótese de restrição do alcance pessoal da decisão (Argüição de descumprimento de preceito fundamental. In: TAVARES, André Ramos; ROTHENBURG, Walter Claudius. (org.). ***Argüição de descumprimento de preceito fundamental: análises à luz da Lei nº 9.882/99***. São Paulo: Atlas, 2001. p. 228).

[125] RAMOS, Elival da Silva. ***Perspectivas de evolução do controle de constitucionalidade no Brasil***. São Paulo: 2005. p. 278-279.

[126] PALU, Oswaldo Luiz. ***Controle de constitucionalidade: conceitos, sistemas e efeitos***. 2. ed. São Paulo: Revista dos Tribunais, 2001. p. 186-187.

Sarlet, sem se posicionar peremptoriamente sobre o tema, alerta que:

> *É justamente pela relevância da matéria e por suas consequências para a ordem jurídico-constitucional pátria – por mais que se possa sempre objetar inexistir algo como uma espécie de reserva material para a emenda constitucional (no sentido de que inexistem assuntos sobre os quais apenas o poder constituinte reformador possa dispor) – que se afigura pelo menos como* plausível o entendimento de que estamos a tratar – notadamente no que diz com o poder cautelar atribuído ao Supremo Tribunal Federal, o efeito vinculante, bem como a possibilidade de restringir os efeitos da declaração de inconstitucionalidade – de matéria tipicamente constitucional e que no mínimo não se revela conveniente sua regulação por mera lei ordinária, inclusive se considerada a questão pelo prisma da legitimidade democrática. Com efeito, não parece razoável que se atribua à maioria simples e transitória do Congresso Nacional a decisão sobre questões de tal sorte relevantes. [...]
>
> [...] a tese da inconstitucionalidade por inidoneidade do meio escolhido (lei ordinária) pode eventualmente não ser a melhor nem vir a prevalecer quando de uma manifestação do Supremo Tribunal Federal a respeito, mas seguramente merece ser levada a sério [...][127]

Barroso, tendo participado da comissão que redigiu o anteprojeto do texto que se tornaria a Lei n.° 9.868/99, relata que, à época, inclinou-se no sentido da inconstitucionalidade do art. 27, pois entendia que a matéria só poderia ser disciplinada por emenda constitucional:

> Aqui cabe um registro pessoal. Havendo participado da comissão constituída pelo Ministro da Justiça para elaboração do anteprojeto

---

[127] Cf. SARLET, Ingo Wolfgang. Argüição de descumprimento de preceito fundamental In: TAVARES, André Ramos; ROTHENBURG, Walter Claudius. (org.). ***Argüição de descumprimento de preceito fundamental: análises à luz da Lei n° 9.882/99***. São Paulo: Atlas, 2001. p. 160 e 165.

que resultou na Lei n. 9.868/99 – que trabalhou sobre um texto base elaborado pelo hoje Ministro Gilmar Mendes – manifestei-me contra a inovação, em voto vencido. Três argumentos fundamentaram meu ponto de vista. O primeiro era este que venho de expor: parecia-me que a providência desejada exigia uma emenda à Constituição. O segundo: o STF já administrava satisfatoriamente o problema, atenuando o rigor da teoria da nulidade nas hipóteses em que ela produzia resultados colidentes com outros valores constitucionais. Em terceiro lugar, o temor, que no Brasil não é infundado, de que as exceções virem regra, manipuladas pelas "razões de Estado" ou pelo lastimável varejo político que ainda é a marca de um país em busca de amadurecimento.[128]

Streck, a seu turno, também rejeita a possibilidade de livre fixação dos efeitos temporais da decisão:

> Cabe referir, por último, que uma coisa é conceder efeito *ex nunc* às decisões em sede de controle concentrado de constitucionalidade; outra é especificar, para além do efeito *ex nunc* ou para aquém do efeito *ex tunc*, outra data para a eficácia da decisão de pronúncia de inconstitucionalidade. Com efeito, tenho que a concessão desse arbítrio ao Supremo Tribunal Federal tem o condão de disponibilizar, a este, a própria constitucionalidade da lei. Ora, nem a Constituição está disponível ao Supremo Tribunal Federal e tampouco este pode dispor do prazo para o início da eficácia de sua decisão (ressalvado o caso do efeito *ex nunc*, *stricto sensu*, já praticado desde há muito em Tribunais Europeus, na tradição da doutrina kelseniana). Tal possibilidade enfraquece a força normativa da Constituição, em virtude da possibilidade de manipulação dos efeitos, a partir de vagos e ambíguos fundamentos da existência de razões de segurança jurídica ou de excepcional interesse social [*sic*]. Tal previsão é absolutamente estranha ao Direito Constitucional brasileiro. Se há razões de ordem pragmática que apontam para a necessidade

[128] BARROSO, Luís Roberto. ***O controle de constitucionalidade no direito brasileiro***. 2. ed. São Paulo: Saraiva, 2006. p. 24, nota 61.

> de mitigação da previsão do efeito *ex tunc*, a partir da possibilidade de o Tribunal Constitucional estabelecer efeito *ex nunc*, não parece razoável admitir que a decisão de inconstitucionalidade venha a contemplar eficácia pró-futuro, para além do mero efeito *ex nunc*, ou parte para o passado, com o que o efeito nem seria *ex tunc* e nem *ex nunc*. Estar-se-ia atribuindo um espaço de arbitrariedade ao Supremo Tribunal Federal que, a toda evidência, viola os princípios da proporcionalidade e da razoabilidade.[129]

De outro lado, Mendes, apesar de considerar que a nulidade da lei inconstitucional tem estatura constitucional,[130] defende a possibilidade de o legislador, em atenção a outro princípio também constitucional (a segurança jurídica), prever a limitação dos efeitos da decisão de inconstitucionalidade:

> Nessa medida, é imperativo concordar com a orientação do Supremo Tribunal Federal que parece reconhecer hierarquia constitucional ao postulado da nulidade da lei incompatível com a Constituição.
> *É interessante notar que essa orientação não obsta que se admita o desenvolvimento de fórmulas intermediárias entre a nulidade e a simples declaração de constitucionalidade, tanto com fundamento na necessidade de uma nova forma de censura para atender os casos especiais (v.g., omissão inconstitucional), quanto com base em um dos princípios fundamentais do Estado de Direito, a id*eia de segurança jurídica.

---

[129] Streck, Lenio Luiz. ***Jurisdição constitucional e hermenêutica: uma nova crítica do Direito***. 2. ed. Rio de Janeiro: 2004. p. 697-698.

[130] Nesse sentido, Martins e Mendes argumentam: "O princípio do Estado de Direito, fixado no art. 1.°, a aplicação imediata dos direitos fundamentais, consagrada no §1.° do art. 5.°, a vinculação dos órgãos estatais aos princípios constitucionais, que daí resulta, e a imutabilidade dos princípios constitucionais, no que concerne aos direitos fundamentais e ao processo especial de reforma constitucional, ressaltam a supremacia da Constituição" (Martins, Ives Gandra da Silva; Mendes, Gilmar Ferreira. ***Controle concentrado de constitucionalidade: comentários à Lei n. 9.868, de 10-11-1999***. São Paulo: Saraiva, 2001. p. 317).

> Esse entendimento permitiu que a Comissão de Juristas encarregada de elaborar o projeto de lei sobre o processo e julgamento da ação direta e da ação declaratória formulassem a seguinte proposta [...].[131]

Já como Ministro do Supremo Tribunal Federal, assim se pronunciou o autor:

> Essas questões parecem suficientes para demonstrar que, sem abandonar a doutrina tradicional da nulidade da lei inconstitucional, é possível e, muitas vezes, inevitável, com base no princípio da segurança jurídica, afastar a incidência do princípio da nulidade em determinadas situações.
> Vê-se, nesse passo, que o art. 27 da Lei 9.868/99 limita-se a explicitar orientação que decorre do próprio sistema de controle de constitucionalidade.
> Não se nega, pois, o caráter de princípio constitucional ao princípio da nulidade da lei inconstitucional. Entende-se, porém, que tal princípio não poderá ser aplicado nos casos em que se revelar absolutamente inidôneo para a finalidade perseguida (casos de omissão; exclusão de benefício incompatível com o princípio da igualdade), bem como nas hipóteses em que, como ocorre no presente caso, a sua aplicação pudesse trazer danos para o próprio sistema jurídico constitucional (grave ameaça à segurança jurídica).
> (ADIn n.º 2240-7/BA, Rel. Min. Eros Grau, Tribunal Pleno, j. 9.5.2007)

Zavascki também rejeita a tese da inconstitucionalidade do art. 27, argumentando que a nulidade dos atos inconstitucionais é um "valor constitucional" com a mesma hierarquia que a segurança jurídica e o excepcional interesse social, sendo que, nos casos concretos a ele submetidos, o Supremo apenas faz prevalecer o valor mais adequado naquela situação:

---

131 MENDES, Gilmar Ferreira. ***Jurisdição constitucional***. 3. ed. São Paulo: Saraiva, 1999. p. 264-265.

> [...] é justamente esse o quadro suposto pelo art. 27 da Lei 9.868, de 10.11.1999, o de um manifesto conflito entre valores constitucionais de mesma hierarquia: de um lado, a nulidade do ato; de outro, o sério comprometimento da segurança jurídica ou de excepcional interesse social. Tendo de dirimi-lo, o STF faz prevalecer o bem jurídico que considera ser mais relevante na situação em causa, ainda que isso importe a manutenção de atos ou situações formados com base em lei que se pressupunha válida, mas que era nula.[132]

Posição distinta parece ser a de Ferrari, que sustenta a constitucionalidade do dispositivo por outros motivos. Segundo a autora, diante do silêncio de nossas várias Constituições, a definição acerca do alcance das decisões de inconstitucionalidade ficaria a cargo da jurisprudência e, eventualmente, do legislador. Confira-se:

> Não obstante, diferentemente da Constituição portuguesa, nossa Lei Fundamental nunca determinou o universo dos efeitos da declaração de inconstitucionalidade da lei, deixando para o campo da jurisprudência a fixação da sua extensão no tempo.
> Veio em boa hora a previsão, mesmo que seja por via legislativa, da capacidade do Supremo Tribunal Federal de restringir, por voto de dois terços de seus membros, tendo em vista razões de segurança jurídica ou de excepcional interesse social, os efeitos da declaração de inconstitucionalidade. Mesmo porque, a falta de tal possibilidade pode, muitas vezes, obrigar aos [*sic*] Tribunais a se absterem de manifestar um juízo de inconstitucionalidade flagrante.[133]

No mesmo sentido, a orientação de Ferreira Filho:

> Sem dúvida, objetar-se-á que esta prevalência da visão kelseniana decorre de uma inconstitucionalidade. Ou, mais precisamente,

---

[132] ZAVASCKI, Teori Albino. ***Eficácia das sentenças na jurisdição constitucional***. São Paulo: Revista dos Tribunais, 2001. p. 50.

[133] FERRARI, Regina Maria Macedo Nery. ***Efeitos da declaração de inconstitucionalidade***. 5. ed. São Paulo: Revista dos Tribunais, 2004. p. 326.

> que a possibilidade de restrição dos efeitos do reconhecimento de inconstitucionalidade, é ela própria inconstitucional.
> Qual porém, o parâmetro de tal inconstitucionalidade? A doutrina tradicional, a jurisprudência majoritária?
> Estão aí fortes argumentos, mas contra eles se pode arguir que o Supremo Tribunal Federal sempre excepcionou a regra da nulidade. Mais, que o entendimento em prol da nulidade vinha da ausência da determinação legal dos efeitos da inconstitucionalidade, o que agora passou a existir.
> Assim, não há razões de otimismo para o sucesso da impugnação da constitucionalidade das inovações estudadas.[134]

A nosso ver, a razão parece estar com aqueles que sustentam a inexistência de vício de inconstitucionalidade no art. 27 da Lei n.° 9.868/99.

Em primeiro lugar porque, na doutrina e na jurisprudência brasileiras, o acolhimento da tese da nulidade absoluta do ato inconstitucional parece ter se devido mais à influência da figura de Rui Barbosa que a uma opção consciente e identificável do constituinte. É claro que a isso se poderia objetar que a inicial adoção, pelo Brasil, de um sistema de controle incidental-difuso de nítida inspiração norte-americana já demonstraria a existência de uma norma constitucional implícita estabelecendo a nulidade absoluta do ato inconstitucional. Contudo, há de se reconhecer que uma sanção de anulabilidade conformada como "*ex tunc* em regra e *ex nunc* excepcionalmente" também seria perfeitamente compatível com nosso sistema de controle de constitucionalidade, não havendo fundamento constitucional suficiente para a exclusão da tese da anulabilidade.

Em segundo lugar, ainda que se considerasse a nulidade absoluta dos atos inconstitucionais como um preceito implícito de estatura constitucional, o mesmo poderia ser dito acerca da segurança

---

[134] FERREIRA FILHO, Manoel Gonçalves. O valor do ato inconstitucional em face do direito positivo brasileiro. ***Revista de Direito Administrativo, n. 230, out./dez. 2002***. p. 236, nota 47.

jurídica, de modo que o legislador, ao deixar expresso aquilo que já era da prática do Supremo, não incorreu em inconstitucionalidade.

5.2.5. As medidas cautelares em ação direta de inconstitucionalidade e em ação declaratória de constitucionalidade

A previsão expressa da possibilidade de concessão de medida cautelar pelo Supremo Tribunal Federal em sede de controle principal-concentrado foi introduzida pela EC n.º 7/77 sob o regime da Constituição de 1967/1969.

Tal possibilidade foi mantida pela atual Constituição (art. 102, I, *p*) e disciplinada pela Lei n.º 9.868/99, tanto no que tange à ADIn (arts. 10 a 12) quanto no tocante à ADC (art. 21)

No âmbito deste livro, quanto à ADIn, importa analisar o disposto no art. 11, § 1.º, da referida lei, segundo o qual "a medida cautelar, dotada de eficácia contra todos, será concedida com efeito *ex nunc*, salvo se o Tribunal entender que deva conceder-lhe eficácia retroativa".

Como é possível perceber, ao contrário da decisão definitiva em ação direta de inconstitucionalidade, a regra, no que diz respeito à medida cautelar, é a produção de efeitos *ex nunc*. Isso se explica ante o caráter provisório da medida, que visa apenas garantir a efetividade e utilidade do julgamento definitivo da ação, preservando as situações já consolidadas durante a vigência do ato normativo questionado.[135]

Embora seja essa a regra geral, admite-se a concessão de efeitos *ex tunc* excepcionalmente, ficando a cargo do Supremo Tribunal Federal analisar as hipóteses em que deva ser conferido esse efeito.[136]

---

135 VELOSO, Zeno. ***Controle jurisdicional de constitucionalidade***. 2. ed. Belo Horizonte: Del Rey, 2000. p. 100.

136 Exemplo interessante, anterior mesmo à edição da Lei n.º 9.868/99, é o da medida cautelar na ADIn n.º 596/RJ, de 1991. No caso, foi editada Emenda à Constituição do Estado do Rio de Janeiro, que tornou sem efeito

Relevante notar que a medida cautelar possui, ainda, eficácia *erga omnes* e efeito vinculante.[137]

---

a criação do Conselho Estadual de Contas, alcançando tal regra todos os atos já praticados por tal conselho no exercício de sua competência e o próprio ato de nomeação de seus membros. Em seu voto, asseverou o Min. Moreira Alves: "[...] atendendo ao fim que justifica a existência mesma desse excepcionalíssimo instrumento que é essa cautelar, não tenho dúvida de que, quando a norma impugnada tem os seus efeitos exauridos logo após sua entrada em vigor, mas com repercussão indireta no futuro pela desconstituição de atos pretéritos, repercussão essa a justificar a concessão da liminar, tal concessão se dá para o efeito único possível de suspender a eficácia da norma *ex tunc*, certo como é que não se pode suspender para o futuro o que já se exauriu no passado".

[137] BARROSO, Luis Roberto. ***O controle de constitucionalidade no direito Brasileiro***. 2. ed. São Paulo: Saraiva, 2006. p. 168-169. A concessão da liminar pode, no entanto, gerar alguma dificuldade com relação aos processos judiciais pendentes: devem ser eles suspensos ou julgados como se a lei inconstitucional fosse? Embora a Lei n.º 9.868/99 não preveja expressamente a suspensão no caso de ADIn, o Supremo Tribunal Federal, mesmo antes de 1999, já admitia essa possibilidade (RE – QO n.º 168.277 / RS, rel. Min. Ilmar Galvão, Tribunal Pleno, j. 4/02/1998, D.J. 29/5/1998. Segundo Teori Albino Zavascki, "concedida a liminar em ação direta, os feitos pendentes perante os tribunais inferiores deverão, ou ser suspensos até a decisão definitiva do STF (art. 265, IV, a, do CPC), ou ser julgados, neste caso sem a aplicação da norma cuja vigência está suspensa" (***Eficácia das sentenças na jurisdição constitucional***. São Paulo: RT, 2001. p. 70) . Em tese, a melhor solução parece ser a suspensão do feito, para que se evite o trânsito em julgado de decisões eventualmente contrárias ao entendimento firmado em caráter definitivo pela Corte Suprema, privilegiando-se, assim, a segurança jurídica. Nessa esteira, em caso recente (Rcl n.º 2256/RN, rel. Min. Gilmar Mendes, Tribunal Pleno, j. 11/9/2003, D.J. 30/4/2004), o STF determinou a suspensão do julgamento das ações que envolviam a aplicabilidade de uma norma cuja eficácia havia sido suspensa por medida cautelar em ADIn. Ocorre que, dada a natureza de determinadas causas, a suspensão nem sempre é possível sem que as partes sejam prejudicadas em virtude da demora na solução da lide. Nesse segundo sentido também, há fortes argumentos, como os lançados pelo Min. Marco Aurélio na mesma reclamação acima citada: " [...] temos que, nesse caso, quando

No que diz respeito à ação declaratória de constitucionalidade, a medida cautelar, como dito anteriormente, vem prevista no art. 21 da Lei n.º 9.868/99 e ensejará a "determinação de que os juízes e os Tribunais suspendam o julgamento dos processos que envolvam a aplicação da lei ou do ato normativo objeto da ação até seu julgamento definitivo".[138]

Como se percebe, os efeitos conferidos pela legislação à medida cautelar em ADC são, em princípio,[139] diferentes daqueles estabelecidos para a ADIn. Isso se deve à própria natureza do pedido de cada uma das referidas ações. No primeiro caso, busca-se apenas

---

se defere uma liminar, geralmente o processo tramita e, tendo em conta a avalanche de processos objetivos, o julgamento final demora três, quatro ou cinco anos. Indago: a se admitir a suspensão dos processos em curso, não teremos, aí, a paralisação da própria jurisdição? Indago: se a jurisdição está voltada ao restabelecimento da paz social, momentaneamente abalada pelo conflito de interesses, devendo, portanto, ser acionada, implementada num espaço de tempo razoável, teremos a permanência desses conflitos? O Direito, especialmente o Direito instrumental, é orgânico e dinâmico, e há de se percorrer as etapas próprias do processo, no que o processo não encerra o fetichismo da forma, mas liberdade em seu sentido maior; liberdade evidenciando o que pode, ou não, ocorrer no próprio processo".

138 Cumpre aqui fazer referência ao art. 5.º, § 3.º da Lei n.º 9.882/99, o qual estabelece os efeitos da medida cautelar na arguição de descumprimento de preceito fundamental: "a liminar poderá consistir na determinação de que juízes e tribunais suspendam o andamento de processo ou os efeitos de decisões judiciais, ou de qualquer outra medida que apresente relação com a matéria objeto da arguição de descumprimento de preceito fundamental, salvo se decorrentes da coisa julgada." Aqui, observa-se que o legislador conferiu ao julgador, na arguição de descumprimento de preceito fundamental, uma liberdade maior na fixação dos efeitos da medida cautelar, que podem consistir não apenas na suspensão do andamento de outros feitos, mas também em "outra medida que apresente relação com a matéria objeto da arguição de descumprimento de preceito fundamental, salvo se decorrentes da coisa julgada", aí incluída a própria suspensão do ato impugnado.

139 Sim, porque, como se viu, o Supremo Tribunal Federal vem determinando a suspensão de outros feitos também no caso de medidas cautelares concedidas em ADIn, a despeito da inexistência de autorização legal expressa.

a certeza quanto à validade de norma que já se encontra em vigor, e, sendo assim, presta-se a liminar apenas a evitar a produção de julgados que lhe neguem aplicação. No segundo, almeja-se a não aplicação da norma tida por inconstitucional, servindo o provimento cautelar, portanto, justamente para afastar, temporariamente (até decisão definitiva), a eficácia de referida norma, evitando-se a proliferação e consolidação de atos que afrontem a Constituição.

Por fim, estabeleceu o legislador, no parágrafo único do art. 21 já mencionado, a perda da eficácia da medida cautelar concedida na hipótese de o Supremo Tribunal Federal não proceder ao julgamento definitivo da ADC em 180 dias, evitando-se assim a perpetuação de liminares.[140]

5.2.6. A declaração parcial de inconstitucionalidade sem redução do texto e a interpretação conforme a Constituição

À luz do que foi dito nos itens anteriores, torna-se necessário o estudo das relações existentes entre, de um lado, a coisa julgada, a eficácia *erga omnes* e o efeito vinculante e, de outro, as técnicas de decisão conhecidas como interpretação conforme a Constituição e declaração parcial de inconstitucionalidade sem redução do texto. A questão se colocaria por si só, na medida em que ambas as técnicas podem ser utilizadas no controle de constitucionalidade pela via principal-abstrata, cujas decisões, como visto, possuem eficácia *erga omnes* e efeito vinculante. Dando mostras da relevância da questão, o próprio legislador houve por bem explicitar, no art. 28, parágrafo único, da Lei n.º 9.868/99, que:

---

[140] Ives Gandra da Silva Martins e Gilmar Ferreira Mendes entendem ser possível a prorrogação do prazo conferido pela lei. Cf. MENDES, Gilmar Ferreira; COELHO, Inocêncio Mártires; BRANCO, Paulo Gustavo Gonet. ***Curso de Direito Constitucional***. São Paulo: Saraiva, 2007. p. 1084; MARTINS, Ives Gandra da Silva; MENDES, Gilmar Ferreira. ***Controle concentrado de constitucionalidade: comentários à Lei n. 9.868, de 10-11-1999***. São Paulo: Saraiva, 2001. p. 283.

> Art. 28. [...]
> Parágrafo único. A declaração de constitucionalidade ou de inconstitucionalidade, inclusive a interpretação conforme a Constituição e a declaração parcial de inconstitucionalidade sem redução de texto, têm eficácia contra todos e efeito vinculante em relação aos órgãos do Poder Judiciário e à Administração Pública federal, estadual e municipal.

Num primeiro momento, cumpre identificar o significado de cada uma dessas técnicas decisórias.

A declaração parcial de inconstitucionalidade sem redução do texto, também conhecida no direito alemão, conforme relato de Mendes,[141] implica o reconhecimento da inconstitucionalidade de determinada interpretação de um texto normativo sob determinadas circunstâncias. Não se reconhece a inconstitucionalidade do texto da norma em si, mas apenas de um dos seus possíveis significados quando aplicado a certa situação. Conforme ensina Veloso:

> A norma impugnada continua vigendo, na forma originária. O texto continua o mesmo, mas o Tribunal limita ou restringe a sua aplicação, não permitindo que ela incida nas situações determinadas, porque, nestas, há a inconstitucionalidade. Nas outras não.[142]

A interpretação conforme a Constituição, por sua vez, é uma técnica originária do direito norte-americano[143] que já era conhecida

---

[141] Cf. MENDES, Gilmar Ferreira. ***Jurisdição constitucional***. 3. ed. São Paulo: Saraiva, 1999. p. 204-207. Além de relatar a prática alemã, o autor, nas páginas 276 e 277 da mesma obra, busca identificar antecedentes da referida técnica tanto na doutrina como na jurisprudência brasileiras.

[142] VELOSO, Zeno. ***Controle jurisdicional de constitucionalidade***. 2. ed. Belo Horizonte: Del Rey, 2000. p. 165.

[143] Cf. MENDES, Gilmar Ferreira; COELHO, Inocêncio Mártires; BRANCO, Paulo Gustavo Gonet. ***Curso de Direito Constitucional***. São Paulo: Saraiva, 2007. p. 1187-1888.

no direito brasileiro antes mesmo da Constituição de 1988,[144] e consiste em uma operação realizada pelo órgão decisório em que esse, diante da arguição de inconstitucionalidade de uma norma plurissignificativa, opta por conferir à norma impugnada um significado não colidente com a Constituição, afastando os demais.[145] É importante ressaltar, contudo, que a interpretação conforme a Constituição conhece limites, não podendo ser utilizada quando o sentido da norma impugnada é unívoco e contrário à Constituição ou quando da operação de interpretação resultar uma completa distorção do comando original desejado pelo legislador.[146]

Como se vê, a semelhança entre tais técnicas é significativa a ponto de doutrinadores, como Alexandre de Moraes, reconhecerem a existência de uma relação de complementaridade entre elas:

---

[144] CLÈVE, Clèmerson Merlin. ***A fiscalização abstrata da constitucionalidade no direito brasileiro***. 2. ed. São Paulo: RT, 2000. p. 263.

[145] PALU, Oswaldo Luiz. ***Controle de constitucionalidade: conceitos, sistemas e efeitos***. 2. ed. São Paulo: RT, 2001. p. 227-228.

[146] Na lição de Canotilho, sempre citada a esse respeito, os limites para a interpretação conforme a Constituição seriam: "(i) a interpretação conforme a constituição só é legítima quando existe um *espaço de decisão* (= espaço de interpretação) aberto a várias propostas interpretativas, umas em conformidade com a constituição e que devem ser preferidas, e outras em desconformidade com ela; (ii) no caso de se chegar a um resultado interpretativo de uma norma jurídica em inequívoca contradição com a lei constitucional, impõe-se a *rejeição*, por inconstitucionalidade, dessa norma (= competência de rejeição ou não aplicação de normas inconstitucionais pelos juízes), proibindo-se a sua correcção pelos tribunais (= proibição de correcção de norma jurídica em contradição inequívoca com a constituição); (iii) a interpretação das leis em conformidade com a constituição deve afastar-se quando, em lugar do resultado querido pelo legislador, se obtém uma regulação nova e distinta, em contradição com o sentido literal ou sentido objectivo claramente recognoscível da lei ou em manifesta dessintonia com os objectivos pretendidos pelo legislador" (***Direito Constitucional e Teoria da Constituição***. 7. ed. Coimbra: Almedina, 2003. p. 1227).

> [...] a declaração de inconstitucionalidade parcial sem redução de texto pode ser utilizada como um mecanismo para atingir uma interpretação conforme a Constituição e, dessa forma, preservar a constitucionalidade da lei ou do ato normativo, excluindo-se algumas de suas interpretações possíveis. Apesar de a doutrina apontar as diferenças entre a interpretação conforme a Constituição – que consiste em técnica interpretativa – e a declaração de inconstitucionalidade parcial sem redução de texto – que configura técnica de decisão judicial –, entender-se [*sic*] que ambas as hipóteses se complementam, de forma que, diversas vezes, para atingir uma interpretação conforme a Constituição, o intérprete deverá declarar a inconstitucionalidade de algumas interpretações possíveis do texto legal, sem contudo alterá-lo gramaticalmente.[147]

No entanto, Mendes, Coelho e Branco, analisando os julgados do Supremo Tribunal Federal, relata que a inclinação inicial da corte, no sentido de equiparar a declaração parcial de inconstitucionalidade sem redução do texto à interpretação conforme a Constituição, parece estar hoje superada, reconhecendo-se autonomia à primeira, posicionamento esse consagrado no já referido art. 28, parágrafo único, da Lei n.º 9.868/99.[148]

Pois bem, fixadas essas noções básicas, cumpre agora analisar como se comportam a coisa julgada, a eficácia *erga omnes* e o efeito vinculante nos casos em que são utilizadas as técnicas decisórias referidas anteriormente.

No que se refere aos seus efeitos, a declaração parcial de inconstitucionalidade sem redução do texto parece não oferecer

---

[147] MORAES, Alexandre de. ***Jurisdição constitucional e tribunais constitucionais: garantia suprema da Constituição***. São Paulo: Atlas, 2000. p. 275.

[148] Cf. MENDES, Gilmar Ferreira; COELHO, Inocêncio Mártires; BRANCO, Paulo Gustavo Gonet. ***Curso de Direito Constitucional***. São Paulo: Saraiva, 2007. p. 1188-1191. O paradigma indicado pelo autor é a ADIn – MC n.º 491 / AM, rel. Min. Moreira Alves, Tribunal Pleno, j. 13/6/1991, assim ementada:

maiores dificuldades, na medida em que, nessa hipótese, a Corte pode fundamentar sua decisão em um raciocínio como "a lei *x*, se interpretada do modo *y*, afronta a Constituição Federal" e redigir uma decisão cuja parte dispositiva se assemelhe a "ante o exposto, julgam parcialmente procedente a ADIn para declarar inconstitucional a lei *x* se interpretada ou aplicada do modo *y*". Aqui, coisa julgada, eficácia *erga omnes* e efeito vinculante acabam funcionando como normalmente o fariam em uma ADIn comum, em que o Supremo atua como legislador meramente negativo.

Contudo, quando em sede de controle abstrato de normas plurissignificativas, é utilizada a interpretação conforme a Constituição, a questão dos efeitos da decisão pode tornar-se muito mais complexa. Isso porque, nesses casos, a parte dispositiva da decisão da corte pode acabar sendo redigida como "julgam improcedente a ADIn desde que a lei *x* seja interpretada do modo *y*, afastados todos os

---

"Ação direta de inconstitucionalidade. Pedido de liminar. – Ocorrência, no caso, da relevância jurídica e do *periculum in mora*, com relação a ambos os dispositivos impugnados. – Sucede, porém, que a inconstitucionalidade argüida quanto ao parágrafo único do artigo 86 da Constituição do Estado do Amazonas visa apenas a extensão, que ele determina, implicitamente, que se faça ao Ministério Público, do inciso V do artigo 64 da mesma Carta Magna. Implicitamente, porque essa extensão decorre dos termos 'IV a XIII' que integram a remissão feita pelo primeiro desses dispositivos. – No caso, portanto, como não se pode suspender a eficácia de qualquer expressão do dispositivo impugnado, pois este não alude ao inciso V do artigo 64 senão implicitamente por meio da expressão abrangente ('IV a XIII'), impõe-se a utilização da técnica de concessão da liminar 'para a suspensão da eficácia parcial do texto impugnado sem a redução de sua expressão literal', que, se feita, abarcaria normas autônomas, e, portanto, cindíveis, que não são atacadas como inconstitucionais. Pedido de liminar deferido, em parte, para suspender, 'ex nunc', a eficácia do artigo 9. da Lei n. 1946, de 14.3.90, do Estado do Amazonas, bem como para suspender, sem redução da letra de seu texto, a aplicação do parágrafo único do artigo 86 da Constituição do mesmo Estado, no que concerne a remissão ao inciso V do artigo 64 dela também constante."

outros significados possíveis".[149-150]. É exatamente aí que reside o problema: será sempre possível que, na prática, a Corte realmente analise todos os demais significados possíveis de uma norma? E, caso a resposta seja negativa, será ainda assim possível o uso da fórmula "afastados todos os outros significados possíveis"? Essa problemática é percebida de modo semelhante por Streck:

> Sendo a interpretação conforme a Constituição uma forma adaptativa/corretiva, e por vezes, criadora de novos sentidos, e, portanto,

---

[149] E não se olvide que o Supremo Tribunal Federal na ADI-QO n.º 319, de 1993, além de fazer uso da declaração de inconstitucionalidade sem redução do texto, também conferiu interpretação conforme utilizando a seguinte fórmula: "Ação direta de inconstitucionalidade. Lei 8.039, de 30 de maio de 1990, que dispõe sobre critérios de reajuste das mensalidades escolares e da outras providencias. – Em face da atual Constituição, para conciliar o fundamento da livre iniciativa e do princípio da livre concorrência com os da defesa do consumidor e da redução das desigualdades sociais, em conformidade com os ditames da justiça social, pode o Estado, por via legislativa, regular a política de preços de bens e de serviços, abusivo que é o poder econômico que visa ao aumento arbitrário dos lucros. – Não é, pois, inconstitucional a Lei 8.039, de 30 de maio de 1990, pelo só fato de ela dispor sobre critérios de reajuste das mensalidades das escolas particulares. – Exame das inconstitucionalidades alegadas com relação a cada um dos artigos da mencionada Lei. Ofensa ao princípio da irretroatividade com relação à expressão 'marco' contida no parágrafo 5. do artigo 2. da referida Lei. Interpretação conforme a Constituição aplicada ao 'caput' do artigo 2., ao parágrafo 5. desse mesmo artigo e ao artigo 4., todos da Lei em causa. Ação que se julga procedente em parte, para declarar a inconstitucionalidade da expressão 'marco' contida no parágrafo 5. do artigo 2. da Lei n° 8.039/90, e, parcialmente, o 'caput' e o parágrafo 2. do artigo 2., bem como o artigo 4. os três em todos os sentidos que não aquele segundo o qual de sua aplicação estão ressalvadas as hipóteses em que, no caso concreto, ocorra direito adquirido, ato jurídico perfeito e coisa julgada" (ADI-QO n.º 319/ DF, rel. Min. Moreira Alves, Tribunal Pleno, j. 3.3.1993)

[150] Na verdade, o problema aqui levantado se coloca mesmo nos casos em que outros significados da norma não são excluídos expressamente na parte dispositiva da decisão, pois, como visto anteriormente, o efeito vinculante confere obrigatoriedade também aos fundamentos da decisão.

dela não resulta a expunção da lei do ordenamento, mas ao contrário, recupera-se sob uma nova norma (lembrando sempre e incisivamente que a norma é sempre o resultado da interpretação de um texto), uma decisão em sede de controle concentrado que adota a interpretação conforme, não pode ter efeito vinculante! Nesse sentido, a avaliação de Jorge Miranda é definitiva: se o Tribunal não concluir pela existência de inconstitucionalidade com base em certa interpretação conforme a Constituição, esta não obriga nenhum tribunal ou nenhuma autoridade e, assim, pode uma interpretação não querida pelo Tribunal vir a ser adotada na prática por outro tribunal ou por juízes ordinários! Por isso, acentua o mestre de Lisboa, o Tribunal "não pode decretar, com força obrigatória geral, que certa norma com certo alcance é inconstitucional e, ao mesmo tempo, que com alcance diverso não o é.[151]

Na mesma esteira, a crítica de Amaral Júnior:

> Em suma, a interpretação conforme a Constituição não pode implicar a extirpação, do mundo jurídico, de interpretações outras que não a adotada num dado julgamento. Há mais: se acaso for imperativo o juízo de desvalor de alguma das normas subjacentes ao dispositivo textual posto em julgamento, a interpretação conforme a Constituição não mais terá lugar. Deve, então, o julgador, proceder a uma declaração parcial de inconstitucionalidade sem redução de texto.[152]

Ferreira Filho, por sua vez, considera que a Corte, ao exercitar a interpretação conforme a Constituição nos termos do aludido art. 28, parágrafo único, abandona o papel de "legisladora negativa" e assume uma tarefa de verdadeira produção legislativa positiva:

---

[151] Streck, Lenio Luiz. ***Jurisdição constitucional e hermenêutica: uma nova crítica do Direito***. 2. ed. Rio de Janeiro: 2004, p. 619.

[152] Amaral Júnior, José Levi Mello do. ***Incidente de argüição de inconstitucionalidade: comentários ao art. 97 da Constituição e aos arts. 480 a 482 do Código de Processo Civil***. São Paulo: Revista dos Tribunais, 2002. p. 103.

> Observe-se que, neste ponto, transparece um papel de "legislador" conferido ao Supremo Tribunal Federal. Realmente, a interpretação obrigatória que ele fixa se iguala a uma lei interpretativa. Esta fixa o sentido de norma a ela anterior, sentido este obrigatório.[153]

Como se vê, a questão é bastante espinhosa, parecendo-nos pertinente a seguinte consideração de Mendes, Coelho e Branco acerca das vantagens do uso da técnica da declaração parcial de inconstitucionalidade sem redução do texto:

> Assim, se se pretende realçar que determinada aplicação do texto normativo é inconstitucional, dispõe o Tribunal da declaração de inconstitucionalidade sem redução de texto, que, além de mostrar-se tecnicamente adequada para essas situações, tem a virtude de ser dotada de maior clareza e segurança jurídica, expressas na parte dispositiva da decisão (a lei X é inconstitucional se aplicável a tal hipótese; a lei Y é inconstitucional se autorizativa da cobrança do tributo em determinado exercício financeiro).[154]

5.2.7. A coisa julgada e a vinculação do Supremo aos seus precedentes

Como visto no item anterior, o efeito vinculante das decisões proferidas pelo Supremo Tribunal Federal em controle abstrato não o obriga a seguir a mesma interpretação constitucional em casos futuros.

Questão distinta é saber se pode o Supremo Tribunal Federal, uma vez declarada a inconstitucionalidade ou constitucionalidade

---

[153] FERREIRA FILHO, Manoel Gonçalves. O valor do ato inconstitucional em face do direito positivo brasileiro. ***Revista de Direito Administrativo, n. 230, out./dez. 2002***, p. 228.

[154] MENDES, Gilmar Ferreira; COELHO, Inocêncio Mártires; BRANCO, Paulo Gustavo Gonet. ***Curso de Direito Constitucional***. São Paulo: Saraiva, 2007. p. 1190.

de certa norma, voltar a apreciar a mesma questão, alterando seu posicionamento anterior.

Aqui, determinante parece ser a chamada eficácia preclusiva da coisa julgada.

No caso da declaração de inconstitucionalidade (a qual, como preceitua o art. 24 da Lei n.º 9.868/99, pode decorrer tanto da procedência de uma ADIn quanto da improcedência de uma ADC), não estaria autorizado o Supremo a, em novo julgamento, apreciar a mesma questão de constitucionalidade e declarar constitucional a norma, uma vez que, adotada a tese da nulidade absoluta do ato inconstitucional, não haveria que se falar em posterior convalidação.[155]

Já a hipótese de declaração de constitucionalidade (decorrente tanto da procedência da ADC quanto da improcedência da ADIn) suscita maiores questionamentos.

Leal sustenta que os processos objetivos de controle de constitucionalidade possuem causa de pedir aberta, presumindo-se neles que o órgão encarregado da fiscalização tenha analisado a constitucionalidade da norma à luz de todos os fundamentos possíveis. Assim, não valeria aqui o argumento no sentido de que a questão de constitucionalidade poderia ser novamente analisada à luz de novos argumentos, diversos daqueles expressamente examinados na ação original. A única exceção, segundo o autor, seria a possibilidade de posterior provocação da corte para declaração de inconstitucionalidade em virtude de comprovada mudança da situação de fato.[156]

---

155 Cf. Barroso, Luís Roberto. ***O controle de constitucionalidade no direito brasileiro.*** 2. ed. São Paulo: Saraiva, 2006. p. 174-175. Em sentido contrário, Oswaldo Luiz Palu: "Entendo, ao contrário, que a modificação das condições fáticas ou a evolução da compreensão histórica de um determinado instituto, ou tema, não pode ficar cerceada por concepções *a priori*, sendo possível nova abordagem do mesmo problema em processo objetivo ulterior, qualquer que seja o sentido de julgamento pretérito" (***Controle de constitucionalidade: conceitos, sistemas e efeitos***. 2. ed. São Paulo: Revista dos Tribunais, 2001. p. 260).

156 Cf. Leal, Roger Stiefelmann. ***O efeito vinculante na jurisdição constitucional***. São Paulo, Saraiva, 2006. p. 148-149 e 173-174.

Posição diversa é a de Streck:

> Não há, pois, um caráter absoluto na decisão que declara, de forma direta ou indireta, a constitucionalidade de um ato normativo, uma vez que a mutação do contexto social-histórico pode acarretar uma nova interpretação. Por isso, a hermenêutica de matriz fenomenológica pode contribuir para a elucidação dessa problemática, uma vez que o processo de interpretação é sempre produtivo (*Sinngebung*), e não meramente reprodutivo (*Auslegung*). Uma lei pode ser constitucional em um dado momento histórico e inconstitucional em outro. Mergulhando no rio da história, o intérprete poderá atribuir outro sentido ao texto. Observe-se, aliás, que essa ideia já faz escola no Direito brasileiro, o que se pode perceber pela decisão do Supremo Tribunal Federal no julgamento do *habeas corpus* n.º 70.514-RS, onde ficou assentado que uma determinada lei ainda era constitucional, mas que estava a caminho da inconstitucionalidade.[157]

No mesmo sentido, Zavascki:

> Se as sentenças proferidas no âmbito do controle abstrato de constitucionalidade estão condicionadas, como todas as demais, à cláusula *rebus sic stantibus*, pode-se afirmar que a sua força vinculativa ("força de lei") deixará de existir a partir do momento em que, por mudança do estado de direito ou de fato, a norma declarada compatível com a Constituição passar a ser com ela incompatível. A sentença que reconhece a constitucionalidade de uma norma à luz de determinada ordem constitucional não terá "força de lei" *erga omnes* se sobrevier mudança na Constituição. Igualmente, se por fato posterior à sentença confirmatória de sua constitucionalidade a norma de direito ordinário vier a tornar-se incompatível com a Constituição, não mais se sustentará a força vinculativa do julgado.[158]

---

157 STRECK, Lenio Luiz. ***Jurisdição constitucional e hermenêutica: uma nova crítica do Direito***. 2. ed. Rio de Janeiro: 2004. p. 569.

158 ZAVASCKI, Teori Albino. ***Eficácia das sentenças na jurisdição constitucional***. São Paulo: RT, 2001. p. 116.

Por sua vez, Barroso inicialmente reconhece que, nos processos subjetivos, a rigor, a eficácia preclusiva da coisa julgada impediria a reapreciação de uma questão mesmo que o julgamento fosse fundado na ausência de provas. Contudo, no momento seguinte, o autor exclui, sem fazer referência à questão do processo objetivo, a incidência de tal eficácia preclusiva sobre a decisão que declara a constitucionalidade de uma norma:

> Nos processos subjetivos forma-se *res iudicata* em caso de improcedência do pedido, mesmo quando o fundamento seja unicamente a ausência de prova suficiente. Essa é a regra geral, que só encontra exceção nos casos expressamente previstos em lei, como ocorre com a ação popular e a ação civil pública. E a coisa julgada, como exposto anteriormente, impede até mesmo que o próprio órgão prolator da decisão volte a apreciar a matéria. Tal doutrina, todavia, não se afigura aproveitável para a hipótese de improcedência do pedido na ação direta. Vejam-se as razões.
> A declaração de inconstitucionalidade opera efeito sobre a própria lei ou ato normativo, que já não mais poderá ser validamente aplicada. Mas, no caso de improcedência do pedido, nada ocorre com a lei em si. As situações, portanto, são diversas e comportam tratamento diverso. Parece totalmente inapropriado que se impeça o Supremo Tribunal Federal de reapreciar a constitucionalidade ou não de uma lei anteriormente considerada válida, à vista de novos argumentos, de novos fatos, de mudanças formais ou informais no sentido da Constituição ou de transformações na realidade que modifiquem o impacto ou a percepção da lei. Portanto, o melhor entendimento na matéria é o de que podem os legitimados do art. 103 propor ação tendo por objeto a mesma lei e pode a Corte reapreciar a matéria. O que equivale a dizer que, no caso de improcedência do pedido, a decisão proferida não se reveste da autoridade da coisa julgada material.[159]

---

[159] Barroso, Luís Roberto. ***O controle de constitucionalidade no direito brasileiro***. 2. ed. São Paulo: Saraiva, 2006. p. 175-177.

Clèmerson Clève afirma:

> É necessário, na ação de constitucionalidade, do mesmo modo que ocorre com a ação direta de inconstitucionalidade, interpretar a coisa julgada e a eficácia *erga omnes cum grano salis*. Sim, porque a declaração de constitucionalidade da lei não pode impedir, diante de alteração das circunstâncias fáticas ou da realidade normativa, a propositura da ação direta de inconstitucionalidade.[160]

Por fim, Mendes também defende a ideia de que a mudança das circunstâncias fáticas e da concepção jurídica dominante podem eventualmente autorizar que o Supremo Tribunal Federal altere um posicionamento anterior e considere inconstitucional uma lei já declarada constitucional.[161]

De qualquer modo, o certo é que a natureza dúplice dos processos de fiscalização abstrata de constitucionalidade (improcedência da ADIn = procedência da ADC e vice-versa) e a existência de *causa petendi* aberta[162] nesses processos trazem significativas dificuldades para a compreensão da possibilidade de eventual reapreciação de uma norma já julgada constitucional. À primeira vista, tal reapreciação significaria a relativização ou da própria coisa julgada ou da tese da *causa petendi* aberta. Explica-se: ou se admite que o novo julgamento de uma norma já declarada constitucional afronta a eficácia preclusiva da coisa julgada ou se admite que a Corte pode voltar a examinar a norma à luz de novos argumentos e situações que não foram levados em conta anteriormente.

---

160 CLÈVE, Clèmerson Merlin. ***A fiscalização abstrata da constitucionalidade no direito brasileiro***. 2. ed. São Paulo: Revista dos Tribunais, 2000. p. 306.

161 Cf. MENDES, Gilmar Ferreira. ***Jurisdição constitucional***. 3. ed. São Paulo: Saraiva, 1999. p. 293-295.

162 Cf. ADI n.º 3576/RS, rel. Min. Ellen Gracie, Tribunal Pleno, j. 22/11/2006; ADI n.º 2009 / DF, rel. Min. Moreira Alves, Tribunal Pleno, j. 23/5/2001. A causa *petendi* aberta já foi até mesmo invocada em sede de controle concreto, como se vê no RE n.º 388830/RJ, rel. Min. Gilmar Mendes, Segunda Turma, j. 14/02/2006.

Tal dilema, entretanto, é apenas aparente. Descartando-se a primeira hipótese (relativização da coisa julgada), mais radical, e atentando-se à questão da *causa petendi* aberta, há de se reconhecer que as circunstâncias fáticas e jurídicas levadas em conta pelo tribunal estão sempre ligadas a um determinado momento histórico. Vale dizer: a *causa petendi* aberta significa que a corte, em dado momento, julga a causa levando em conta todas as circunstâncias fáticas[163] e normativas efetivamente existentes e razoavelmente previsíveis. No entanto, caso a realidade social ou jurídica seja significativamente alterada no curso da história, a reapreciação da norma pela corte torna-se viável, vez que a causa de pedir (que continua sendo aberta, mas agora em face de uma nova realidade) passa a ser diferente, não havendo que se falar em "relativização" ou afronta à coisa julgada.[164]

5.2.8. Os efeitos da decisão na ação direta de inconstitucionalidade por omissão[165]

O constituinte brasileiro, inspirando-se no art. 283 da Constituição

---

163 O Supremo Tribunal Federal já decidiu que a mudança das circunstâncias fáticas permite reapreciação de uma questão já decidida: RE n.º 105.012-8, rel. Min. Néri da Silveira, 1.ª Turma, j. 9/02/1988.

164 Confira-se a lição de Luiz Guilherme Marinoni e Sérgio Cruz Arenhart: "Sempre, portanto, que as circunstâncias (fáticas ou jurídicas) da causa forem alteradas de maneira tal a compor *nova causa de pedir*, surgirá ensejo a nova ação, *totalmente diferente da ação anterior*, e, por essa razão, não preocupada com a coisa julgada imposta sobre a primeira decisão" (*Curso de Processo Civil*. 6. ed. São Paulo: Revista dos Tribunais, 2007. v. 2 (Processo de Conhecimento). p. 646).

165 Conforme alertado na introdução desta obra, o foco aqui é a análise dos efeitos das decisões judiciais de inconstitucionalidade nos casos de inconstitucionalidade por ação. O estudo mais aprofundado da inconstitucionalidade por omissão, contemplando suas diversas configurações, os mecanismos para seu controle e os efeitos das decisões proferidas em sede desse controle (sentenças aditivas, substitutivas, etc.) daria ensejo, por si só, a

da República Portuguesa,[166] introduziu em nosso ordenamento jurídico a possibilidade de controle principal-concentrado da omissão inconstitucional. Trata-se da chamada ação direta de inconstitucionalidade por omissão, na verdade, uma modalidade de ação direta de inconstitucionalidade cujo efeito está previsto no art. 103, § 2.°, da Constituição Federal de 1988:

> Art. 103 [...]
> § 2.° – Declarada a inconstitucionalidade por omissão de medida para tornar efetiva norma constitucional, será dada ciência ao Poder

---

uma nova obra. Assim, neste estudo, a referência à inconstitucionalidade por omissão será mais concisa, restringindo-se à exposição dos conceitos mais básicos sobre o tema e ao relato da posição do Supremo Tribunal Federal sobre o (limitado) efeito da decisão proferida em sede de ADIn por omissão. Pelos mesmos motivos, não será aqui estudado o mandado de injunção, instrumento concreto de controle da omissão inconstitucional. Sobre ele, basta mencionar que, durante muito tempo, a jurisprudência do Supremo Tribunal Federal o equiparou, em seus efeitos, à ADIn por omissão (MI-QO 107/DF, Rel. Min. Moreira Alves, j. 23.11.89), sendo que essa orientação progrediu, passando a Corte a fixar prazo para que o legislador suprisse a omissão, sob pena de concessão do direito pleiteado pelo autor, quando possível (MI 232/RJ, rel. Min. Moreira Alves, j. 2.8.91, MI 284/DF, rel. Min Marco Aurélio, j. 22.11.92). Recentemente, de forma bastante questionável, avançou ainda mais, ao aplicar, aos servidores públicos, a Lei n.° 7.783/89, que dispõe sobre a greve no setor privado (MI 670/ES, rel. orig. Min. Maurício Corrêa, rel. para acórdão Min. Gilmar Mendes, j. 25.10.07, MI 708/DF, rel. Min. Gilmar Mendes, j. 25.10.07, MI 712/PA, rel. Min. Eros Grau, j. 25.10.07).

166 "Artigo 283 (Inconstitucionalidade por omissão).
1. O requerimento do Presidente da República, do Provedor de Justiça ou, com fundamento em violação de direitos das regiões autônomas, dos presidentes das Assembleias Legislativas das regiões autônomas, o Tribunal Constitucional aprecia e verifica o não cumprimento da Constituição por omissão das medidas legislativas necessárias para tornar exequíveis as normas constitucionais.
2. Quando o Tribunal Constitucional verificar a existência de inconstitucionalidade por omissão, dará disso conhecimento ao órgão legislativo competente".

> competente para a adoção das providências necessárias e, em se tratando de órgão administrativo, para fazê-lo em trinta dias.

Como se vê, a redação do dispositivo brasileiro é mais ampla que a adotada em Portugal, gerando controvérsias na doutrina pátria acerca do objeto do controle abstrato da inconstitucionalidade por omissão no Brasil.

De um lado estão aqueles que, com base na amplitude do texto do referido art. 103, §2.º, entendem que a omissão a ser fiscalizada não é apenas aquela que diz respeito à edição de atos normativos, mas qualquer uma relacionada à não concretização dos comandos constitucionais. Nesse sentido, Rothenburg afirma:

> A linguagem do constituinte pátrio alberga qualquer modo de descumprimento de comandos constitucionais (qualquer "medida para tornar efetiva norma constitucional"), e autoriza a adoção de qualquer providência (desde que necessária), por qualquer "Poder" (sem especificar). Portanto – e ao contrário da interpretação dominante que doutrina e jurisprudência têm emprestado à norma constitucional sob comento –, não se depreende do enunciado que a ação direta de inconstitucionalidade por omissão se refira somente à ausência de atividade normativa de integração constitucional.[167]

De outro lado, há quem defenda que a ação direta de inconstitucionalidade por omissão abrange apenas a omissão na edição de atos normativos. Confira-se a lição de Luís Roberto Barroso:

---

[167] ROTHENBURG, Walter Claudius. ***Inconstitucionalidade por omissão e troca de sujeito***. São Paulo: Revista dos Tribunais, 2005. p. 86. No mesmo sentido: FERRARI, Regina Maria Macedo Nery. ***Efeitos da declaração de inconstitucionalidade***. 5. ed. São Paulo: Revista dos Tribunais, 2004. p. 358-359; SILVA, José Afonso da. ***Curso de Direito Constitucional positivo***. 29. ed. São Paulo: Malheiros, 2007. p. 47-49; MENDES, Gilmar Ferreira; COELHO, Inocêncio Mártires; BRANCO, Paulo Gustavo Gonet. ***Curso de Direito Constitucional***. São Paulo: Saraiva, 2007. p. 1136-1137; FERREIRA FILHO, Manoel Gonçalves. ***Curso de Direito Constitucional***. 29. ed. São Paulo: Saraiva, 2002. p. 35 e 43.

> A omissão inconstitucional pode se dar no âmbito dos três Poderes, pela inércia ilegítima em adotar-se uma providência (i) normativa, (ii) político-administrativa ou (iii) judicial. Relativamente às omissões de natureza político-administrativa, existem remédios jurídicos variados, com destaque para o mandado de segurança e a ação civil pública. As omissões judiciais, por sua vez, deverão encontrar reparação no sistema de recursos instituídos pelo direito processual, sendo sanadas no âmbito interno do Judiciário. Por essa razão, o tratamento constitucional da inconstitucionalidade por omissão refere-se às omissões de cunho normativo, imputáveis tanto ao Legislativo, na edição de normas primárias, quanto ao Executivo, quando lhe toque expedir atos secundários de caráter geral, como regulamentos, instruções ou resoluções.[168]

O Supremo Tribunal Federal, em um julgado já antigo, abraçou essa segunda tese. Confira-se a ADIn n.º 19 / AL, de 1989, assim ementada:

> Ação direta de inconstitucionalidade por omissão (art. 103, parágrafo 2.º da C.F.). A ação direta de inconstitucionalidade por omissão, de que trata o parágrafo 2.º do art. 103 da nova C.F., não é de ser proposta para que seja praticado determinado ato administrativo em caso concreto, mas sim visa a que seja expedido ato normativo que se torne necessário para o cumprimento de preceito constitucional que, sem ele, não poderia ser aplicado. (ADIn n.º 19 / AL, rel. Min. Aldir Passarinho, Tribunal Pleno, j. 23/02/1989)

Tal precedente, embora date do final da década de 1980, ainda não foi superado: em pesquisa realizada entre os julgados do Supremo Tribunal Federal, não pudemos localizar qualquer caso em

---

[168] Barroso, Luís Roberto. ***O controle de constitucionalidade no direito brasileiro***. 2. ed. São Paulo: Saraiva, 2006. p. 222-223. No mesmo sentido: Moraes, Alexandre de. ***Direito Constitucional***. 19. ed. São Paulo: Atlas, 2006. p. 696-697.

que a omissão fiscalizada dissesse respeito a ato não normativo. É importante notar, entretanto, que não seria surpresa alguma a superação do já antigo processo relatado pelo Min. Aldir Passarinho, afinal, a atual composição do Supremo Tribunal Federal conta com a presença do Min. Gilmar Mendes, o qual já se manifestou favoravelmente à leitura mais ampla do referido art. 103, §2.°, tese essa que nos parece a mais correta.[169]

Por outro lado, também é inegável que, dentro da temática do controle de constitucionalidade, o tipo de omissão que mais interesse desperta, justamente em razão da sua complexidade, é a omissão na edição de ato normativo necessário para conferir plena aplicabilidade à Constituição. A omissão, nesse caso, remete à problemática da estrutura das normas constitucionais.

Nesse ponto, é imperioso invocar a classificação tripartite de José Afonso da Silva acerca da eficácia (no sentido jurídico) e da aplicabilidade[170] das normas constitucionais.

---

169 De qualquer forma, independentemente da corrente que se adote, no que tange aos efeitos da decisão na ação direta de inconstitucionalidade por omissão parece não haver, em tese, diferença entre a omissão na edição de ato normativo ou não: o art. 103, §2.° da Constituição Federal simplesmente adota um critério orgânico e enuncia que, em se tratando de órgão administrativo, o Supremo Tribunal Federal comunicará a omissão e assinalará prazo de 30 dias para que ela seja suprida.

170 A respeito da diferenciação entre eficácia e aplicabilidade, vale transcrever aqui o seguinte trecho do apêndice constante da edição mais recente da obra de José Afonso da Silva: "Eficácia é intensidade, é força, é potência da norma. Essa força, essa intensidade pode ser plena, completa, ou pode não ser plena, não completa, logo limitada. Por isso é que classifiquei as normas constitucionais em função dessa força em normas constitucionais de eficácia plena, normas constitucionais de eficácia contida e normas constitucionais de eficácia limitada. O que pode ser direto ou indireto é o efeito que essa força produz. Se eficácia é a capacidade de produzir efeitos jurídicos, esses efeitos é que podem ser ou não diretos. Ora, se a norma produz efetivamente efeito jurídico, isso significa que ela está sendo aplicada. Mas, se a norma só tem a possibilidade de produzir efeitos, 'a possibilidade de

Em apertada síntese, para o autor, as normas de eficácia plena e aplicabilidade direta, imediata e integral são as que, "desde a entrada em vigor da Constituição produzem, ou têm possibilidade de produzir, todos os efeitos essenciais, relativamente aos interesses, comportamentos e situações que o legislador constituinte, direta e normativamente, quis regular", pois são "dotadas de todos os meios e elementos necessários à sua executoriedade", não necessitando da edição de outras normas que completem seu sentido.[171]

Já as normas de eficácia contida e aplicabilidade direta, imediata e possivelmente não integral são "aquelas em que o legislador constituinte regulou suficientemente os interesses relativos à determinada matéria, mas deixou margem à atuação restritiva por parte da competência discricionária do Poder Público, nos termos que a lei estabelecer ou nos termos de conceitos gerais nelas enunciados".[172]

Por fim, o autor denomina norma de eficácia limitada e aplicabilidade indireta e mediata a que não pode, por si só, produzir todos os seus efeitos essenciais, dependendo da produção de outras normas que lhe confiram suficiente grau de normatividade. São de dois tipos as normas de eficácia limitada: as definidoras de princípio institutivo e as definidoras de princípio programático. As de princípio institutivo são as normas "através das quais o legislador constituinte traça esquemas gerais de estruturação e atribuições de órgãos, entidades

---

aplicação', então se fala em aplicabilidade da norma. E esta, como realizabilidade, ou como possibilidade de produzir efeitos nos casos concretos, é que pode ser direta ou indireta. Daí por que fiz clara distinção entre os dois fenômenos, classificando as normas constitucionais quanto à eficácia e aplicabilidade como (1) normas constitucionais de eficácia plena e aplicabilidade direta, imediata e integral; (2) normas constitucionais de eficácia contida e aplicabilidade direta, imediata, mas possivelmente não integral; (3) normas constitucionais de eficácia limitada e aplicabilidade indireta e mediata" (***Aplicabilidade das normas constitucionais***. 7. ed. São Paulo: Malheiros, 2007. p. 292).

[171] SILVA, 2007. p. 101.

[172] Ibidem, p. 116.

ou institutos, para que o legislador ordinário os estruture em definitivo, mediante lei" e podem ser impositivas (quando dirigem ao legislador um comando no sentido de editar uma norma integrativa) ou permissivas (quando conferem ao legislador a possibilidade de disciplinar o assunto nelas delineado). As instituidoras de princípio programático, por sua vez, podem ser conceituadas como as normas "através das quais o constituinte, em vez de regular, direta e indiretamente, determinados interesses, limitou-se a traçar-lhes os princípios para serem cumpridos pelos seus órgãos (legislativos, executivos, jurisdicionais e administrativos), como programas das respectivas atividades, visando à realização dos fins sociais do Estado".[173] E em algumas dessas normas também podem ser encontradas, ao lado de valores e objetivos mais abstratos a serem observados pelos poderes constituídos, verdadeiras ordens específicas para legislar.[174]

Ainda acerca da estrutura das normas constitucionais, importa também reproduzir aqui as distinções e relações que faz Jorge Miranda entre normas preceptivas e normas programáticas e entre normas exequíveis e não exequíveis por si mesmas. Para o autor, são preceptivas as normas de "eficácia incondicionada ou não dependente de condições institucionais ou de facto" e programáticas "aquelas que, dirigidas a certos fins e a transformações não só da ordem jurídica, mas também das estruturas sociais ou da realidade constitucional (daí o nome), implicam uma concretização incindível dessa realidade".[175] Já as normas exequíveis por si mesmas, como o próprio nome diz, são aquelas que podem ser aplicadas sem a necessidade de outra norma que complemente seu sentido, ao passo

---

173 Ibidem, p. 118, 126,127, 138

174 O autor dá exemplos desses comandos, citando, dentre eles, o art. 7.º, XI, da Constituição Federal, e fazendo a ressalva de que, quando essas ordens para legislar são cumpridas, a norma deixa de ser programática, pois foi concretizada. Nesse sentido, cf. SILVA, José Afonso da. ***Aplicabilidade das normas constitucionais***. 7. ed. São Paulo: Malheiros, 2007. p. 147-148.

175 Cf. MIRANDA, Jorge. ***Manual de Direito Constitucional***. 5. ed. Coimbra: Coimbra Editora, 2003. t. II. p. 269.

que as não exequíveis dependem de uma intermediação legislativa para que possam ser aplicadas. E, dentre essas últimas, é possível distinguir ainda entre as normas que contêm uma imposição legiferante dirigida aos poderes constituídos e as que apenas conferem ao legislador uma faculdade de regular determinado tema.[176]

Depois de fixar essas distinções, o autor português passa a identificar as relações entre as categorias apresentadas. Assim, teríamos que todas as normas exequíveis por si mesmas seriam preceptivas, ao passo que nem todas as normas preceptivas seriam exequíveis por si mesmas. De outra banda, praticamente todas as normas programáticas seriam não exequíveis por si mesmas, categoria essa que abrangeria também algumas normas preceptivas. Desse modo, pode-se ver que tanto as normas programáticas quanto as normas preceptivas não exequíveis por si mesmas demandam uma intermediação legislativa que lhes dê aplicabilidade. A diferença fundamental entre ambas é que, enquanto para as normas preceptivas não exequíveis por si mesmas basta essa intermediação, no caso das normas programáticas é necessária ainda uma terceira instância de concretização: a material, relacionada a fatores socioeconômicos.

Ao fim desse raciocínio, Jorge Miranda admite a existência de certa sobreposição entre esses critérios e chega a cogitar uma classificação tripartite: normas preceptivas exequíveis por si mesmas, normas preceptivas não exequíveis por si mesmas e normas programáticas.

A partir da análise de todas essas classificações, fica fácil perceber que o problema da inconstitucionalidade por omissão na edição de ato normativo relaciona-se com o que Silva denomina normas de eficácia limitada e aplicabilidade indireta e mediata, ou, segundo Miranda, com as normas preceptivas não exequíveis por si mesmas e com as normas programáticas.

Essa constatação torna mais simples a compreensão dos pressupostos identificados por Miranda para a configuração da inconstitucionalidade por omissão de ato normativo: "(a) que o não

[176] Ibidem, p. 274-276.

cumprimento da Constituição derive da violação de certa e determinada norma; (b) que se trate de norma constitucional não exequível por si mesma; (c) que se trate de norma não exequível prescritiva, e não meramente permissiva; (d) que, nas circunstâncias concretas da prática legislativa, faltem as medidas necessárias para tornar exequível aquela norma".[177]

Pois bem, uma vez configurada a omissão inconstitucional, há que se diferenciar entre a omissão total e a omissão parcial. A omissão total, como o próprio nome indica, relaciona-se a um quadro de total inércia do responsável pela prática do ato: na verdade, nenhum ato é praticado. A omissão parcial, por sua vez, diz respeito àquelas hipóteses em que o ato normativo constitucionalmente exigido é editado, mas não atende totalmente ao comando constitucional porque, por exemplo, exclui uma determinada categoria de beneficiários, onera desproporcionalmente um determinado grupo de pessoas, ou estabelece valores ou parâmetros insuficientes à luz do exigido pela Constituição (esse é o caso, por exemplo, das leis que fixam o valor do salário mínimo, o qual, evidentemente, ainda não é suficiente para atender a todas as necessidades enumeradas no art. 7.°, IV, da Constituição Federal).

A omissão total, quando atacada pela via da ação direta de inconstitucionalidade por omissão, tem como consequência uma decisão do Supremo Tribunal Federal em que se declara a existência de uma omissão constitucional, sem que se pronuncie, evidentemente, qualquer nulidade. Nesse caso, a Constituição Federal prevê apenas a comunicação da decisão ao Poder responsável para que esse supra a omissão, e, "em se tratando de órgão administrativo, para fazê-lo em trinta dias". Assim, na hipótese de omissão de órgão legislativo, não cabe à corte sequer fixar prazo para o preenchimento do vazio normativo.[178] E, mesmo no

---

[177] Cf. Miranda, Jorge. ***Manual de Direito Constitucional***. 2. ed. Coimbra: Coimbra Editora, 2005. t. VI. p. 305.

[178] No entanto, não se pode ignorar que recentemente o Supremo Tribunal Federal, na ADIn n.º 3682 / MT , rel. Min. Gilmar Ferreira Mendes, Tribunal

caso de omissão de órgão administrativo, em que há um comando dirigido pela Corte ao órgão, não há previsão expressa de uma sanção para o descumprimento do prazo assinalado,[179] não sendo possível, segundo o entendimento dominante, que o Supremo Tribunal Federal, a pretexto de dar cumprimento à Constituição, edite, em caráter substitutivo, norma geral e abstrata.[180] A decisão faz coisa

---

Pleno, j. 9/5/2007, assim se pronunciou: "Ação direta de inconstitucionalidade por omissão. Inatividade do legislador quanto ao dever de elaborar a lei complementar a que se refere o § 4.° do art. 18 da Constituição Federal, na redação dada pela Emenda Constitucional n.° 15/96. Ação julgada procedente. [...] 4. Ação julgada procedente para declarar o estado de mora em que se encontra o Congresso Nacional, a fim de que, em prazo razoável de 18 (dezoito) meses, adote ele todas as providências legislativas necessárias ao cumprimento do dever constitucional imposto pelo art. 18, § 4.°, da Constituição, devendo ser contempladas as situações imperfeitas decorrentes do estado de inconstitucionalidade gerado pela omissão. Não se trata de impor um prazo para a atuação legislativa do Congresso Nacional, mas apenas da fixação de um parâmetro temporal razoável, tendo em vista o prazo de 24 meses determinado pelo Tribunal nas ADIn n.os 2.240, 3.316, 3.489 e 3.689 para que as leis estaduais que criam municípios ou alteram seus limites territoriais continuem vigendo, até que a lei complementar federal seja promulgada contemplando as realidades desses municípios."

179 Nesse ponto, Regina Maria Macedo Nery Ferrari cogita da possibilidade de enquadrar como crime de responsabilidade do Chefe do Executivo o não atendimento do prazo fixado pelo Supremo. (***Efeitos da declaração de inconstitucionalidade***. 5. ed. São Paulo: Revista dos Tribunais, 2004. p. 366-367). Em sentido semelhante, Alexandre de Moraes anota que "a fixação de prazo permite a futura responsabilização do Poder Público administrativo, caso a omissão permaneça". (***Direito Constitucional***. 19. ed. São Paulo: Atlas, 2006. p. 698). Na mesma esteira, André Puccinelli Júnior: "Decorrido este prazo sem a adoção das medidas cabíveis, os agentes remissos poderão ser penalizados nas esferas administrativa e cível, bem assim na seara penal ante a caracterização dos crimes de desobediência (CP, art. 330) e prevaricação, se presente interesse pessoal (CP, art. 319)" (***A omissão legislativa inconstitucional e a responsabilidade do Estado Legislador***. São Paulo: Saraiva, 2007. p. 157).

180 Nesse sentido, Palu, Oswaldo Luiz. ***Controle de constitucionalidade***. 2. ed. São Paulo: Revista dos Tribunais, 2001. p. 288; Clève, Clèmerson

julgada oponível *erga omnes* e produz efeitos *ex nunc* (exceto nos casos em que a Constituição prevê prazo certo para a prática do ato, quando então a omissão será reconhecida já a partir do escoamento do prazo),[181] o que é relevante para que se possa delimitar a responsabilidade do Estado em face de eventuais danos.

O problema do combate à omissão parcial é bem mais tormentoso. Clève identifica várias alternativas que poderiam ser adotadas pelo Supremo Tribunal Federal:

> (i) declarar a inconstitucionalidade positiva da cláusula de exclusão ou de todo o ato impugnado, no caso de exclusão arbitrária de benefício;
> (ii) declarar a inconstitucionalidade do ato impugnado, no caso de ônus imposto de modo discriminatório (arbitrário) a determinado grupo social, com exclusão dos demais colocados na mesma situação;
> (iii) fazer uma "interpretação conforme a Constituição" naquelas hipóteses em que não há discriminação arbitrária, mas, antes, falha de técnica legislativa. Seria cabível, neste caso, uma "interpretação conforme" para revelar um conteúdo latente ou implícito já contido na norma infraconstitucional suspeita de incompletude, ou acrescer um conteúdo constitucionalmente exigido, observado o princípio da reserva do possível, inclusive por meio de "construção jurisprudencial";

Merlin. ***A fiscalização abstrata da constitucionalidade no direito brasileiro***. 2. ed. São Paulo: RT, 2000, p. 347-349; e Ferrari, Regina Maria Macedo Nery. ***Efeitos da declaração de inconstitucionalidade***. 5. ed. São Paulo: Revista dos Tribunais, 2004, p. 366. Na jurisprudência, cf. o seguinte trecho da ementa da ADI-MC 1458/DF, rel. Min. Celso de Mello, Tribunal Pleno, j. 23/5/1996: "Não assiste ao Supremo Tribunal Federal, contudo, em face dos próprios limites fixados pela Carta Política em tema de inconstitucionalidade por omissão (CF, art. 103, § 2.º), a prerrogativa de expedir provimentos normativos com o objetivo de suprir a inatividade do órgão legislativo inadimplente."

[181] Cf. Ferrari, Regina Maria Macedo Nery. ***Efeitos da declaração de inconstitucionalidade***. 5. ed. São Paulo: Revista dos Tribunais, 2004. p. 371 e 375-376.

> (iv) declarar a inconstitucionalidade da omissão parcial, dando ciência ao Poder omisso para providenciar o seu suprimento, nos casos de "exclusão de benefício incompatível com o princípio da isonomia" decorrente não de ato arbitrário, mas de equivocada apreciação das circunstâncias fáticas ou da legitimidade do critério de discriminação adotado (aumento isolado ou diferenciado de vencimentos, v.g.) e nos casos de incompleta satisfação de dever constitucional concreto de legislar (salário mínimo), sempre que o suprimento da omissão envolver o dispêndio de recursos públicos (princípio da reserva de lei orçamentária) e salvo as hipóteses tratadas pelo Estatuto Constitucional como direitos públicos subjetivos (e, por isso, capazes de alcançar satisfação por intermédio de outros meios processuais mais eficazes). Haverá aqui declaração de inconstitucionalidade da inércia parcial e não do ato normativo, com o decorrente apelo ao legislador.
> Finalmente, (iv) [*sic*] declarar, nos moldes do Tribunal Constitucional alemão, a inconstitucionalidade do ato normativo incompleto, sem a pronúncia da nulidade.[182]

Essa ampla gama de técnicas de decisão, no entanto, encontraria, em princípio, dois óbices, reconhecidos pelo próprio autor: a separação dos Poderes[183] e o princípio da adstrição ao pedido e a tese da inexistência de fungibilidade entre ADIn e ADIn por omissão.[184]

---

[182] CLÈVE, Clèmerson Merlin. ***A fiscalização abstrata da constitucionalidade no direito brasileiro***. 2. ed. São Paulo: Revista dos Tribunais, 2000. p. 357-358.

[183] E aqui vale lembrar o conteúdo da Súmula n.º 339, do STF: "Não cabe ao Poder Judiciário, que não tem função legislativa, aumentar os vencimentos de servidores públicos sob fundamento de isonomia."

[184] Relatando a existência de precedente em que o Supremo Tribunal Federal adotou a tese da inexistência de fungibilidade, Mendes, Coelho e Branco mencionam a ADIn n.º 986/DF, rel. Min. Néri da Silveira, Tribunal Pleno, j. 10/02/1994. Contudo, na opinião do autor: "Ao contrário do afirmado na referida decisão, o problema não decorre propriamente do pedido, até porque, em um ou outro caso, tem-se sempre um pedido de declaração de inconstitucionalidade. Em se tratando de omissão, a própria norma incompleta

Por fim, a despeito das críticas que podem ser feitas acerca do limitado alcance da decisão que declara a inconstitucionalidade por omissão, há de se reconhecer que derivam de tal declaração duas importantes consequências: a possibilidade de responsabilização patrimonial do Estado pelos prejuízos eventualmente causados pela omissão[185] e a possibilidade de suspensão de processos em que os sujeitos possam ser prejudicados pela ausência da norma exigida pela Constituição.[186]

5.3. A DECLARAÇÃO DE INCONSTITUCIONALIDADE SEM A PRONÚNCIA DA NULIDADE NA ADIN INTERVENTIVA

Como já visto no item 4.3, a representação interventiva foi introduzida no Brasil pela Constituição de 1934, que previu a manifestação do Supremo Tribunal Federal sobre a constitucionalidade

---

ou defeituosa há de ser suscetível de impugnação na ação direta de inconstitucionalidade, porque é de uma norma alegadamente inconstitucional que se cuida, ainda que a causa da inconstitucionalidade possa residir na sua incompletude." (MENDES, Gilmar Ferreira; COELHO, Inocêncio Mártires; BRANCO, Paulo Gustavo Gonet. ***Curso de Direito Constitucional***. São Paulo: Saraiva, 2007. p. 1133-1134).

185 Cf. MORAES, Alexandre de. ***Direito Constitucional***. 19. ed. São Paulo: Atlas, 2006. p. 698; e PUCCINELLI JÚNIOR, André. ***A omissão legislativa inconstitucional e a responsabilidade do Estado Legislador***. São Paulo: Saraiva, 2007. p. 159. No âmbito do Tribunal de Justiça do Estado de São Paulo, podem ser encontrados casos em que servidores do Poder Executivo estadual obtiveram indenizações decorrentes de prejuízos causados pela mora do Governador no envio de projeto de lei concedendo o reajuste anual previsto no art. 37, X, da Constituição Federal, na redação dada pela EC n.º 19/98: Apelação Cível n.º 4262225800, rel. Des. Marrey Uint, 3.ª Câmara de Direito Público, j. 12/02/2008. E também: AC n.º 7266075200 e AC n.º 5299955500.

186 A hipótese é cogitada por MENDES; COELHO; BRANCO, op. cit., p. 1145; e CLÈVE, op. cit., p. 349.

da lei interventiva nas hipóteses em que houvesse a violação dos seguintes princípios constitucionais: "forma republicana representativa; independência e coordenação de poderes; temporariedade das funções eletivas, limitada aos mesmos prazos dos cargos federais correspondentes, e proibida a reeleição de Governadores e Prefeitos para o período imediato; autonomia dos Municípios; garantias do Poder Judiciário e do Ministério Público locais; prestação de contas da Administração; possibilidade de reforma constitucional e competência do Poder Legislativo para decretá-la e representação das profissões" (art. 7.°, I, alíneas *a* a *h*).

Ocorrida a violação de tais princípios, somente seria decretada a intervenção federal pelo Poder Legislativo (art. 40, alínea *i*) no respectivo Estado-membro se houvesse o prévio conhecimento da lei interventiva (de iniciativa do Senado, conforme o art. 41, §3.°) pelo Supremo Tribunal Federal e este declarasse sua constitucionalidade. Havia, portanto, uma análise indireta da inconstitucionalidade do ato estadual que deu causa à intervenção.

Somente na Constituição de 1946 veio a ser conferida a esse instrumento uma conformação mais próxima da que hoje se observa, atribuindo-se ao Supremo Tribunal Federal a competência não para analisar a constitucionalidade da lei interventiva, mas para examinar o próprio ato estadual tido por violador dos chamados princípios constitucionais sensíveis (art. 8°, parágrafo único).

Pois bem, na atual Constituição a ação direta de inconstitucionalidade interventiva[187] está prevista no art. 36, III, com a seguinte redação:

---

[187] Embora o art. 36, III da Constituição Federal refira-se à "representação", trata-se, no caso, de verdadeira ação judicial, motivo pelo qual passaremos a utilizar a denominação "ADIn interventiva". Nesse sentido, esclarece Clève: "Em que pese a Constituição designá-la por 'representação' (não foi assim com as Constituições de 1934 e de 1946, que nenhuma denominação deram ao instituto) e a doutrina tratá-la por 'representação interventiva', na verdade de representação não se trata. Consubstancia a *direta interventiva*, antes, verdadeira ação. Pontes de Miranda qualificou o poder do Procurador-Geral da República como 'representação'. Assim entendia Themístocles

Art. 36 – A decretação da intervenção dependerá:
III – de provimento, pelo Supremo Tribunal Federal, de representação do Procurador-Geral da República, na hipótese do art. 34, VII, e no caso de recusa à execução de lei federal.[188]

Brandão Cavalcanti. Está com a razão, entretanto, Alfredo Buzaid quando sustenta que 'o poder de submeter ao julgamento do Supremo Tribunal Federal o ato argüido de inconstitucionalidade representa o exercício de direito de ação', um modo de provocar o Judiciário para a solução de um conflito, de um litígio, de um caso concreto. 'A função do Supremo Tribunal Federal não é responder a uma consulta; é decidir um caso concreto', embora, neste caso, por meio de ação direta." (***A Fiscalização Abstrata da Constitucionalidade no Direito Brasileiro***. 2. ed. São Paulo: Revista dos Tribunais, 2000. p. 128). No mesmo sentido, BARROSO, Luis Roberto. ***O controle de constitucionalidade no direito brasileiro***. 2. ed. São Paulo: Saraiva, 2006. p. 283. Posicionamento diverso é o de Ramos: "Não existe, ousamos afirmar, nem controle principal, nem tampouco controle incidental de constitucionalidade, que seja provocado por meio de 'ação direta de inconstitucionalidade interventiva', pela singela razão de que a atividade do Supremo Tribunal Federal, na espécie, não é de natureza jurisdicional. Em outras palavras, a intervenção normativa que estamos a examinar compõe um procedimento incindível, de natureza política, do mesmo modo que as demais modalidades de intervenção federal ou estadual. A peculiaridade, no caso, é que uma das etapas do procedimento de intervenção normativa, no plano federal, consiste na avaliação, por critério rigorosamente jurídico, pela Suprema Corte da constitucionalidade da lei ou ato normativo estadual apontado pelo Procurador-Geral da República como violador de princípio sensível, somente sendo editado decreto de intervenção se houver declaração de inconstitucionalidade. A decisão de controle consubstancia, pois, pressuposto formal do ato de intervenção que, no caso, deve ser obrigatoriamente editado se for ela afirmativa da ofensa à Constituição, salvo se removido o ato agressor pela própria entidade estadual" (***Perspectivas de evolução do controle de constitucionalidade no Brasil***. São Paulo, 2005. p. 389-390).

188 Redação dada ao inciso pela Emenda Constitucional n.º 45/04. Na redação original da Constituição de 1988, era conferida ao Superior Tribunal de Justiça a análise de recusa à lei federal. De acordo com Mendes, Coelho e Branco: "a alteração adotada pela versão primeira da Constituição de 1988 parece resultar de um equivoco produzido pelo literalismo, que levou o

Por sua vez, o art. 34, VII enumera os chamados princípios constitucionais sensíveis:

> Art. 34. A União não intervirá nos Estados nem no Distrito Federal, exceto para: [...]
> VII – assegurar a observância dos seguintes princípios constitucionais:
> a) forma republicana, sistema representativo e regime democrático;
> b) direitos da pessoa humana;
> c) autonomia municipal;
> d) prestação de contas da administração pública, direta e indireta.
> e) aplicação do mínimo exigido da receita resultante de impostos estaduais, compreendida a proveniente de transferências, na manutenção e desenvolvimento do ensino e nas ações e serviços públicos de saúde.

Evidentemente, foge ao escopo desta obra o estudo mais aprofundado acerca dos legitimados para a propositura da ADIn interventiva, das suas hipóteses de cabimento e do seu procedimento. O que nos interessa, na verdade, é o objeto da ação e os efeitos que a decisão do Supremo Tribunal Federal produz.

Nesse ponto, Gilmar Ferreira Mendes assinala:

> Não se cuida aqui, obviamente, de aferir a constitucionalidade in abstrato da norma estadual, mas de verificar, para fins de intervenção e no contexto de um conflito federativo, se determinado ato, editado pelo ente federado, afronta princípios basilares da ordem federativa, ou se determinada ação ou omissão do Poder Público estadual impede a execução da lei federal.
> Não se declara a nulidade ou a ineficácia do ato questionado, limitando-se a afirmar a violação do texto constitucional no âmbito

---

constituinte a atribuir ao STJ matéria que envolvesse a aplicação literal" (MENDES, Gilmar Ferreira; COELHO, Inocêncio Mártires; BRANCO, Paulo Gustavo Gonet. ***Curso de Direito Constitucional***. São Paulo: Saraiva, 2007. p. 1163).

de um procedimento complexo que poderá levar à decretação da intervenção federal.[189]

Como se observa, a análise pelo Supremo Tribunal Federal da constitucionalidade do ato impugnado não conduz à pronúncia da nulidade, limitando-se à resolução do conflito federativo instaurado. Na verdade, vê-se que a ADIn interventiva se mostra menos como um mecanismo de controle de constitucionalidade e mais como um pressuposto para a deflagração da intervenção federal, instrumento de defesa do pacto federativo.[190]

Na verdade, a doutrina majoritária sustenta que a ADIn interventiva não pode ser considerada processo objetivo de fiscalização de constitucionalidade, como a ADIn e a ADC. Tal posicionamento fundamenta-se no fato de que, na primeira, as partes no processo estão claramente definidas: de um lado, a União e, de outro, o Estado-membro que recusou execução de lei federal ou violou os princípios constitucionais sensíveis previstos no artigo 34, VII da CF. Além disso, o objetivo da ADIn interventiva é a solução de um conflito federativo concreto, ao passo que, no processo objetivo, vislumbra-se apenas o interesse na defesa da ordem constitucional.[191]

---

[189] MENDES, Gilmar Ferreira; COELHO, Inocêncio Mártires; BRANCO, Paulo Gustavo Gonet. ***Curso de Direito Constitucional***. São Paulo: Saraiva, 2007. p. 1178.

[190] Cf. Clève, Clèmerson Merlin. ***A fiscalização abstrata da constitucionalidade no Direito Brasileiro***. 2. ed. São Paulo: Revista dos Tribunais, 2000. p. 130; MENDES, Gilmar Ferreira; COELHO, Inocêncio Mártires; BRANCO, Paulo Gustavo Gonet. ***Curso de Direito Constitucional***. São Paulo: Saraiva, 2007. p. 1178; BARROSO, Luis Roberto. ***O controle de constitucionalidade no direito brasileiro***. 2. ed. São Paulo: Saraiva, 2006. p. 286.

[191] Cf. Clève, Clèmerson Merlin. ***A fiscalização abstrata da constitucionalidade no Direito Brasileiro***. 2. ed. São Paulo: Revista dos Tribunais, 2000. p. 128-129; BARROSO, Luis Roberto. ***O controle de constitucionalidade no direito brasileiro***. 2. ed. São Paulo: Saraiva, 2006. p. 283; MENDES, Gilmar Ferreira; COELHO, Inocêncio Mártires; BRANCO, Paulo Gustavo Gonet. ***Curso de Direito Constitucional***. São Paulo: Saraiva, 2007. p. 1165.

De qualquer modo, a declaração de a inconstitucionalidade na ADIn interventiva deverá ser seguida de decreto do Presidente da República, que "limitar-se-á a suspender a execução do ato impugnado, se essa medida bastar ao restabelecimento da normalidade" (art. 36, § 3.° da CF). Caso a suspensão não seja suficiente, será decretada, também pelo Presidente da República, a intervenção.[192]

5.4. EFEITO REPRISTINATÓRIO

Como é sabido, vige no direito brasileiro a regra geral segundo a qual "a lei revogada não se restaura por ter a lei revogadora perdido a vigência" (art. 2.°, § 3.° da Lei de Introdução ao Código Civil). Trata-se da proibição da repristinação.[193]

Contudo, um fenômeno semelhante à repristinação ocorre quando um determinado juízo reconhece a inconstitucionalidade e pronuncia a nulidade absoluta de uma norma que revogou outra. Sim, porque, num primeiro momento, poderia parecer que essa decisão de inconstitucionalidade teria o condão de restaurar a eficácia da lei revogada. Mas não é exatamente isso que ocorre. Na verdade, se a sanção atribuída à norma inconstitucional for a de nulidade absoluta, forçosa será a conclusão de que a lei declarada inconstitucional não produziu qualquer efeito, nem mesmo o de revogar a lei anterior. Assim, não haveria que se falar em restauração da

---

[192] CLÈVE, Clèmerson Merlin. ***A fiscalização abstrata da constitucionalidade no Direito Brasileiro***. 2. ed. São Paulo: Revista dos Tribunais, 2000. p. 132.

[193] A única ressalva admitida no direito brasileiro à regra da vedação da repristinação é a hipótese em que uma lei determine expressamente a restauração da primeira norma revogada. Nesse sentido, Vicente Ráo, com base em De Ruggiero afirma: "A lei revogada só pode renascer se uma nova disposição legal expressamente o determinar. Em princípio e sem essa disposição nova, a revogação é sempre definitiva, ainda quando nenhum outro preceito substitua ao que se continha na lei suprimida" (***O Direito e a vida dos Direitos***. 6. ed. São Paulo: Revista dos Tribunais, 2004. p. 372).

eficácia de uma lei, mas sim em mero reconhecimento judicial de que tal lei nunca chegou a ser revogada, reconhecimento esse que possui como consequência um efeito que poderia ser denominado "repristinatório".[194]

Nesse sentido, afirma Rui Medeiros:

> Na lógica da nulidade, a norma anterior não chegou juridicamente a cessar a sua vigência. Por isso, e como sempre, ela mantém-se em vigor e continua a ser aplicável após a decisão de inconstitucionalidade. A manutenção em vigor da normação anterior, escreve JÖRN IPSEN, constitui, pois, uma evidência dogmática no quadro da teoria da nulidade da lei inconstitucional. Só que, mais do que o renascimento da norma revogada em termos inconstitucionais, o que se verifica é que, apesar da tentativa de revogação, a norma anterior nunca deixou de vigorar.[195]

Embora o chamado "efeito repristinatório" do controle de constitucionalidade tenha sido expressamente previsto no direito brasileiro apenas a partir edição da Lei n.º 9.868/99, a jurisprudência do Supremo Tribunal Federal já atribuía esse tipo de efeito às

---

[194] CLÈVE, Clèmerson Merlin. ***A fiscalização abstrata da constitucionalidade no Direito Brasileiro***. 2. ed. São Paulo: Revista dos Tribunais, 2000. p. 249-250.

[195] MEDEIROS, Rui. ***A Declaração de Inconstitucionalidade: os autores, o conteúdo e os efeitos da decisão de inconstitucionalidade da Lei***. Lisboa: Universidade Católica, 1999. p. 652. Dentre os doutrinadores brasileiros, sustenta Clève: "Porque o ato inconstitucional, no Brasil, é nulo (e não, simplesmente, anulável), a decisão judicial que assim o declara possui efeitos repristinatórios. Sendo nulo, do ato inconstitucional não decorre eficácia derrogatória das leis anteriores. A decisão judicial que decreta (*rectius*, que declara) a inconstitucionalidade atinge todos os 'possíveis efeitos que uma lei constitucional é capaz de gerar', inclusive a cláusula expressa ou implícita de revogação." (***A fiscalização abstrata da constitucionalidade no direito brasileiro***. 2. ed. São Paulo: Revista dos Tribunais, 2000. p. 249). Cf. ainda VELOSO, Zeno. ***Controle jurisdicional de constitucionalidade***. 2. ed. Belo Horizonte: Del Rey, 2000. p. 192.

decisões proferidas em sede de controle abstrato muito antes da entrada em vigor de tal lei. Confira-se o voto do Min. Moreira Alves em medida cautelar da Representação n.º 1.077/RJ, de 1981:

> Desse confronto, parece-me – pelo interesse público prevalecente do acesso à prestação jurisdicional, e da possibilidade da irreparabilidade de danos – que se justifica a concessão da medida liminar pleiteada. Defiro-a, nos termos em que foi requerida, e a estendo, por via de consequência, ao artigo 3.º da mesma lei, no tocante à revogação da legislação anterior que disciplinava a taxa judiciária, que, assim, volta a vigorar enquanto persistir a presente liminar. Essa extensão se justifica, porque a suspensão da lei arguida de inconstitucional por meio de liminar visa, provisoriamente, ao resultado em que se pleiteia definitivo, se julgada procedente a representação. E no caso de procedência desta, sendo nula a lei declarada inconstitucional, permanece vigente a legislação anterior a ela e que teria sido revogada não houvesse a nulidade.[196]
> (Rp-MC n.º 1.077 / RJ, rel. Min. Cordeiro Guerra, Tribunal Pleno, j. 26.02.1981)

Em 1999, o que já era da jurisprudência do Supremo Tribunal Federal foi então transformado em direito positivo: o art. 11, § 2.º, da Lei n.º 9.868/99, previu que, na ADIn, "a concessão da medida cautelar torna aplicável a legislação anterior acaso existente, salvo expressa manifestação em sentido contrário". E, evidentemente, essa previsão para a medida cautelar aplica-se, com mais razão ainda, para a decisão de mérito, na hipótese de a norma revogadora ser definitivamente julgada inconstitucional.[197]

---

[196] Cf. também CLÈVE, Clèmerson Merlin. ***A fiscalização abstrata da constitucionalidade no Direito Brasileiro***. 2. ed. São Paulo: Revista dos Tribunais, 2000. p. 249 e PALU, Oswaldo Luiz. ***Controle de constitucionalidade: conceitos, sistemas e efeitos***. 2. ed. São Paulo: Revista dos Tribunais, 2001. p. 227-228.

[197] Cf. PALU, Oswaldo Luiz. **Controle de constitucionalidade**: conceitos, sistemas e efeitos. 2. ed. São Paulo: Revista dos Tribunais, 2001. p. 227-228.

Questão interessante diz respeito à análise da possibilidade de afastamento do efeito repristinatório. Com efeito, vários autores reconhecem que a pronúncia da nulidade de uma norma revogadora inconstitucional pode conduzir ao reconhecimento da permanência da eficácia de uma norma anterior que, por sua vez, também seja inconstitucional.[198]

Nesse ponto, são apresentadas na doutrina brasileira basicamente duas posições. A primeira, de Zeno Veloso, admite a expansão *ex-officio* da declaração de inconstitucionalidade, para que essa abranja também a norma anterior, ainda que não expressamente impugnada:

> Embora falte no direito brasileiro regra a respeito, somos do parecer que se deve prestigiar o dogma da supremacia da Constituição, expandindo-se a declaração de inconstitucionalidade a outras normas, ainda que não mencionadas diretamente no pedido, e desde que haja conexão, correlação, relação de dependência entre os preceitos. *A fortiori*, até em nome do postulado da segurança jurídica – que tem a mesma hierarquia, o mesmo valor que o princípio da legalidade –, deve o STF proclamar a inconstitucionalidade, se for o caso – de norma anterior, que havia sido revogada pela lei cuja inconstitucionalidade foi reconhecida.[199]

---

[198] Cf. MARTINS, Ives Gandra da Silva; MENDES, Gilmar Ferreira. ***Controle concentrado de constitucionalidade: comentários à Lei n. 9.868, de 10-11-1999***. São Paulo: Saraiva, 2001. p. 211-213; VELOSO, Zeno. ***Controle Jurisdicional de constitucionalidade***. 2. ed. Belo Horizonte: Del Rey, 2000. p. 193-194; CLÈVE, Clèmerson Merlin. ***A fiscalização abstrata da constitucionalidade no Direito Brasileiro***. 2. ed. São Paulo: Revista dos Tribunais, 2000. p. 250; CANOTILHO, José Joaquim Gomes. ***Direito Constitucional e Teoria da Constituição***. 7. ed. Coimbra: Almedina, 2000. p. 1017; MIRANDA, Jorge. ***Manual de Direito Constitucional***. 2. ed. Coimbra: Coimbra Editora, 2005. t. VI.p. 275; e MEDEIROS, Rui. ***A Declaração de Inconstitucionalidade: os autores, o conteúdo e os efeitos da decisão de inconstitucionalidade da Lei.*** Lisboa: Universidade Católica, 1999. p. 661.

[199] VELOSO, Zeno. ***Controle jurisdicional de constitucionalidade***. 2. ed. Belo Horizonte: Del Rey, 2000. p. 194.

Entendimento contrário é o de Clève, que, em observância ao princípio da adstrição ao pedido, preconiza que o afastamento da norma anterior pelo Supremo Tribunal Federal só pode ocorrer nos casos em que há a correspondente impugnação específica:

> Previne-se o problema com o estudo apurado das eventuais consequências que a decisão judicial haverá de produzir. O estudo deve ser levado a termo por ocasião da propositura, pelos legitimados ativos, de ação direta de inconstitucionalidade. Detectada a manifestação de eventual eficácia repristinatória indesejada, cumpre requerer, igualmente, já na inicial da ação direta, a declaração da inconstitucionalidade, e, desde que possível, a do ato normativo ressuscitado.[200]

De nossa parte, entende-se ser possível sustentar uma posição intermediária, fundada na doutrina portuguesa.

Medeiros relata que os autores lusitanos que admitem a possibilidade de afastamento dos efeitos repristinatórios se dividem em duas correntes básicas. Segundo a primeira corrente, dever-se-ia reconhecer que o Tribunal Constitucional pode superar o princípio da adstrição ao pedido e fiscalizar sucessivamente a constitucionalidade da norma anterior, declarando-a também inconstitucional, com todas as consequências daí decorrentes. Já a segunda corrente defende que a possibilidade de limitação dos efeitos repristinatórios decorreria do art. 282, n.º 4 da Constituição Portuguesa, [201] que autoriza a restrição dos efeitos da decisão de inconstitucionalidade;

---

[200] Clève, Clèmerson Merlin. **A fiscalização abstrata da constitucionalidade no Direito Brasileiro**. 2. ed. São Paulo: Revista dos Tribunais, 2000. p. 250.

[201] "Artigo 282 (Efeitos da declaração de inconstitucionalidade ou de ilegalidade) [...]

4. Quando a segurança jurídica, razões de equidade ou interesse público de excepcional relevo, que deverá ser fundamentado, o exigirem, poderá o Tribunal Constitucional fixar os efeitos da inconstitucionalidade ou da ilegalidade com alcance mais restrito do que o previsto nos n.os 1 e 2."

nesse caso, o tribunal analisaria a norma anterior, mas não declararia sua inconstitucionalidade, utilizando-se de tal análise somente para restringir os efeitos repristinatórios.[202]

Essa segunda posição, também adotada por Canotilho,[203] parece ser plenamente adequada ao sistema brasileiro, considerando-se, de um lado, a abertura da fórmula contida no art. 27 da Lei n.º 9.868/99 e, de outro, os princípios da inércia da jurisdição e da adstrição ao pedido. Desse modo, entende-se que, quando da declaração de inconstitucionalidade em sede abstrata, o Supremo Tribunal Federal poderia, mesmo diante da inexistência de pedido específico, analisar a norma anterior e, constatando sua inconstitucionalidade, restringir os efeitos repristinatórios da decisão, observado o quórum de dois terços previstos no referido art. 27. Observe-se que aqui o juízo sobre a constitucionalidade da norma anterior não implicaria pronúncia de sua nulidade, sendo apenas um fundamento para a redução do alcance da decisão proferida pela corte.

De qualquer forma, o entendimento atual do Supremo Tribunal Federal é mais restritivo. Em primeiro lugar, a Corte só admite a análise da constitucionalidade da lei anterior quando essa questão é expressamente levantada pelo autor da ação direta de inconstitucionalidade.

---

202 MEDEIROS, Rui. ***A Declaração de Inconstitucionalidade: os autores, o conteúdo e os efeitos da decisão de inconstitucionalidade da Lei***. Lisboa: Universidade Católica, 1999. p. 667-673.

203 "Embora não se estabeleçam restrições aos efeitos repristinatórios, estes não devem aceitar-se incondicionalmente. Tendo em conta a sua razão de ser, é lógico que: existam esses efeitos quando entre *nenhuma norma* e a *norma repristinada*, seja esta a solução mais razoável; não existam quando a norma declarada inconstitucional não tiver revogado qualquer norma anterior. No caso de a norma repristinada ser inconstitucional, não está vedada ao TC a possibilidade de *conhecer* dessa inconstitucionalidade para fundamentar nela a recusa de efeitos repristinatórios (cfr. Ac. TC 56/84). Mais duvidoso (por violar o princípio do pedido) é a possibilidade de o TC *conhecer* e *declarar* a inconstitucionalidade das normas repristinadas (Ac. 452/95, DR, II, 21-11)." (CANOTILHO, José Joaquim Gomes. ***Direito Constitucional e Teoria da Constituição***. 7. ed. Coimbra: Almedina, 2000. p. 1017).

Em segundo lugar, quando constata que é inconstitucional também a legislação anterior àquela inicialmente impugnada, o tribunal simplesmente deixa de conhecer da ação. Confiram-se alguns trechos do voto do Min. Celso de Mello na ADIn n.º 2574/AP, de 2002, na qual o tribunal deixou de conhecer da ação proposta em virtude da ausência de arguição sucessiva de inconstitucionalidade da norma anterior àquela que se pretendeu inicialmente impugnar:

> Já se afirmou, no início deste voto, que a declaração de inconstitucionalidade *in abstracto*, de um lado, e a suspensão cautelar de eficácia do ato reputado inconstitucional, de outro, importam – considerando o efeito repristinatório que lhes é inerente – em restauração das normas estatais revogadas pelo diploma objeto do processo de controle normativo abstrato. [...]
> Essa orientação, fundada no reconhecimento do efeito repristinatório, culminou no estabelecimento dos precedentes por mim inicialmente referidos neste voto, de tal modo que, à semelhança do que efetivamente ocorreu na espécie destes autos, não deduzida, em caráter subsidiário, qualquer impugnação contra a norma, que, alegadamente eivada do vício de inconstitucionalidade, foi revogada pela regra expressamente atacada em sede de fiscalização concentrada, torna-se inviável conhecer da presente ação direta, em face da evidente omissão processual em que incorreu, no caso, a Senhora Governadora do Estado do Amapá. [...]
> Desse modo, considerados os precedentes referidos, e ausente a cumulação de pedidos sucessivos (declaração de inconstitucionalidade da norma superveniente + declaração de inconstitucionalidade da norma anterior por ela revogada), torna-se incognoscível a presente ação direta, pois, seja do deferimento de medida cautelar, seja da eventual declaração de inconstitucionalidade do ato normativo editado em momento subsequente, resultará, no caso, efeito repristinatório indesejado pertinente à norma revogada, a qual – segundo o douto voto do eminente Relator – achar-se-ia igualmente impregnada do vício da ilegitimidade constitucional.

Por fim, outro ponto que merece ser ressaltado diz respeito à possibilidade de se reconhecer efeito repristinatório às decisões que declaram a inconstitucionalidade de ato normativo no sistema de controle incidental-difuso de constitucionalidade.[204] Na lição de Rui Medeiros, em sede incidental-difusa, tal efeito não só é possível como deve ser tido por operante, assim como ocorre na fiscalização abstrata da constitucionalidade das normas. Veja-se:

> A repristinação está prevista constitucionalmente num artigo sobre os efeitos da declaração de inconstitucionalidade com força obrigatória geral. Isto não significa, no entanto, que o efeito repristinatório não ocorra também no domínio da fiscalização concreta (concentrada ou difusa). Pelo contrário, como afirmamos noutras ocasiões e é defendido tanto pela generalidade da doutrina como pelo Tribunal Constitucional, a repristinação vale igualmente no âmbito da fiscalização concreta. De facto, se a norma inconstitucional é inválida *ab initio* e como tal deve ser considerada, não se pode reconhecer efeitos jurídicos à norma inconstitucional revogatória ou, pelo menos, o juízo de inconstitucionalidade, mesmo quando proferido em sede de fiscalização concreta, destrói retroactivamente tais efeitos. Logo, verificando-se os pressupostos da repristinação, os tribunais e as autoridades administrativas devem resolver a questão com base no quadro legal antecedente repristinado em consequência da decisão de desaplicação da norma reputada inconstitucional.[205]

---

[204] A essa altura, o leitor já deve ter percebido que a questão do efeito repristinatório talvez pudesse ser examinada separadamente nos itens anteriores, quando da análise dos efeitos das decisões nos sistemas de controle incidental-difuso e principal-concentrado. Contudo, para preservar a continuidade e a unidade do raciocínio, optou-se por desenvolver o tema em um item à parte, englobando os dois sistemas de controle.

[205] Medeiros, Rui. **A Declaração de Inconstitucionalidade: os autores, o conteúdo e os efeitos da decisão de inconstitucionalidade da Lei**. Lisboa: Universidade Católica, 1999. p. 655-656.

Esse posicionamento é totalmente coerente com o exercício do controle de constitucionalidade em sede incidental-difusa. Sim, pois, se no controle incidental o exame da questão de constitucionalidade é uma prejudicial para a resolução do mérito, então o juízo de inconstitucionalidade de uma norma aplicável à espécie, a qual teria supostamente revogado uma norma anterior também incidente sobre o caso, tem como consequência lógica o reconhecimento da permanência da eficácia dessa última. Em outros termos: se no controle incidental um juiz é chamado a resolver um caso concreto, decidindo qual a norma aplicável, parece correto, do ponto de vista lógico, supor que, ao julgar inconstitucional uma norma posterior, o magistrado deverá resolver a controvérsia aplicando a norma anterior, quando essa também não for inconstitucional. Concluindo-se tal raciocínio, pode-se dizer então que a declaração incidental de inconstitucionalidade terá como consequência uma espécie limitada de efeito repristinatório.[206]

[206] Não obstante, o Min. Eros Grau, em voto no Agravo Regimental no Agravo de Instrumento n.º 465.922/RS, de 2004, pronunciou-se nos seguintes termos: "Registre-se – ainda no que tange à pretensa repristinação da LC 7/73 – que a Lei Federal 9.868/99 prevê a possibilidade de ser aplicada a legislação anterior, quando deferida medida liminar em ação direta de inconstitucionalidade (artigo 11, § 2.º). Mas essa previsão legal somente diz respeito às hipóteses de liminares concedidas no âmbito do controle abstrato de normas perante o Supremo Tribunal Federal, sendo impertinente sua aplicação no controle difuso de constitucionalidade". A resolução da controvérsia, entretanto, parecia residir mais no fenômeno da não recepção da norma pré-constitucional que no efeito repristinatório, como se observa da manifestação do Min. Sepúlveda Pertence no mesmo julgado: "Data vênia, não entendo que o problema seja de repristinação. O problema é que a lei inconstitucional não revoga a anterior. Ela não tem eficácia revogatória por incompatibilidade. E aí tenderia a acolher a pretensão do município. Agora, a minha dificuldade está nas razões postas Vossa Excelência para dizer que a lei anterior também não poderia ser recebida".

CONSIDERAÇÕES FINAIS

I

O controle judicial de constitucionalidade surgiu como um produto da necessidade histórica de se assegurar a supremacia formal da Constituição e a rigidez de suas normas. Para tanto, dois modelos inicialmente se apresentaram.

O primeiro, o norte-americano, possui as seguintes características básicas: é acessível a qualquer juiz no exercício de sua função de dizer o direito aplicável ao caso concreto (controle difuso); implica o exame da questão de constitucionalidade *incidenter tantum*, como uma questão prejudicial para a solução da controvérsia (controle incidental e concreto); suas decisões possuem alcance retroativo, apenas declarando uma nulidade pré-existente, de modo que não se podem reconhecer como válidos nenhum dos efeitos produzidos sob a égide da norma inconstitucional (efeitos *ex tunc*); e tais decisões, em princípio, atingem apenas as partes do processo (efeitos *inter partes*), alcance esse que é ampliado pelo instituto do *stare decisis*.

O segundo sistema de controle de constitucionalidade, concebido por Hans Kelsen e implantado na Áustria pela Constituição de 1920, pode ser identificado pelos seguintes traços: a atividade de fiscalização de constitucionalidade é monopolizada (controle concentrado) por uma Corte especializada (uma "Corte Constitucional"), situada fora do âmbito dos três poderes tradicionais e é provocada por um número limitado de autoridades; o exame da questão constitucional se dá *in abstracto*, como objeto principal de uma "ação direta" desvinculada de qualquer caso concreto (controle principal e abstrato); as decisões proferidas são de natureza constitutiva-negativa, devendo operar efeitos preferencialmente *ex nunc*, em homenagem à segurança jurídica; os julgados possuem eficácia geral, atingindo a todos, como se houvesse uma espécie de revogação da norma tida por inconstitucional (efeitos *erga omnes*).

Essas configurações iniciais de ambos os sistemas, no entanto, passaram por uma progressiva aproximação, processo esse que serviu para a atenuação dos defeitos de cada um. Do lado norte-americano, a doutrina da nulidade absoluta, muitas vezes inadequada para o trato de situações já consolidadas, sofreu certas flutuações, ora negando-se a retroatividade, ora estabelecendo-a como regra geral sujeita a algumas exceções. O sistema kelseniano, por sua vez, sofreu transformações tanto na Áustria quanto nos países da Europa continental que o assimilaram: passou então a ser mais aberto e flexível, admitindo-se o controle pela via incidental, no bojo de casos concretos, bem como a desconstituição retroativa de atos inconstitucionais.

II

No Brasil, a instituição do controle judicial de constitucionalidade foi profundamente marcada pela doutrina do *judicial review* norte-americano. Contudo, a transposição foi incompleta, sendo que a falta de um elemento como o *stare decisis*, desde logo, gerou inconvenientes relacionados ao restrito alcance da decisão proferida pelo Supremo Tribunal Federal, que permitia a proliferação de pronunciamentos contraditórios sobre a constitucionalidade de um mesmo ato.

A primeira tentativa de equacionar tal problema foi feita na Constituição de 1934, com a atribuição ao Senado da competência para suspender a execução de norma declarada inconstitucional pelo Supremo Tribunal Federal. Não obstante, a interpretação substantiva conferida pelo Senado e pelo próprio Supremo a essa competência, atribuindo-lhe caráter discricionário, contribuíram para que o problema da generalização dos efeitos das decisões não fosse satisfatoriamente solucionado.

Veio então a segunda tentativa, com a Emenda Constitucional n.º 16/65 e a instituição da representação de inconstitucionalidade, nitidamente inspirada no modelo kelseniano. A inovação foi recebida com certo estranhamento, sendo que, inicialmente, as decisões proferidas em sede de tal representação foram também encaminhadas ao Senado Federal para que esse suspendesse a execução do ato normativo impugnado. Em cerca de uma década, contudo, tal entendimento foi superado, com o reconhecimento, pelo próprio Supremo Tribunal Federal, de que suas decisões proferidas em sede abstrata possuíam, por si mesmas, eficácia *erga omnes*, sem a necessidade de intervenção do Senado. Veio então a Constituição de 1988, ampliando enormemente o rol dos legitimados para a provocação do controle abstrato (a ser exercido por meio da denominada "ação direta de inconstitucionalidade"), que passou então a ser a modalidade mais relevante controle de constitucionalidade no nosso sistema.

Mesmo assim, a suposta recalcitrância dos demais poderes (e a do próprio Judiciário, nos níveis hierárquicos inferiores) em relação às decisões do Supremo Tribunal Federal não foi detida. Veio então a Emenda Constitucional n.º 3/93, introduzindo a controvertida ação declaratória de constitucionalidade e o chamado "efeito vinculante", cuja aplicabilidade à ação direta de inconstitucionalidade também foi questionada.

Paralelamente ao problema do alcance subjetivo das decisões do Supremo Tribunal Federal, outra dificuldade emergiu da adoção inicial do modelo estadunidense: a tese da nulidade absoluta do ato inconstitucional muitas vezes se mostrava excessivamente radical para o trato de situações já consolidadas, o que poderia inibir a pronúncia da inconstitucionalidade pelos juízes. Lidando com tais situações, o Supremo Tribunal Federal, timidamente, começou a atenuar a sanção de nulidade absoluta, preservando certas situações e efeitos produzidos sob a égide de ato inconstitucional. Na doutrina, aumentaram as vozes que se manifestavam no sentido de ser anulável, e não nula, a norma inconstitucional.

Diante de todo esse quadro de polêmica, ajustes e desajustes, veio a Lei n.º 9.868/99,[1] pretendendo uniformizar o sistema abstrato de controle de constitucionalidade. Dentre suas disposições mais importantes encontram-se: a consagração da tese da equivalência entre os julgamentos de procedência da ADC e improcedência da ADIN e vice-versa (art. 24); a atribuição expressa de efeito vinculante à ação direta de inconstitucionalidade, inclusive quando utilizadas as técnicas de "interpretação conforme" e "declaração parcial de inconstitucionalidade sem redução de texto" (art. 28, parágrafo único); a previsão expressa da possibilidade de modulação dos efeitos das decisões de inconstitucionalidade (art. 27); a atribuição de efeitos distintos nas hipóteses de concessão de medica cautelar em ADIn e em ADC (arts. 11 e 21); a possibilidade de afastamento do efeito repristinatório das decisões de inconstitucionalidade (art. 11, §2.º).

Como se vê, dado o teor da Lei n.º 9.868/99, não causa espanto o fato de que a sua constitucionalidade é atualmente objeto de questionamento em duas ações diretas de inconstitucionalidade, mesmo após a edição da Emenda Constitucional n.º 45/04, que, suprindo um "esquecimento" do constituinte reformador de 1993, estendeu expressamente o efeito vinculante à ADIn. Tampouco há que se negar que as disposições contidas na referida lei convidam a uma reflexão mais aprofundada sobre a necessidade de simplificação do nosso sistema de controle de constitucionalidade e sobre a revisão de conceitos como o de nulidade absoluta do ato inconstitucional.

O que se extrai desse panorama é que, atualmente, o sistema brasileiro de controle de constitucionalidade é marcado por uma complexidade impressionante, derivada talvez da justaposição de técnicas e conceitos sem os necessários ajustes.[2]

---

[1] Seguida, como se viu, da Lei n.º 9.882/99, a qual, quanto aos efeitos das decisões de inconstitucionalidade, não inovou significativamente.

[2] No mesmo sentido, cf. BARROS, Sérgio Resende de. Simplificação do controle de constitucionalidade. In: MARTINS Ives Gandra da Silva (coord.).

III

A despeito de sua acentuada complexidade, é possível identificar no sistema de controle de constitucionalidade pátrio alguns aspectos especialmente importantes no que diz respeitos aos efeitos das decisões:

1 – As decisões das questões de constitucionalidade proferidas em controle incidental-difuso não fazem coisa julgada material, produzindo efeitos, em princípio, apenas *inter partes*.

2 – No sistema incidental difuso o Supremo Tribunal Federal, antes mesmo da Lei n.º 9.868/99, já vinha, timidamente, suavizando a sanção da nulidade absoluta, sendo que, na atualidade, vem aceitando a aplicação do art. 27 da Lei n.º 9.868/99 em sede de recurso extraordinário.

3 – A competência conferida ao Senado pelo art. 52, X, da Constituição Federal, ainda que obsoleta, não parece autorizar a conclusão de que, a partir de um processo de mutação constitucional, as decisões do Supremo Tribunal Federal em sede incidental-difusa passaram a ser dotadas de eficácia *erga omnes*, do mesmo modo que aquelas proferidas em controle principal-concentrado.

4 – Na fiscalização abstrata de constitucionalidade, a declaração de inconstitucionalidade ou de constitucionalidade é o próprio objeto do processo, de modo que a respectiva declaração é acobertada pelo manto da coisa julgada material.

5 – A decisão do Supremo em sede de controle abstrato é oponível *erga omnes*, esvaziando perante todos a eficácia jurídica da norma impugnada, o que, em tese, já seria suficiente para a admissão do manejo da reclamação no caso de recalcitrância dos órgãos judiciários hierarquicamente inferiores.

As vertentes do Direito Constitucional Contemporâneo. Rio de Janeiro: América Jurídica, 2002. p. 610.

6 – O efeito vinculante implica a obrigatoriedade da observância, pelos demais órgãos do Poder Judiciário e pela Administração Pública, dos fundamentos determinantes das decisões do Supremo Tribunal Federal em controle pela via principal-concentrada, não ficando o próprio Supremo vinculado a suas interpretações constitucionais anteriores.

7 – Apesar de os efeitos *ex tunc* continuarem sendo a regra no controle abstrato, a Lei n.º 9.868/99, em seu art. 27, autoriza a modulação dos efeitos da decisão de inconstitucionalidade. A fórmula da autorização e os requisitos materiais estabelecidos (razões de segurança jurídica ou de excepcional interesse social) para essa modulação são extremamente abertos, podendo dar margem ao abuso. A despeito dessa abertura, não parece ser inconstitucional o referido art. 27, vez que a tese da nulidade absoluta não foi incorporada expressamente à Constituição, e ainda que se reconheça à nulidade absoluta o *status* de norma constitucional implícita, o mesmo poderia ser dito acerca da segurança jurídica.

8 – As medidas cautelares concedidas em ADIn têm efeitos *ex nunc* (em regra), *erga omnes* e vinculantes, implicando a suspensão da eficácia da norma impugnada, podendo dar margem a julgamento dos processos pendentes sem a aplicação da norma, ou suspensão dos processos pendentes até a solução da controvérsia pelo Supremo Tribunal Federal. No caso da ADC, a medida cautelar gera a suspensão dos feitos pendentes até a decisão final do Supremo, que deve ocorrer no prazo de cento e oitenta dias.

9 – Na declaração parcial de inconstitucionalidade sem redução de texto a coisa julgada, a eficácia *erga omnes* e o efeito vinculante funcionam normalmente como o fariam em uma ADIn comum. Já o uso da técnica da "interpretação conforme" em controle abstrato se mostra problemático, não parecendo adequada a exclusão, *a priori*, de todos os

demais significados de uma norma que não aquele fixado pelo Supremo.

10 – A eficácia preclusiva da coisa julgada na declaração de inconstitucionalidade de uma norma em sede abstrata impede a reapreciação da mesma em uma nova ADIn ou em uma ADC, não se admitindo, pela doutrina tradicional da nulidade absoluta, a figura da convalidação. No caso de uma declaração de constitucionalidade, o novo exame da norma será possível desde que haja substancial alteração das circunstâncias fáticas ou jurídicas, alterando-se a própria causa de pedir.

11 – A pronúncia da inconstitucionalidade por omissão não autoriza a atuação substitutiva do Supremo Tribunal Federal na edição de norma geral e abstrata. A respectiva decisão faz coisa julgada oponível *erga omnes* e produz efeitos *ex nunc* (exceto nas hipóteses em que a Constituição prevê prazo determinado para a prática do ato). A partir dessa decisão, tornase possível a responsabilização patrimonial do Estado pelos prejuízos eventualmente causados, bem como a suspensão dos processos em que os sujeitos possam ser prejudicados pela ausência da norma exigida pela Constituição.

12 – A decisão emanada do Supremo Tribunal Federal na ADIn interventiva não implica a pronúncia da nulidade do ato impugnado, restringindo-se à solução de um conflito federativo instaurado.

13 – As decisões de inconstitucionalidade, tanto no controle concreto quanto no concentrado, conduzem a um reconhecimento judicial de que a norma anterior nunca chegou a ser revogada pela norma inconstitucional, reconhecimento esse que possui como consequência um efeito que poderia ser denominado "repristinatório". Os arts. 11, § 2.º, e 27 da Lei n.º 9.868/99, no entanto, permitem o afastamento do efeito repristinatório caso a norma anterior seja também inconstitucional

IV

A tese da nulidade absoluta dos atos inconstitucionais, que antes da década de 1990 já se revelava problemática em face de situações consolidadas, agora, com a Lei n.º 9.868/99, merece realmente ser rediscutida. Uma coisa era dizer que certos efeitos concretos do ato inconstitucional poderiam ser preservados por força de outros valores constitucionais, como a segurança jurídica e a proteção da boa-fé. Outra coisa, completamente distinta, é dizer que o ato inconstitucional pode continuar produzindo efeitos validamente mesmo após a "declaração" de sua constitucionalidade. Sim, porque isso implica conferir ao Supremo Tribunal Federal o poder de convalidar a norma viciada e, segundo a doutrina tradicional, atos nulos não se convalidam...[3]

[3] Ferreira Filho, Manoel Gonçalves. O valor do ato inconstitucional em face do direito positivo brasileiro. ***Revista de Direito Administrativo.*** Rio de Janeiro, n. 230, out./dez. 2002. p. 225 e 229.

BIBLIOGRAFIA

ALMEIDA, Fernanda Dias Menezes de; FERRAZ, Anna Cândida da Cunha. *Efeitos da Constituição sobre o direito anterior.* In: *Revista da Procuradoria Geral do Estado de São Paulo*, n° 31. São Paulo, 1989. p. 45-56.

AMARAL JÚNIOR, José Levi Mello do. *Incidente de arguição de inconstitucionalidade – Comentários ao art. 97 da Constituição e aos arts. 480 a 482 do Código de Processo Civil.* São Paulo: Revista dos Tribunais, 2002.

ARISTÓTELES. *A Política.* São Paulo: Martins Fontes, 2006.

AYMARD, André; AUBOYER, Jeannine. *História Geral das Civilizações.* Tomo I. Volume 2. São Paulo: Difusão Européia do Livro, 1955.

BAILYN, Bernard. *As origens ideológicas da Revolução Americana.* Bauru: EDUSC, 2003.

BARBOSA, Rui. *Atos Inconstitucionais.* 2ª ed. Campinas: Russel, 2004.

BARROS, Sérgio Resende de. *Simplificação do controle de constitucionalidade.* In: *As vertentes do Direito Constitucional Contemporâneo.* Coord. Ives Gandra da Silva Martins. Rio de Janeiro: América Jurídica, 2002, p. 593-617.

BARROSO, Luís Roberto. *O Direito Constitucional e a efetividade de suas normas – Limites e possibilidades da Constituição brasileira.* 4ª ed. Rio de Janeiro: Renovar, 2000.

__________. *O controle de constitucionalidade no direito brasileiro.* 2ª ed. São Paulo: Saraiva, 2006.

BASTOS, Celso Ribeiro. *Curso de Direito Constitucional.* 22ª ed. São Paulo: Saraiva, 2001.

BASTOS, Celso Ribeiro; MARTINS, Ives Gandra da Silva. *Comentários à Constituição do Brasil.* 4ª Vol. Tomo I. São Paulo: Saraiva, 1995.

BAUM, Lawrence. *A Suprema Corte Americana.* Rio de Janeiro: Forense, 1987.

BINENBOJM, Gustavo. *A nova jurisdição constitucional brasileira – Legitimidade democrática e instrumentos de realização.* Rio de Janeiro, Renovar, 2001.

BITTENCOURT, C. A. Lúcio. *O contrôle jurisdicional da constitucionalidade das leis.* 2ª ed. Rio de Janeiro: Forense, 1968.

BOBBIO, Norberto. *Teoria geral do Direito.* São Paulo: Martins Fontes, 2007.

BUZAID, Alfredo. *Da ação direta de declaração de inconstitucionalidade no direito brasileiro.* São Paulo: Saraiva, 1958.

CAGGIANO, Monica Herman Salem. *Emenda Constitucional n. 45/2004.* In: *Revista Brasileira de Direito Constitucional*, n° 5. São Paulo, 2005. p. 185-204.

CANOTILHO, José Joaquim Gomes. *Direito Constitucional e Teoria da Constituição.* 7ª ed. Coimbra: Almedina, 2003.

CAPPELLETTI, Mauro. *O controle judicial de constitucionalidade das leis no direito comparado.* 2ª ed. Porto Alegre: Fabris, 1999.

__________. *Juízes legisladores?.* Porto Alegre: Fabris, 1999.

CARRÉ DE MALBERG, Raymond. *Teoría general del Estado.* México: Fondo de Cultura Económica, 2001.

CLÈVE, Clèmerson Merlin. *A fiscalização abstrata da constitucionalidade no direito brasileiro.* 2ª ed. São Paulo: Revista dos Tribunais, 2000.

CLINTON, Robert Lowry. *Marbury v. Madison and Judicial Review.* Lawrence: University Press of Kansas, 1989.

COOLEY, Thomas. *Princípios gerais de Direito Constitucional dos Estados Unidos da América do Norte.* 2ª ed. São Paulo: Revista dos Tribunais, 1982.

CORWIN, Edward S.; PELTASON, Jack W. *Understanding the Constitution.* 3ª ed. New York: Holt, Rinehart and Winston, 1964.

CUNHA, Sérgio Sérvulo da. *O efeito vinculante e os poderes do juiz.* São Paulo: Saraiva, 1999.

DALLARI, Dalmo de Abreu. *Elementos de Teoria Geral do Estado.* 21ª ed. São Paulo: Saraiva, 2000.

DINAMARCO, Cândido Rangel. *Instituições de Direito Processual Civil.* Vol. 3. 2ª ed. São Paulo: Malheiros, 2002.

FAVOREU, Louis. *As Cortes Constitucionais.* São Paulo: Landy, 2004.

FERRARI, Regina Maria Macedo Nery. *Efeitos da declaração de inconstitucionalidade.* 5ª ed. São Paulo: Revista dos Tribunais, 2004.

FERRAZ JÚNIOR, Tércio Sampaio. *Introdução ao estudo do Direito.* 2ª ed. São Paulo: Atlas, 1994.

FERREIRA FILHO, Manoel Gonçalves. *Aspectos de Direito Constitucional Contemporâneo.* São Paulo: Saraiva, 2003.

__________. *Comentários à Constituição Brasileira de 1988.* Vol. 2. São Paulo: Saraiva, 1992.

__________. *Curso de Direito Constitucional.* 29ª ed. São Paulo: Saraiva, 2002

__________. *Direitos Humanos Fundamentais.* 5ª ed. São Paulo: Saraiva, 2002.

__________. *O Poder Constituinte.* 4ª ed. São Paulo: Saraiva, 2005.

__________. *Do processo legislativo.* 5ª ed. São Paulo: Saraiva, 2002.

__________. *O valor do ato inconstitucional em face do direito positivo brasileiro.* In: *Revista de Direito Administrativo*, n° 230. Rio de Janeiro: 2002. p. 217-236.

FRANCISCO, José Carlos. *Bloco de constitucionalidade e recepção dos tratados internacionais.* In: *Reforma do Judiciário – analisada e comentada.* Coord. André Ramos Tavares. São Paulo: Método, 2005. p. 99-105.

HEKMAN, Glênio José Wasserstein. *O cumprimento da norma do artigo 97 da Constituição Federativa do Brasil de 1988 e a disciplina do incidente da arguição de inconstitucionalidade: uma nova perspectiva de tratamento.* Tese de doutorado apresentada na Faculdade de Direito da Universidade de São Paulo em 2002, sob a orientação do Prof. Titular Manoel Gonçalves Ferreira Filho.

HESSE, Konrad. *Elementos de Direito Constitucional da República Federal da Alemanha.* Porto Alegre: Fabris, 1998.

__________. *A força normativa da Constituição.* Porto Alegre: Fabris, 1991.

HOBSBAWM, Eric J. *A era das revoluções.* 15ª ed. São Paulo: Paz e Terra, 2001.

JELLINEK, Georg. *Teoría general del Estado.* México: Fondo de Cultura Económica, 2004.

KELSEN, Hans. *Jurisdição Constitucional.* São Paulo: Martins Fontes, 2003.

__________. *Teoria Geral do Direito e do Estado.* São Paulo: Martins Fontes, 2005.

__________. *Teoria Pura do Direito.* São Paulo: Martins Fontes, 2006.

KRAMER, Larry D. *The people themselves: popular constitutionalism and judicial review.* New York: Oxford University Press, 2004.

LASSALE, Ferdinand. *O que é uma Constituição?.* Belo Horizonte: Cultura Jurídica -Ed. Líder, 2001.

LEAL, Roger Stiefelmann. *O efeito vinculante na jurisdição constitucional.* São Paulo: Saraiva, 2006.

LEITE, Carlos Henrique Bezerra; PIMENTA, Paulo Roberto Lyrio; PELÁ, Carlos. *A validade e a eficácia das normas jurídicas.* Coord. Renan Lotufo. Barueri: Manole, 2005.

MARINONI, Luiz Guilherme; ARENHART, Sérgio Cruz. *Curso de Processo Civil V. 2 – Processo de Conhecimento.* 6ª ed. São Paulo: Revista dos Tribunais, 2007.

MARTINS, Ives Gandra da Silva; MENDES, Gilmar Ferreira. *Controle Concentrado de Constitucionalidade – Comentários à Lei n. 9.868, de 10-11-1999.* São Paulo: Saraiva, 2001.

MASON, Alpheus Thomas; BEANEY, William M. *American Constitutional Law.* 4ª ed. Englewood Cliffs: Prentice-Hall, 1968.

MAXIMILIANO, Carlos. *Hermenêutica e aplicação do direito*, 18ª ed. Rio de Janeiro: Forense, 2000.

MEDEIROS, Rui. *A Declaração de Inconstitucionalidade – Os Autores, o Conteúdo e os Efeitos da Decisão de Inconstitucionalidade da Lei.* Lisboa: Universidade Católica, 1999.

MEIRELLES, Hely Lopes. *Mandado de Segurança.* 30ª ed. São Paulo: Malheiros, 2007.

MENDES, Gilmar Ferreira; COELHO, Inocêncio Mártires; BRANCO, Paulo Gustavo Gonet. *Curso de Direito Constitucional.* São Paulo: Saraiva, 2007.

MENDES, Gilmar Ferreira. *Jurisdição Constitucional.* 3ª ed. São Paulo: Saraiva, 1999.

__________. *A nulidade da lei inconstitucional e seus efeitos – Considerações sobre a decisão do STF proferida no RE 122.202.* In: *Revista Trimestral de Direito Público*, n° 12. São Paulo, 1995. p. 19-27.

__________. *A declaração de inconstitucionalidade sem a pronúncia da nulidade e a declaração de inconstitucionalidade de caráter restritivo ou limitativo no Direito brasileiro.* In: *As vertentes do Direito Constitucional Contemporâneo.* Coord. Ives Gandra da Silva Martins. Rio de Janeiro: América Jurídica, 2002, p. 419-448.

MIRANDA, Jorge. *Manual de Direito Constitucional.* Tomo I. 7ª ed. Coimbra: Coimbra Editora, 2003.

__________. *Manual de Direito Constitucional.* Tomo II. 5ª ed. Coimbra: Coimbra Editora, 2003.

__________. *Manual de Direito Constitucional.* Tomo VI. 2ª ed. Coimbra: Coimbra Editora, 2005.

MONTESQUIEU, Charles de Secondat, Baron de. *O espírito das leis.* São Paulo: Martins Fontes, 2005.

MORAES, Alexandre de. *Direito Constitucional.* 19ª ed. São Paulo: Atlas, 2006.

__________. *Jurisdição Constitucional e Tribunais Constitucionais – Garantia Suprema da Constituição.* São Paulo: Atlas, 2000.

__________. *Legitimidade da Justiça Constitucional.* In: *As vertentes do Direito Constitucional Contemporâneo.* Coord. Ives Gandra da Silva Martins. Rio de Janeiro: América Jurídica, 2002, p. 559-577.

MORAIS, Carlos Blanco de. *Justiça Constitucional.* Tomo I. 2ª ed. Coimbra: Coimbra Editora, 2006.

__________. *Justiça Constitucional.* Tomo II. Coimbra, Coimbra Editora, 2005.

NELSON, William E. *Marbury v. Madison: The Origins and Legacy of Judicial Review.* Lawrence: University Press of Kansas, 2000.

NERY JUNIOR, Nelson. *Teoria Geral dos Recursos.* 6ª ed. São Paulo: Revista dos Tribunais, 2004.

NEVES, Marcelo. *Teoria da inconstitucionalidade das leis.* São Paulo: Saraiva, 1988.

PALU, Oswaldo Luiz. *Controle de Constitucionalidade – Conceitos, sistemas e efeitos.* 2ª ed. São Paulo: Revista dos Tribunais, 2001.

PONTES DE MIRANDA, Francisco Cavalcante. *Comentários à Constituição de 1967.* Vol. 2. 2ª ed. São Paulo: Revista dos Tribunais, 1970.

PUCCINELLI JÚNIOR, André. *A omissão legislativa inconstitucional e a responsabilidade do Estado Legislador.* São Paulo: Saraiva, 2007.

RAMOS, Dircêo Torrecillas. *Controle de constitucionalidade por via de ação.* São Paulo: Madras, 1998.

RAMOS, Elival da Silva. *A Inconstitucionalidade das Leis – Vício e Sanção.* São Paulo: Saraiva, 1994.

__________. *Perspectivas de evolução do controle de constitucionalidade no Brasil.* Tese de apresentada à Faculdade de Direito da Universidade de São Paulo, para inscrição em concurso público visando ao provimento de cargo de Professor Titular, junto ao Departamento de Direito do Estado, área de Direito Constitucional. São Paulo: 2005.

RÁO, Vicente. *O Direito e a vida dos direitos.* 6ª ed. São Paulo: Revista dos Tribunais, 2005.

RE, Edward D.. *Stare decisis.* In: *Revista de Processo*, n° 73, vol. 19. São Paulo, 1994. p. 47-54.

REALE, Miguel. *Lições Preliminares de Direito.* 25ª ed. São Paulo: Saraiva, 2000.

ROTHENBURG, Walter Claudius. *Inconstitucionalidade por omissão e troca de sujeito.* São Paulo: Revista dos Tribunais, 2005.

ROUSSEAU, Jean Jacques. *O contrato social.* São Paulo: Martins Fontes, 2006.

SAMPAIO, Nelson de Sousa. *O processo legislativo.* São Paulo: Saraiva, 1968.

SARLET, Ingo Wolfgang. *Arguição de descumprimento de preceito fundamental: alguns aspectos controversos*. In: *Arguição de descumprimento de preceito fundamental:* análises à luz da Lei n° 9.882/99. Org. André Ramos Tavares; Walter Claudius Rothenburg. São Paulo: Atlas, 2001. p. 150-171.

SCHWARTZ, Bernard. *Direito constitucional americano.* Rio de Janeiro: Forense, 1966.

SIEYÈS, Emmanuel J. *Que es el tercer Estado?*. Madrid: Aguilar, 1973.

SILVA, José Afonso da. *Aplicabilidade das normas constitucionais.* 7ª ed. São Paulo: Malheiros, 2007.

__________. *Comentário Contextual à Constituição.* São Paulo. Malheiros, 2005.

__________. *Curso de Direito Constitucional Positivo.* 29ª ed. São Paulo: Malheiros, 2007.

__________. *Poder Constituinte e Poder Popular.* São Paulo: Malheiros, 2007.

SOARES, Guido Fernando Silva. *Common Law – Introdução ao Direito dos EUA.* 2ª ed. São Paulo: Revista dos Tribunais, 2000.

SOUZA JÚNIOR, Cezar Saldanha. *O Tribunal Constitucional como poder – uma nova teoria da divisão dos poderes.* São Paulo: Memória Jurídica, 2002.

STRECK, Lenio Luiz. *Jurisdição Constitucional e Hermenêutica – Uma nova crítica do Direito.* 2ª ed. Rio de Janeiro: Forense, 2004.

TAVARES, André Ramos. *Teoria da Jurisdição Constitucional.* São Paulo: Saraiva, 2005.

TRIBE, Laurence H. *American Constitutional Law.* 3ª ed. Vol. I. New York: Foundation Press, 2000.

VELOSO, Zeno. *Controle jurisdicional de constitucionalidade.* 2ª ed. Belo Horizonte: Del Rey, 2000.

VIGLIAR, José Marcelo Menezes. In *Código de Processo Civil Interpretado.* Coord. Antonio Carlos Marcato. 2ª. ed. São Paulo: Atlas, 2005.

ZAVASCKI, Teori Albino. *Eficácia das sentenças na jurisdição constitucional.* São Paulo: RT, 2001.

REFERÊNCIAS A MEIOS ELETRÔNICOS

BARROS, Sérgio Resende de. *Noções sobre Poder Constituinte.* Disponível em <http://www.srbarros.com.br/aulas.php?TextID=59&TextPart=3>. Acesso em 10 set. 2007.

BARROS, Sérgio Resende de. *Função do Senado no Controle de Constitucionalidade.* Disponível em: <http://www.srbarros.com.br/artigos.php?TextID=24>. Acesso em 01 fev. 2008.

BLACKSTONE, William. *Commentaries on the Laws of England.* Disponível em: <http://www.yale.edu/lawweb/avalon/blackstone/introa.htm#3>. Acesso em 09 dez. 2007.

CAGGIANO, Monica Herman Salem. *A justiça constitucional*. Disponível em: <http://www.cepes.org.br/index.php?option=com_content&task=view&id=197&Itemid=1>. Acesso em 20 fev. 2008.

Caso *Cooper v. Aaron* (1958).Texto integral da decisão disponível em: <http://caselaw.lp.findlaw.com/scripts/getcase.pl?navby=CASE&court=US&vol=358&page=1>. Acesso em 02 jan. 2008.

Caso Dr. Bonham, texto integral disponível em <http://press-pubs.uchicago.edu/founders/documents/amendV_due_processs1.html>. Acesso em 07 dez. 2007.

Caso *Griffith v. Kentucky* (1987). Texto integral da decisão disponível em: <http://supreme.justia.com/us/479/314/case.html>. Acesso em 16 jan. 2008.

Caso *Harper v. Virginia Dept. of Taxation* (1993). Texto integral da decisão disponível em: <http://caselaw.lp.findlaw.com/scripts/getcase.pl?court=US&vol=509&invol=86>. Acesso em 16 jan. 2008.

Caso *Linkletter v. Walker* (1965). Texto integral disponível em <http://laws.findlaw.com/us/381/618.html> . Acesso em 10 jan. 2008.

Caso *Marbury v. Madison* (1803).Texto integral, com relatório das alegações dos requerentes. Disponível em: <http://www.vlib.us/amdocs/texts/marbury.htm>. Acesso em 14 dez. 2007.

Texto somente da decisão, disponível em: <http://www.law.cornell.edu/supct/html/historics/USSC_CR_0005_0137_ZO.html>. Acesso em 14 dez. 2007.

Caso *Stovall v. Denno* (1867) Texto integral da decisão disponível em: <http://supreme.justia.com/us/388/293/case.html>. Acesso em 10 jan. 2008.

HAMILTON, Alexander. *Federalist n° 78*. Texto integral disponível em: <http://www.constitution.org/fed/federa78.htm>. Acesso em 13 dez. 2007.

Referências indiretas ao caso *London Tramways Co. v London City Council* (1898) e à *Practice Statement*, de 1966, disponíveis em:

http://www.publications.parliament.uk/pa/ld200708/ldjudgmt/jd080130/hoare-1.htm

http://www.publications.parliament.uk/pa/ld199697/ldjudgmt/jd970424/grovit.htm

http://www.publications.parliament.uk/pa/ld200506/ldjudgmt/jd060614/horton-1.htm

http://www.publications.parliament.uk/pa/ld200506/ldjudgmt/jd060308/leeds-3.htm, acesso em 10 jan. 2008.

Trechos da decisão de *Eakin v. Raub disponíveis em:* <http://web.utk.edu/~scheb/eakin.html>. Acesso em 26 dez. 2007.

QUEM SOMOS

Editora LETRAS JURÍDICAS e LETRAS DO PENSAMENTO, com quinze anos no mercado ***Editorial e Livreiro*** do país, é especializada em publicações jurídicas e em literatura de interesse geral, destinadas aos acadêmicos, aos profissionais da área do Direito e ao público em geral. Nossas publicações são atualizadas e abordam temas atuais, polêmicos e do cotidiano, sobre as mais diversas áreas do conhecimento.

Editora LETRAS JURÍDICAS e LETRAS DO PENSAMENTO recebe e analisa, mediante supervisão de seu Conselho Editorial: ***artigos, dissertações, monografias e teses jurídicas*** de profissionais dos ***Cursos de Graduação, de Pós-Graduação, de Mestrado e de Doutorado, na área do Direito e na área técnica universitária, além de obras na área de literatura de interesse geral.***

Na qualidade de ***Editora Jurídica e de Interesse Geral***, mantemos uma relação em nível nacional com os principais ***Distribuidores e Livreiros do país***, para divulgarmos e para distribuirmos as nossas publicações em todo o território nacional. Temos ainda relacionamento direto com as principais ***Instituições de Ensino, Bibliotecas, Órgãos Públicos, Cursos Especializados de Direito*** e todo o segmento do mercado.

Na qualidade de ***editora prestadora de serviços***, oferecemos os seguintes serviços editoriais:

- ✓ Análise e avaliação de originais para publicação;
- ✓ Assessoria Técnica Editorial;
- ✓ Banner, criação de arte e impressão;
- ✓ Cadastro do ISBN – Fundação Biblioteca Nacional;
- ✓ Capas: Criação e montagem de Arte de capa;
- ✓ CD-ROM, Áudio Books;
- ✓ Comunicação Visual;
- ✓ Consultoria comercial e editorial;
- ✓ Criação de capas e de peças publicitárias para divulgação;
- ✓ Digitação e Diagramação de textos;
- ✓ Direitos Autorais: Consultoria e Contratos;
- ✓ Divulgação nacional da publicação;
- ✓ Elaboração de sumários, de índices e de índice remissivo;
- ✓ Ficha catalográfica - Câmara Brasileira do Livro;
- ✓ Fotografia: Escaneamento de material fotográfico;
- ✓ Gráficas – Pré-Impressão, Projetos e Orçamentos;
- ✓ Ilustração: projeto e arte final;
- ✓ Livros Digitais, formatos E-Book e Epub;
- ✓ Multimídia;
- ✓ Orçamento do projeto gráfico;
- ✓ Organização de eventos, palestras e workshops;
- ✓ Papel: compra, venda e orientação do papel;
- ✓ Pesquisa Editorial;
- ✓ Programação Visual;
- ✓ Promoção e Propaganda - Peças Publicitárias - Cartazes, Convites de Lançamento, Folhetos e Marcadores de Página de livro e peças em geral de divulgação e de publicidade;
- ✓ Prospecção Editorial;
- ✓ Redação, Revisão, Edição e Preparação de Texto;
- ✓ Vendas nacionais da publicação.

Confira!!!

Nesse período a *Editora* exerceu todas as atividades ligadas ao setor **Editorial/Livreiro** do país. É o marco inicial da profissionalização e de sua missão, visando exclusivamente ao cliente como fim maior de seus objetivos e resultados.

O Editor

A Editora reproduz com exclusividade todas as publicações
anunciadas para empresas, entidades e/ou órgãos públicos. Entre em contato para maiores informações.

Nossos sites: www.letrasjuridicas.com.br e www.letrasdopensamento.com.br
E-mails: comercial@letrasjuridicas.com.br e comercial@letrasdopensamento.com.br
Telefone/fax: (11) 3107-6501 – 99352-5354 – 99307-6077